최석기 편역

論語 · 孟子 · 大學 · 中庸

창비

이 책은 주희朱熹(1130~1200)가 체제를 정립하고 주석한 사서四書를 정선하여 한 책으로 묶어 번역하고 해설한 것이다.

사서는 송나라 때 주희가 『예기禮記』에 들어 있던 「대학大學」「중용中庸」을 별책으로 독립시켜 『논어論語』『맹자孟子』와 합하여 이름 붙인 네 종류의 경서經書를 의미한다. 사서는 공자孔子의 말을 위주로 한 『논어』, 공자의 도를 전해 받은 증자曾子의 『대학』, 증자의 도를 전해 받은 자사子思의 『중용』, 자사의 사상을 계승한 맹자의 『맹자』로, 주희는 공자─증자─자사─맹자로 이어지는 도통道統을 염두에 두고 사서를 정립하였다. 사서를 새롭게 주석한 주희는 『논어집주』『맹자집주』『대학장구』『중용장구』를 저술하였는데, 이는 오랫동안 동아시아 사상의 중핵으로 작용하였다.

주희는 사서의 독서 순서에 대해 먼저 『대학』을 읽고, 그다음 『논어』를 읽고, 그다음 『맹자』를 읽고, 그다음 『중용』을 읽으라고 하였다. 이는 사서에 일정한 성격이 있음을 말한 것이다. 대체로 『대학』은 학문의 규모를 말한 책으로, 『논어』는 인간의 근본을 확립하는 책으로, 『맹자』는 공자의 사상을 확장해 드러낸 책으로, 『중용』은 인간 존재의 근원인 천도天道에 합하는 길을 제시한 책으로 본다. 이렇게 볼 때 사서는 인간의 길을 종합적으로 제시한 고전이라 하겠다.

오늘날 우리가 사서를 읽어야 하는 이유도 바로 여기에 있다. 우리 조상들이 오랫동안 읽었던 필독서로서 동아시아의 고전이기 때문에 읽어야 하는 것은 아니다. 우리는 『논어』를 통해 인간답게 사는 도리를 배우고, 『맹자』를 통해 인성에 바탕을 둔 현실대응 자세를 배우며, 『대학』을 통해 지식인이 추구해야 할 공부의 규모를 알고, 『중용』을 통해 인간 존재의 근원을 돌아볼 필요가 있다. 그런데 글로벌한 현대 산업사회를 살아가는 우리는 외국어 공부에 몰두하고 전문기술을 습득하는 데 젊음을 바친다. 물론 이러한 노력은 사람들의 소망인 물질적 풍요와 안락한 삶을 추구하기 위한 것이지만, 그 바탕에 '인간다움'이 깔려 있지 않다면 무슨 의미가 있겠는가. 여기서 현대인에게 인간을 근본으로 하는 휴머니즘이 그 어느 때보다 절실히 요구된다. 최근에는 알파고 같은 인공지능에 윤리를 더해야 한다는 주장까지 제기되고 있는 현실이다. 이 시점에서 사서는 인문정신을 회복하는 데 더없이 좋은 길잡이가 될 것이다.

이 책은 일반 독자들에게 한 권으로 쉽게 읽을 수 있는 사서를 제공하기 위해 기획되었다. 오늘날 『논어』는 수십 종의 번역서가 있지만, 『맹자』『대학』『중용』은 단 몇 종의 번역서만 있을 뿐이다. 그것도 한문 문장을 단순 번역해놓은 것이 대부분이어서 일반 독자들이 그 의미를 이해하기란 쉽지 않다. 게다가 사서의 완역본을 처음부터 끝까지 모두 읽는 것도 쉬운 일이 아니다. 이 책은 기존 번역서에서 부딪히는 이런 어려운 점들을 감안하여 사서의 중요한 내용을 뽑아 쉽게 접할 수 있도록 만든 것이다.

이 책에는 주자가 제시한 독서 순서대로 사서를 수록하지 않고, 『논어』『맹자』『대학』『중용』의 순서로 수록하였다. 그것은 『논어』와 『맹자』가 일반적으로 널리 알려져 있고, 『대학』과 『중용』에 비해 이해하기 쉽기 때문이다. 또한 『논어』와 『맹자』는 각 장章의 내용이 독립되어 있어 장별로 읽어도 무방한 반면, 『대학』과 『중용』은 일관된 논지로 전개된 한 편의 글로 전체를 다 읽어야 하기 때문이기도 하다.

정선의 기준은 사서의 핵심적인 내용이 들어 있는 장이나 역대로 널리 회자된 내용이 들어 있는 장을 선별하는 데 두었다. 사람이 되는 공부가 무엇인지, 백성을 위한 참다운 정치가 무엇인지를 몸소 일깨워주는 성현의 가르침을 비롯해, 우리가 일상이나 사회생활에서 접하는 사자성어들, 가슴에 새기고 싶은 명구들을 두루 만날 수 있다. 그 내용이 조금 어렵더라도 가급적 빠뜨리지 않고 실었다. 다만 문장이 너무 길어 읽기 지루한 경우, 대의를 해치지 않는 선에서 부분적으로 생략하기도 하였다.

번역은 원문의 뜻을 충분히 드러내면서 현대인이 이해하기 쉽도록 하였다. 그리고 각 장의 핵심을 한 문장으로 요약하여 번역문 앞에 소제목으로 달았다.

또한 한문 문장에 익숙지 않은 독자를 위해 번역문 뒤에 해설을 붙여 이해를 도왔다. 해설은 원문의 어휘를 설명하고, 번역문의 속뜻을 이해하기 쉽도록 풀이하면서 현대적 의미를 간략하게 덧붙이는 방식을 취하였다. 촌철살인의 해설이 되도록 필자 나름의 노력을 기울였지만, 주관적인 견해가 어느 정도 들어 있음은 부인할 수 없다. 독자들의 질정을 바란다.

이 책은 현대인이 바쁜 일상 속에서도 '어떻게 사는 것이 인간다운 삶일까'를 돌아보게 하는 데 실마리를 제공해줄 것이다. 필자 입장에서는 해설 가운데 한두 마디라도 독자에게 감동을 줄 수 있다면 더할 나위 없이 기쁠 것이다. 필자는 고전을 현대화하는 작업이 인문학을 살리는 하나의 길이라고 생각한다. 어려운 출판환경 속에서도 이러한 책을 기획하고 출판해준 창비 여러분께 이 자리를 빌려 심심한 감사의 말씀을 드린다.

2016년 9월 1일
경상대학교 남명학관 산해실山海室에서
최석기가 삼가 쓰다.

제2부 맹자 孟子 인성에 근본을 둔 현실대응 157

일러두기

1. 이 책은 조선시대 금속활자로 간행된 주희朱熹의 사서집주대전본四書集註大全本을 대본으로 하였다.

2. 편집 배열은 『논어』 『맹자』 『대학』 『중용』의 순서로 하였으며, 번역문 앞에 해당 경서의 편찬경위, 전래과정, 핵심사상 등을 간추려놓아 독자의 이해를 돕도록 하였다.

3. 주희가 편찬한 사서집주의 체제에 따라 『논어』 『맹자』는 편篇과 장章으로 구분하였고, 『대학』 『중용』은 장章 단위로 구분하였다. 각 장은 번역문, 원문의 순서로 싣고, 앞에 그 장의 핵심을 드러내는 우리말 제목을 제시하였다. 그리고 원문 뒤에 출처를 표기하였다.

4. 원문 중에 생략된 글자는 〈 〉 속에 넣어 이해를 도왔고, 원문에서 본의에 맞지 않는 글자가 나오면 ( ) 안에 본의에 맞는 글자를 넣어 이해하기 쉽도록 하였다.

5. 번역은 전적으로 주희의 주석에 의거하였고, 평이한 현대어로 옮기되 원의에 충실하도록 하였다.

6. 번역문 중에서 ( ) 안에 있는 말은 원문에는 없지만 역자가 이해를 돕기 위해 넣은 것이다.

논어
————
사람답게 사는 도리

제1부

제 1 장

『논어』의 이해

『논어』는 동아시아 고전의 첫 손가락에 꼽히는 책이다. 고전 중에서도 최고의 고전으로 2,400여 년 동안 수많은 사람에게 읽혀왔다. 아직도 많은 사람이 『논어』를 읽고 있으며, 이 책을 현대적으로 풀이한 도서가 수십 종이나 된다. 이를 보면, 『논어』는 여전히 생명력을 가지고 있음을 알 수 있다. 왜 그럴까? 독자들에게 감동을 주고, 독자들이 공감하기 때문이다.

상품을 팔기 위해서는 소비자의 마음을 얻어야 하듯이, 남의 마음을 얻기 위해서는 『논어』를 읽어야 한다고 말하는 사람도 있다. 국민의 마음을 얻어야 대통령이 되듯, 타인의 마음을 얻어야 사업에서도 성공할 수 있는 것이다. 그런데 그 방법이 이 책 속에 들어 있다. 이 책은 돈 버는 방법을 말하지는 않지만 큰돈을 벌려면 사람들의 마음을 얻어야 하니, 경영의 왕도가 이 책에 들어 있는 셈이다. 그러나 물질적인 것보다는 사람답게 사는 도리가 이 책의 근본에 자리하고 있다.

『논어』의 요지를 한마디로 말하면 인仁이다. 공자는 인을 인간의 보편적 진리로 처음 천명한 사람이다. 인에 대해 공자는 '이것이 인이다'라고 말하지 않았다. 단지 묻는 사람의 자질에 따라 그 방법을 일러주었을 뿐이다. 인은 본성의 덕을 대표하는 가치로, 송나라 때 주희朱熹는 '마음의 덕이고, 사랑의 이치'라고 풀이하였다. 또 그는 인을 '천지가 만물을 생성하는 마음'이라고도 하였다. 이 인에 대한 풀이는 참으로 다양하고도 많다. 그만큼 정의하기가 쉽지 않다는 뜻이다.

『논어』에는 미개한 사회에서 문명사회로 넘어가는 사유를 보여주는 내용이 많다. 그 대표적인 것이 바로 인仁이다. 인은 인간이 추구해야 할 목표다. 그래서 인을 얻기 위한 방도로 제시한 것이 효제충신孝悌忠信이다. 효제는 나와 제일 가까운 부모에게 효도하고 형에게 공경하는 마음이고, 충신은 내 마음을 진실하고 신의 있게 하는 것이다. 충신은 내 마음의 덕을 쌓는 길이므로 '나'라고 하는 인격을 완성하는 기초에 해당하고, 효제는 그것을 바탕으로 나와 가장 가까운 사람들과의 관계를 오래도록 잘 유지하는 방법이다. 공자의 가르침은 사실 이 효제충신 4자에서 크게 벗어나지 않는다. 이것이 사람이 사람답게 사는 도리다.

『논어』라는 책이름은 어떤 뜻일까? '논어論語'의 논論은 논찬論纂을 의미하고, 어語는 말씀을 의미한다. 이 어語 자는 공자의 말, 공자가 제자들과 나눈 말, 공자가 당시 사람들과 나눈 말, 제자들의 말, 제자와 제자들의 말, 제자와 당시 사람들의 말, 옛 성현의 말 및 공자의 행동거지를 제자들이 기록해놓은 말 등을 모두 포괄한다. 반고班固의 『한서漢書』 「예문지藝文志」에 "『논어』는 공자가 제자 및 당시 사람들에게 응답한 말, 제자들이 서로 한 말, 공자에게 들은 말 등으로 되어 있다. 당시 제자들이 기록해놓았던 것을 공자가 세상을 떠난 뒤 문인門人들이 함께 수집하여 논찬했기 때문에 논어라고 한 것이다"라고 한 데에서 이러한 사실을 확인할 수 있다.

『논어』의 편찬자에 대해서는 여러 설이 있다. 그중에 대표적인 것은, 복상ト商을 비롯한 제자들이 만들었다는 설, 복상·언언言偃·염옹冉雍 등이 만들었다는 설, 증삼曾參의 문인 공급孔伋이 만들었다는 설, 증삼과 그의 문인들이 만들었다는 설, 증삼과 유약有若의 문인들이 만들었다 는 설이다. 이렇게 여러 설이 있는 것은 한두 사람이 만든 책이 아니라 는 뜻이다. 제자들이 스승으로부터 보고 들은 말을 기록해두었던 것 을 나중에 모아 편찬하다보니, 이런 여러 설이 나오게 된 것이다.

그러나 편찬을 주도한 사람들은 분명 있었을 것이다. 그 대표적인 인물이 유약과 증삼의 문인들이라는 설이 있다. 이 설을 주장하는 사 람들은 「학이學而」 맨 앞에 유약과 증삼의 설이 공자의 설 바로 다음에 보이는데, 모두 자字를 쓰지 않고 존칭인 자子를 붙여 '유자有子' 또는 '증자曾子'로 일컫고 있는 점을 증거로 제시한다. 공자가 별세한 뒤 유 약이 공자와 외모가 비슷해서 문인들이 그를 존숭했는데, 스승의 자 리에 올라 문답할 때 제대로 답변을 하지 못해 도통道統의 위치에 서지 못하고 그 자리를 증삼에게 내주고 말았다. 증삼은 공자의 도를 물려 받은 인물이다. 그러므로 이런 몇 가지 자료에 의거해 증삼과 유약의 문인들이 만들었다는 설이 설득력 있게 받아들여졌다. 이들이 『논어』 를 처음 편찬한 시점은 기원전 470년부터 기원전 460년 사이로 추정하 고 있다.

주희는 『논어집주論語集註』의 서문에다 사마천司馬遷의 『사기史記』에 실린 「공자세가孔子世家」의 일부를 그대로 실어놓았다. 공자의 생애에 대해서는 『사기』의 「공자세가」 「중니제자열전仲尼弟子列傳」 및 『공자가 어孔子家語』 등을 통해 확인할 수 있다. 공자의 생애를 간략히 소개하면 다음과 같다.

이름은 구^{丘}, 자는 중니^{仲尼}다. 공자의 부친은 숙량흘^{叔梁紇}이고, 모친은 안징재^{顔徵在}다. 숙량흘은 시씨^{施氏}에게 장가들어 맹피^{孟皮}라는 아들을 두었는데 절름발이였다. 당시 예법에 따르면 신체적 결함이 있는 사람은 선조의 제사를 받들 수 없었다. 숙량흘은 무인으로 국가에 공적이 있어 노^{魯}나라 도성 남쪽에 있는 추읍^{陬邑}에 봉해졌다. 안징재는 몰락한 귀족 출신으로 가문이 한미하였다. 숙량흘은 대를 잇기 위해 재혼을 하려고 하였는데, 마침 안씨 집안의 셋째 딸 안징재를 만나 혼인하게 되었다. 이때 숙량흘의 나이는 60세, 안징재의 나이는 16세였다고 한다.

숙량흘은 혼인한 뒤 아들이 없자, 니구산^{尼丘山}에 들어가 기도하여 공자를 얻었다. 공자는 기원전 551년$^{(노\ 양공魯襄公\ 22년)}$ 8월 27일 노나라 창평향^{昌平鄉} 추읍^{陬邑}, 지금의 산동성^{山東省} 곡부시^{曲阜市} 니구산 근처에서 태어났다. 니구산에서 기도하여 아들을 얻었기 때문에 니구산의 구^{丘}자를 따서 이름을 공구^{孔丘}라고 하였다. 자^{字}는 성년이 되면 아명^{兒名}을 버리고 성인의 이름을 다시 지어주는 것인데, 이름〔名〕과 연관해서 짓는다. 공자의 이름이 구^{丘}이기 때문에 자를 중니^{仲尼}라고 한 것이다. 중^{仲}은 둘째를 의미하고, 니^{尼}는 니구산의 니^{尼}를 의미한다. 그런데 공자가 태어났을 때 머리의 모양이 니구산 정상처럼 움푹 들어갔기 때문에 구^{丘}라고 이름을 지었다는 설도 있다. 부친 숙량흘은 공자의 나이 3세 때 별세하였다. 모친 안징재는 이후 곡부의 궐리^{闕里}로 이주하여 홀로 공자를 키우며 살았다. 후대에 궐리는 공자의 고향마을로 인식되었다.

공자는 15세 때 학문에 뜻을 두었다. 그는 모든 사람에게 배우는 자세로 하나의 장점이라도 놓치지 않고 받아들여 자기 것으로 삼았다. 19세에 혼인하여 20세 때 아들 공리孔鯉를 낳았다. 이때 노나라 군왕 소공昭公이 잉어를 선물로 보내주어 아들 이름을 이鯉로 했다. 20세 때 창고의 곡식을 출납하는 하급관리가 되었고, 21세 때에는 나라의 가축을 기르는 승전리乘田吏가 되었다. 20대에는 궐리에 살면서 예禮를 배우고 학문에 정진하였다. 30세 때부터 안로顏路·증점曾點·중유仲由 등이 찾아와 배웠다. 34세 때 주나라 수도 낙양洛陽에 가서 노자老子를 만났다. 35세 때 노나라에 내란이 일어나자 군왕 소공이 제나라로 망명하였는데, 공자도 제나라로 가서 제나라 수도에 머물며 순임금의 음악을 들었고, 고소자高昭子의 가신이 되어 정치적 꿈을 펼치고자 했다. 그러나 안영安嬰의 반대로 뜻을 이룰 수 없게 되자, 37세 때 노나라로 돌아왔다.

공자 나이 40대에는 노나라 대부 계씨季氏가 강성해져 국정을 농단하였고, 그의 가신들이 반란을 일으켜 정국이 더욱 어지러웠다. 공자는 51세 때 중도中都의 수령이 되어 정사政事를 잘하자, 사방에서 그를 본받았다. 52세 때 소사공小司空으로 승진했고, 다시 대사구大司寇로 승진했다. 이해 노나라 군왕 정공定公을 도와 제나라에 빼앗긴 땅을 돌려받았다. 54세 때 대사구로서 정치개혁을 추진하여 권력을 가진 맹손씨孟孫氏·숙손씨叔孫氏·계손씨季孫氏 삼가三家의 도성을 축소하려고 하다가 그들의 저항에 부딪혀 실패하였다. 55세 때 대사구로서 정승의 일을 대행하면서 기강을 확립하여 대부 소정묘少正卯 등을 주벌하였다. 노나라가 잘 다스려지자, 인접국인 제나라에서 이간책을 써 미녀 80명과 좋은 말 30필을 보냈는데, 노나라 정공과 실권자인 계손씨가 이를 받고 3일 동안 정사를 돌보지 않자, 공자는 벼슬을 사직하고 노나라를 떠나

주유천하를 시작하였다.

공자는 55세부터 68세까지 14년 동안 자신의 도를 펴기 위해 천하를 떠돌아다녔다. 위衛나라에 거점을 두고서 서북쪽으로 진晉나라에 가려다 뜻을 이루지 못하였고, 남쪽으로 초楚나라에 가려다 뜻을 이루지 못하였다. 송宋나라에서는 대부 환퇴桓魋에게 화를 당할 뻔하였고, 진陳나라·채蔡나라를 떠돌 때에는 7일 동안 식량이 떨어져 굶주림을 면치 못하였다. 공자가 천하를 주유하던 시기는 세상을 들여다보고 자신의 사상을 확립하는 시기였다. 비록 현실세계에서 도道를 펴지는 못했지만, 후세에 전할 도가 자신을 닦고 사회를 안정시키는 데 있다는 사실을 확인하는 시기였다. 공자 사상의 핵심인 '수기이안백성修己以安百姓(자신을 닦아 백성을 편안하게 하는 것)'이 이런 경험을 통해 나온 것이다. 천하를 돌아다니며 자신의 사상을 현장에서 징험해보는 것은 그 무엇보다 소중한 일이다.

공자는 68세 때 노나라로 돌아왔다. 당시 제자 염구冉求가 계씨의 가신으로 공자를 적극 추천하였고, 계강자季康子도 예를 갖추어 공자를 영접하였다. 그러나 공자는 정치에 참여하지 않고 저술과 교육에 전념하였다. 이로부터 별세하기까지 약 5년 동안은 공자의 일생에서 그야말로 유종의 미를 거둔 기간이었다. 당시 68세면 요즘 나이로 80세쯤 된다. 기력이 쇠하여 저술도 교육도 하기 힘든 나이다. 그런데 공자는 그 나이에 자신이 배우고 보고 들은 지식을 집대성하여 오래도록 많은 사람이 편안하게 살 수 있는 예악문물을 만들어 후세에 전하려고 하였다. 그 결과물이 바로 육경六經이다.

공자는 주나라 초부터 약 500년 동안 모아놓은 3,000여 편의 시를 정리하여 『시경詩經』을 만들었고, 요임금·순임금으로부터 전해진 정치적 담론을 모아 『서경書經』을 만들었고, 복희伏羲로부터 전해져 문왕文王·주공周公이 해석한 역易을 보완하여 『주역周易』을 편찬하였고, 음악을 정리하여 악경樂經을 만들었고, 예를 정리하여 예경禮經을 만들었고, 노나라 역사에 미언대의微言大義(말을 은미하게 하되 의리를 크게 한다는 뜻으로, 후대에 전하고 싶은 것을 글자의 이면에 감추어 기록해놓은 것을 일컫는다)를 붙여 『춘추春秋』를 만들어 난신적자亂臣賊子들이 발호하지 못하도록 하였다.

공자가 노년에 육경을 편찬한 사실은 사士가 죽을 때까지 어떻게 살아야 하는지를 단적으로 보여준다. 『논어』 「태백泰伯」에서 '사士는 임무가 무겁고 갈 길이 멀다'고 하였다. 그러면서 인仁을 구하는 것을 자신의 임무로 삼기 때문에 책임이 무겁고, 죽은 뒤에야 일이 끝나기 때문에 갈 길이 멀다고 하였다. 이런 말을 그대로 실천해 보여준 이가 바로 공자다. 노년이 되어서도 배우길 게을리하지 않는 사람은 극히 드물다. 그리고 일생의 사업을 정리하여 저술을 하는 사람은 더욱 드물다. 그런데 공자는 그 험난한 14년의 세월을 보내고 나서 고향으로 돌아와 이런 엄청난 일을 한 것이다. 공자가 성인이 된 것은 육경을 만들어 유교의 도를 확립했기 때문이다. 이런 일을 해서 성인이 된 것이다. 이 점이 바로 우리가 공자에게 배워야 할 가장 큰 교훈이다.

공자의 생몰연도에 대해, 『춘추공양전春秋公羊傳』 『춘추곡량전春秋穀梁傳』에는 기원전 551년에 태어나 기원전 479년에 별세했다고 하였고, 『사기』 『공자가어』에는 기원전 550년에 태어나 기원전 479년에 별세했다고 하였다. 출생에 1년의 차이가 나는데 흔히 기원전 551년에 출생한 것으로 본다.

공자가 세상을 떠난 뒤 제자 및 제자의 문인들이 『논어』를 편찬하여 세상에 전해지다가, 진시황의 분서갱유 때 세상에서 자취를 감추었다. 그리고 전한前漢 때 복원되었는데, 3종의 『논어』가 세상에 나타났다. 하나는 노나라 지역에서 복원된 20편으로 노론魯論이라 한다. 또하나는 제나라 지역에서 복원된 22편으로 제론齊論이라 한다. 이 노론과 제론은 한나라 때의 서체인 예서隸書로 복원되어 금문今文이라 한다. 그리고 그뒤 공자가 살던 옛집의 벽에서 주나라 때 서체인 전서篆書로 된 21편의 『논어』가 발견되었는데, 고문古文으로 되어 있어 고론古論이라 한다. 이 3종의 『논어』를 한나라 때 학자가 하나로 합하여 20편의 『논어』로 재탄생했다.

한나라 때 육경을 복원할 적에 악경樂經은 복원하지 못하여 오경五經 체제의 유교경전이 전래되었다. 한나라 때는 오경박사를 두어 각 경전별로 전문 학자를 우대하였는데, 『논어』는 경전의 반열에 들지 못하였다. 그러나 『효경孝經』과 함께 필독서로 읽혔다. 『논어』의 주석서는 한나라 때 하안何晏이 주석한 『논어집해論語集解』가 최초이며, 이후 송나라 때 형병邢昺의 『논어집해소論語集解疏』가 나왔다. 이것이 구설舊說에 해당한다. 송나라 때 주희는 사서 체제를 정립하고 모두 새롭게 주석하였는데, 『논어』를 주석한 책이 『논어집주論語集註』다. 이후 다양한 주석서들이 출현하였는데, 청나라 때 유보남劉寶楠의 『논어정의論語正義』 등이 유명하다.

우리나라에 『논어』가 언제 유입되었는지는 자세하지 않지만, 한나라 때 유입된 것으로 추정된다. 신라시대 설총薛聰이 구경九經에 토를 달아 읽었다는 기록이 있는 것으로 보아, 이 시기부터 우리말로 해석하기 시작한 듯하다. 고려 말 주자학이 유입되면서 정몽주鄭夢周·권근權近이 토를 달아 읽었고, 조선 세조 때 토를 다는 구결口訣이 완성되었다. 이후 선조 때 우리말 해석인 언해諺解가 이루어졌다. 그리고 16세기 이후 성리학이 활짝 꽃피면서 다수의 해석서가 나왔다.

　『논어』는 정독하고 숙독하면서 그 이치를 터득하여 실천하고 실용하는 것이 중요하다. 예전 사람들은 10대에 이 책을 다 외운 뒤, 평생 살아가면서 현실생활 속에서 반추하여 그 의미를 깨달았다고 한다.

제 2 장

가려 뽑은 『논어』

사람이 되는
공부를 하는 것이
먼저다

배우고 수시로 익히면 기쁘지 아니한가

공자께서 말씀하셨다. "배우고 그것을 수시로 익히면 기쁘지 아니한가. 벗이 먼 곳에서 찾아오면 즐겁지 아니한가. 남이 알아주지 않더라도 서운해하지 않으면 군자가 아니겠는가."

子曰 "學而時習之 不亦說乎 有朋自遠方來 不亦樂乎 人不知而不慍 不亦君子乎." 「학이」 제1장

● 학學은 '본받다'는 뜻으로, 선각자가 하는 것을 보고 본받아 따라한다는 의미다. 시時는 '때때로'가 아니라 '수시로'라는 뜻이다. 습習은 새끼가 어미 새의 나는 것을 보고 날갯짓을 반복하며 연습하는 것을 의미한다. 유붕有朋은 '어떤 벗'을 가리키는데, 단순한 벗이 아니고 지향을 함께하는 벗으로, 학문적 지향을 같이하는 학우學友를 말한다.

온瘟은 마음이 뜨겁게 달아오르는 것을 의미하는 글자로 서운해하거나 불쾌하게 생각하는 것이다.

이 장은 세 절로 되어 있는데, 학문 성취의 과정을 차례로 말한 것이다. 흔히 세 절의 연관성 검토를 하지 않는데, 그러면 이 장의 의미를 제대로 파악하지 못하게 된다. 그래서 각 절 마지막의 기쁨·즐거움·군자다움을 상호 연관해서 보아야 한다. 제1절은 혼자 공부하는 것을 말한 것이다. 배움이란 보고 따라 하는 것이다. 새의 새끼가 어미 새의 나는 것을 보고 따라서 부단히 연습하다가 어느 순간 허공으로 날아오르게 될 때 스스로 그 이치를 터득한 것이니, 어찌 기쁘지 않겠는가. 제2절의 벗은 동지同志를 말하니, 스스로 터득한 것을 함께 토론할 사람이다. 그래서 그런 벗을 만나야 터득한 이치를 공유할 수 있으니, 그런 벗이 찾아오면 어찌 즐겁지 않겠는가. 두 연못이 붙어 있어 물이 서로 흘러들며 정화하는 것을 이택麗澤이라고 한다. 이처럼 좋은 벗을 만나면 자신을 발전시키는 데 시너지 효과를 가져다준다. 제3절은 그런 공부를 통해 덕을 성취한 것을 말한다. 내면에 도덕적 지향이 확립되면 외부적 요인에 의해 일희일비一喜一悲하지 않기 때문에 남이 알아주지 않더라도 서운해하지 않게 된다.

효성과 공경은 인을 실행하는 근본이다

유자有子가 말하였다. "그 사람됨이 효성스럽고 공경한데도 윗사람 범하기를 좋아하는 자는 드물다. 윗사람 범하기를 좋아하지 않으면서

난을 일으키길 좋아하는 자는 없다. 군자는 근본에 힘쓴다. 근본이 확립되면 도가 생겨난다. 그러니 효성과 공경은 인仁을 행하는 근본이다.”

有子曰 “其爲人也 孝弟 而好犯上者 鮮矣 不好犯上 而好作亂者 未之有也 君子務本 本立而道生 孝弟也者 其爲仁之本與.” 「학이」 제2장

● 유자는 공자의 문인 유약有若이다. 유약은 외모가 공자와 비슷하여 공자 사후에 문인들이 공자처럼 대우하였다. 또한 『논어』를 편찬할 때 증삼曾參과 함께 주도적 역할을 하여 제자 중 가장 먼저 그의 말을 수록해놓았다.

「학이」는 학자들이 덕을 쌓는 일을 주로 언급한 내용인데, 공자가 학문을 말한 제1장 뒤에 바로 효성과 공경을 말한 제2장을 배치한 것은 학문의 핵심이 일상에서 실천할 효성과 공경에 있음을 보여주려는 것이다. 유학은 나와 가장 가까운 사람들과의 관계를 어떻게 오래도록 잘 유지해나갈 것인가에 초점을 맞추고 있다. 오륜五倫이라고 하는 것은 부모와 자식 사이, 상관과 부하 사이, 남편과 아내 사이, 형과 동생 사이, 벗과 벗 사이의 관계에 대한 원칙을 제시한 것이다. 이 관계는 불가분의 관계로서 여기에 금이 가면 서로 불행해진다. 그러므로 이것만은 최소한 지켜야 온전한 삶을 영위할 수 있다.

부모와 자식 사이는 자애와 효성이라는 매개에 의해 좋은 관계가 평생 유지된다. 그런데 어느 쪽에서 이를 소홀히 하면 두 사람의 관계는 불행하게 된다. 그렇게 되지 않기 위해 노력해야 할 가치가 바로 자애와 효성이다. 옛 성현들이 왜 효孝를 그토록 강조한 것일까를 생각

해보아야 한다. 젊은이들은 효를 강요받을 때가 있다. 그러나 인간의 축적된 지혜 중 가장 대표적인 것이 효다. 이 효를 통해 부자간에 원만한 관계가 유지되고, 나아가 효는 세상 사람을 돌보는 마음으로 승화된다. 순舜임금은 효를 통해 천자의 지위에까지 올랐다. 통치자가 부모에게 효도하는 마음으로 백성을 돌보면, 그 나라 사람들은 평안한 삶을 누릴 것이다.

제弟는 제悌와 같은 의미로 공경을 뜻한다. 공경은 동생이 형을 대하는 마음이다. 집안에서 동생이 형에게 달려들면 형제간의 우애는 있을 수 없다. 사회적으로도 마찬가지다. 후배가 선배에게 달려들고, 후임자가 선임자를 깔보고, 나이 어린 사람이 나이 많은 사람에게 함부로 대하면, 그 사회는 질서가 무너져 혼란스러워진다. 질서가 무너진 사회는 윤리倫理가 없는 사회다. 윤倫은 차례 또는 질서를 의미한다. 효성과 공경이 인간 사회의 가장 근본적인 윤리이기 때문에 공자가 충신忠信과 함께 강조한 것이다.

말을 그럴듯하게 하는 자치고 어진 사람이 드물다

공자께서 말씀하셨다. "말을 솜씨 있게 하고 안색을 잘 꾸미는 사람치고 어진 사람이 드물다."
子曰 "巧言令色 鮮矣仁." 「학이」 제3장

● 교언영색巧言令色이라는 말이 여기서 나왔다. 원문의 선의인鮮矣仁

은 '인을 가진 사람이 드물다'라는 문장이 도치된 것이다. 공자는 말보다 행동을 먼저 할 것을 강조하였다. 말은 실수하기 쉽고, 또 실천하기 어려운 경우도 있다. 가령, 몇 시까지 약속 장소로 나가겠다고 해놓고 한참 늦는 경우가 얼마나 많은가. 언행이 일치되기를 추구하지 않으면 신용도가 추락할 수밖에 없다. 안색도 마찬가지다. 얼굴색을 잘 꾸미며 비위를 맞추다가 돌아서고 난 뒤에 욕을 하는 사람은 진실성이 있을 수 없다. 그러니 그런 사람들에게 본성의 덕 중에서 가장 근본인 인仁이 있을 리 있겠는가. 겉을 화려하게 꾸미게 되면 자연히 내면을 살찌우는 일에 소홀하게 마련이다.

나는 날마다 세 가지를 반성한다

증자曾子가 말하였다. "나는 날마다 세 가지로 나 자신을 성찰한다. 남을 위해 어떤 일을 도모하면서 진실하지 않았는가? 벗과 더불어 사귀면서 신실하지 않았는가? 스승에게 전수받은 것을 익히지 않았는가?"

曾子曰 "吾日三省吾身 爲人謀而不忠乎 與朋友交而不信乎 傳不習乎." 「학이」 제4장

● 증삼曾參은 노둔한 자질을 타고났지만 굳은 심지와 끊임없는 노력으로 공자의 도를 이어받은 사람이다. 증삼은 이 세 가지로 매일 자신을 반성하여 현인이 되었다. 그러니 자신의 내면을 성찰하여 흠이 없도록 매일 노력하는 것이야말로 자신을 성현으로 만들어주는 첩경

임을 새삼 깨닫게 된다. 자신을 반성하고 허물을 고치지 않으면 자신을 합리화하게 된다. 그러면 거짓이 마음속에 자리하게 되고, 점점 굳어져 치유할 수 없는 고질병이 된다. 우리는 부정을 저지르고도 자신의 진실은 반드시 밝혀질 것이라고 뻔뻔스럽게 말하는 정치인을 언론 매체를 통해 자주 접한다. 의혹 자체로도 부끄러운 일인데 반성을 하지 않고 억지를 부린다. 기실 지금은 학자들조차도 이런 반성을 하는 사람이 거의 없으니, 슬픈 일이다.

효제충신을 먼저 행하고 남은 힘으로 글을 배워라

공자께서 말씀하셨다. "젊은이들이 집안에서는 부모에게 효도하고 밖에서는 어른에게 공경하며, 행실을 삼가고 말을 신실하게 하며, 널리 사람들을 사랑하되 어진 이를 친근히 대해야 한다. 이런 것들을 행하고서 여력이 있으면 그 힘으로 글을 배워라."

子曰 "弟子 入則孝 出則弟 謹而信 汎愛衆而親仁 行有餘力 則以學文." 「학이」 제6장

● 글공부를 하는 것보다 사람이 되는 공부를 하는 것이 먼저임을 역설한 말이다. 행동을 삼가고 말을 신실하게 하는 것은 자신을 충신忠信하게 하는 것이다. 공자는 가장 먼저 해야 할 공부로 효제충신孝悌忠信을 내세웠다. 충忠은 마음을 극진히 한다는 뜻이고, 신信은 그런 마음을 가득 채운다는 뜻으로 조금의 거짓도 없게 마음을 신실하게 하는 것

이다. 진정성을 확보하지 않으면 세상에 나아가 아무것도 할 수 없다. 사람이 가장 먼저 해야 할 가장 큰 공부는 진정성을 확보하는 일이다.

신의가
없는 사람은
아무것도 할 수 없다

나는 15세에 학문에 뜻을 두었다

공자께서 말씀하셨다. "나는 15세에 학문에 뜻을 두었고, 30세에 자신을 확립하였고, 40세에 사물의 이치에 의혹하지 않았고, 50세에 천명天命을 알았고, 60세에 귀로 남의 말을 들을 때 순조롭게 그 의도를 알게 되었고, 70세에는 마음이 하고자 하는 바를 따라도 법도를 벗어나지 않았다."

子曰 "吾 十有五而志于學 三十而立 四十而不惑 五十而知天命 六十而耳順 七十而從心所欲不踰矩." 「위정」 제4장

● 공자는 자신의 삶을 돌아보면서 15세를 지학志學, 30세를 이립而立, 40세를 불혹不惑, 50세를 지천명知天命, 60세를 이순耳順이라 하였다. 학문에 뜻을 둔다는 것은 학문을 하기로 마음을 먹었다는 뜻이다. 15세

는 태학太學에 들어갈 나이니, 요즘으로 말하면 대학에 입학할 때다. 대학에 입학하면서 학문을 하기로 마음먹는 일은 쉽지 않다. 30세에 자신을 확립했다는 것은 예의범절에 맞게 자신의 가치관을 세웠다는 뜻이다. 이는 자신을 지키는 마음가짐이 확고해져서 의지를 세우려고 노력하는 단계를 넘어섰다는 것이다. 불혹은 사물의 이치를 분명히 알아서 어떤 일이 닥쳤을 때 이럴까 저럴까 의혹하지 않는다는 것이다. 천명을 안다는 것은 하늘이 자신에게 부여한 본성을 안다는 뜻이다. 『중용』 첫머리에 "하늘이 명한 것을 본성이라 한다〔天命之謂性〕"라고 하였으니, 자신의 본성이 선한 것인 줄 아는 것이다. 여기까지는 자신의 몸과 마음을 닦아서 인격을 형성하는 과정을 차례로 말한 것이다. 그다음 이순은 나의 마음이 사리를 알고 공명정대하기 때문에 남의 말을 듣고서도 그 의도를 저절로 이해할 수 있게 되었다는 말이다. 귀로 남의 말을 듣는 것이 순조롭다는 것은 저절로 이해가 된다는 뜻이다. 원문 마지막의 종심소욕불유구從心所欲不踰矩는 의도하지 않고서도 저절로 자연의 이치에 합치되는 삶을 사는 것으로, 『중용』에 "진리를 편안히 여겨 절로 행한다〔安而行之〕", 또는 "의도적으로 노력하지 않아도 저절로 중도에 합한다〔不勉而中〕"라고 한 경지를 말한다.

　이 장은 공자가 노년에 자신의 공부 과정을 거론하여 학자들로 하여금 차근차근 학문에 정진하길 바라서 한 말이다. 마음에서 일어나는 욕구를 따라 행해도 자연의 이치에서 벗어나지 않는 삶은 아무런 걸림이 없는 자유로운 경지로, 마음에 한 점의 티끌도 없을 때 가능한 일이다.

공경심이 없으면 개나 말과 무슨 구별이 있겠는가

자유子游가 효도에 대해 질문했는데, 공자께서 "오늘날의 효도는 신체만 잘 봉양하는 것을 말한다. (그러나) 개와 말에 대해서도 모두 잘 길러주고 있으니, 부모를 봉양하는 데 공경하지 않으면 개와 말을 길러주는 것과 어떻게 구별하겠는가"라고 답하셨다.

子游問孝 子曰 "今之孝者 是謂能養 至於犬馬 皆能有養 不敬 何以別乎."
「위정」제7장

● 자유는 공자의 제자 언언言偃으로 문학에 뛰어난 사람이다. 공자는 '효도는 이런 것이다'라고 가르치지 않고, 제자의 자질에 맞게 절실한 점을 일러주었다. 그래서 효도를 질문한 것에 대한 대답이 각기 다르다. 공자가 자유에게 답한 말을 보면, 자유는 부모의 신체만 잘 봉양하고 공경심으로 봉양하는 점이 부족했던 듯하다. 그래서 공자가 그 점을 꼬집어 일러준 것이다.

안회는 어리석지 않구나

공자께서 말씀하셨다. "나는 안회顔回와 종일 이야기를 나누었는데, 그는 내 말을 어기지 않아 어리석은 사람 같았다. 그런데 그가 물러간 뒤 그의 사생활을 살펴보니, 그는 내가 한 말을 충분히 실행하고 있었다. 그러니 안회는 어리석은 사람이 아니다."

子曰 "吾與回 言終日 不違如愚 退而省其私 亦足以發 回也不愚." 「위정」 제9장

● 『논어』에 등장하는 공자의 제자 중에 꾸지람을 받지 않고 칭찬만 받은 인물이 안회다. 안회는 공자보다 먼저 별세하였는데, 아성亞聖 (공자 다음가는 성인)의 경지에 오른 인물이다. 스승이 말한 도를 묵묵히 마음에 새기고 완전히 이해하고 꿰뚫어 일상에서 실천했기 때문에 공자가 칭찬한 것이다. 발發은 발명發明의 뜻도 있고 발휘發揮의 뜻도 있다. 발휘는 드러내 펴는 것이니, 지식을 아는 데서 그치지 않고 그것을 현실에 드러내 운용한다는 의미다.

온고지신하지 않으면 스승이 될 자격이 없다

공자께서 말씀하셨다. "옛것을 익히고서 새로운 지식을 알아나가면 스승이 될 수 있다."

子曰 "溫故而知新 可以爲師矣." 「위정」 제11장

● 온고지신溫故知新이란 말이 여기서 유래하였다. 고故는 예로부터 전해오는 지식과 지혜를 통칭한다. 온溫은 식은 국을 데우듯이 전통적인 지식을 자기화하여 익숙히 하는 것이다. 전통을 바탕으로 새로운 지식을 알아나가는 것은 발명과 창조를 의미한다. 그런데 이 문장은 '스승이 될 수 있다'는 데에 묘미가 있다. 이 문장을 역설적으로 말

하면 '온고지신하지 못하는 사람은 스승이 될 자격이 없다'는 뜻이 된다. 가르침을 직업으로 하는 사람들에게 무서운 말이다. 가르치는 사람 중에 온고도 제대로 하지 못하는 사람이 얼마나 많은가? 그러니 지신하는 사람이 얼마나 되겠는가? 적어도 그 시대의 스승이 되려면 전통적인 지식을 충분히 알고 그것을 바탕으로 자기 시대를 선도할 지식을 발명해야 한다. 그러지 못하고 온고만 하면 고루한 지식을 가진 사람에 불과하게 된다. 지식은 늘 자기 시대에 맞게 재창조해야 생명력을 갖는다. 『논어』의 해석도 마찬가지다. 주희의 주석에 따라 그대로 해석하고, 그 의미를 시대정신에 맞게 풀이하지 못하면 그것은 앵무새와 다를 바 없다. 지식을 전달하면서 감동과 깨달음을 줄 때 비로소 참된 스승으로 거듭날 수 있다.

덕이 없으면 그릇밖에 되지 않는다

공자께서 말씀하셨다. "군자는 그릇이 아니다."

子曰 "君子不器." 「위정」 제12장

● 군자는 두 가지 의미를 가지고 있다. 하나는 덕을 가진 사람이라는 뜻이고, 또하나는 지위가 높은 사람이라는 뜻이다. 여기서는 덕을 가진 사람을 뜻하는 말로 쓰였다. 그릇은 하나의 형태만을 담아낼 수 있는 고정적인 틀을 말한다. 요즘 말로 하면 하나의 패러다임이다. 덕 있는 사람은 보편적 진리를 터득하여 그것을 그때그때의 상황에 맞게

적용할 수 있지만, 전문적인 기능을 가진 장인匠人은 한 가지 기술밖에 없어 자신이 잘하는 특화된 분야에서만 재능을 발휘한다. 그래서 예전에는 한 가지 재주만 가진 사람을 덕이 있는 사람보다 낮게 평가하였다. 기器는 기량器量 또는 국량局量이라는 의미로 쓰이는데, 이 장에도 그런 의미가 들어 있다. 군자는 한 가지 경우에만 쓰이는 그런 국한된 기량을 추구하지 않고, 두루 통용될 수 있는 보편적 진리를 추구한다는 말이다. 덕이 없으면 쓰임이 한정된 그릇밖에 되지 않는다.

군자는 끼리끼리 작당하지 않는다

공자께서 말씀하셨다. "군자는 남과 두루두루 친하게 지내며 끼리끼리 편당을 짓지 않고, 소인은 끼리끼리 편당을 지으며 두루두루 친하게 지내지 않는다."

子曰 "君子 周而不比 小人 比而不周." 「위정」 제14장

● 공자는 이처럼 군자와 소인을 상대적으로 말한 경우가 많다. 군자와 소인은 확연히 구별되는 것이 아니다. 그때그때의 마음이 어떠한가에 따라 한순간 군자가 될 수도 있고, 한순간 소인이 될 수도 있다. 대체로 군자는 공公·의義를, 소인은 사私·이利를 추구한다. 이 문제는 누구나 다 아는 것 같지만 실제로는 그렇지 않다. 생활 속에서 자신의 인격을 손상시키는 주요인이 바로 사私·이利다. 마음이 조금이라도 사리私利에 가 있으면, 공의公義를 해치게 되어 결국 남들로부터 비난과

지탄을 받는다. 성현의 학문을 공부한 사람 중에도 이런 사람이 많은 것을 보면, 나 자신에게 이런 점이 있는지를 늘 성찰해야 할 것이다. 내가 잠시 사욕과 이익에 빠져 공정과 의리를 저버릴 때 남들이 손가락질할 것을 생각하면 얼마나 두려운가. 학자가 이를 모르고 산다면 그는 학문을 한 사람이 아니다.

학문과 사색을 병행해야 한다

공자께서 말씀하셨다. "배우기만 하고 사색하지 않으면 터득한 것이 없어 멍하고, 사색하기만 하고 실제적인 일을 익히지 않으면 사상이 위태롭다."

子曰 "學而不思則罔 思而不學則殆." 「위정」 제15장

● 『중용』에 지知를 얻는 과정으로 '널리 배우고〔博學〕, 자세히 묻고〔審問〕, 신중히 생각하고〔慎思〕, 명확히 분변하라〔明辨〕'라는 네 단계를 설정하였는데, 이를 축약하면 학문사변學問思辨이 된다. 이를 다시 둘로 묶으면 학문學問과 사변思辨이 되고, 여기서 다시 주제어를 뽑으면 학學·사思가 된다. 학문과 사색은 진리를 탐구하는 두 축이다. 어느 하나라도 소홀히 하면 앎이 온전하지 않게 된다. 이 장에서는 바로 이 점을 단적으로 말한 것이다. 학문은 전통적인 지식을 배우는 것이며, 사색은 그것을 자기의 것으로 만드는 일이다. 지식을 자기의 것으로 만드는 것은 자득自得을 의미한다. 자득을 하지 못하면 그 지식이 자기 것이

되지 못하여 현실에 적용할 수 없다. 그런데 사색만 하고 전통적인 지식을 습득하지 않으면 사유가 공명정대하지 못하고 치우쳐 위태롭게 된다. 혼자 공부하는 경우 이런 위험성이 있다. 그래서 처음에는 훌륭한 스승을 따라 보편적 진리를 배워야 한다.

확실히 알지 못하면 진정한 앎이 아니다

공자께서 말씀하셨다. "중유仲由야, 나는 너에게 무엇을 안다는 것에 대해 말해주겠다. 어떤 것을 확실히 알 때 안다고 하고, 어떤 것을 확실히 알지 못할 때 모른다고 하는 것, 이것이 사물의 이치를 올바로 아는 것이다."

子曰 "由 誨女知之乎 知之爲知之 不知爲不知 是知也." 「위정」 제17장

● 중유는 공자의 제자로 자는 자로子路다. 성품이 용감하고 실천에 뛰어났던 인물이다. 공자의 문인 중 나이가 많은 제자다. 이 장은 확실히 알지 못하면서 아는 체하는 폐단, 즉 앎에 있어서 자신을 속이는 점을 경계한 것이다.

신의가 없는 사람은 아무것도 할 수 없다

공자께서 말씀하셨다. "겉으로 보면 사람인데 내면에 신의가 없으

면, 나는 그 사람이 무엇을 할 수 있을지 모르겠다. 큰 수레에 예^輗가 없고 작은 수레에 월^軏이 없으면 주인이 무엇으로 그 수레를 움직이겠는가."

子曰 "人而無信 不知其可也 大車 無輗 小車 無軏 其何以行之哉." 「위정」
제22장

● 예輗나 월軏은 모두 수레와 말을 연결하는 고리, 즉 끌채를 말한다. 자동차로 말하면 동력전달장치다. 『논어』에는 '인이무신人而無信' 같은 문구가 자주 등장하는데, 그 의미가 심장하다. 인이人而는 '겉으로 보면 멀쩡한 사람인데 그런데'라는 뜻이다. 사람의 내면에 덕이 없으면 동물이나 다를 바 없다. 그래서 사람답지 않은 사람을 예전에는 금수禽獸라고 했다. 사람이면서 어진 마음이 없고, 의리가 없고, 예절이 없고, 신의가 없다면 이 세상을 살아갈 끌채가 없는 것이나 마찬가지다. '나는 그 사람이 무슨 일을 할 수 있을지 모르겠다'는 말은 세상을 살면서 아무것도 유익한 일을 할 것이 없다는 뜻이니, 얼마나 두려운 말인가.

임금이
신하를 부릴 때는
예로써 해야 한다

어질지 못하면 아무리 좋은 예악도 쓸모가 없다

공자께서 말씀하셨다. "사람이면서 어질지 못하면 아무리 좋은 예가 있다 한들 무엇하겠으며, 사람이면서 어질지 못하면 아무리 좋은 음악이 있다 한들 무엇하겠는가."

子曰 人而不仁 如禮何 人而不仁 如樂何." 「팔일」 제3장

● 원문의 여례하如禮何는 '아무리 좋은 예가 있다고 한들 그것을 어디다 쓰겠는가'라는 뜻이다. 이 문장 역시 현실의 제도나 문물보다 그것을 실행하는 사람의 마음이 중요하다는 점을 지적한 말이다. 세상만사는 법이나 제도보다 사람의 마음에 달려 있다. 그 사람이 진실하고 신실하고 근면하고 공손하면 무슨 일을 하든지 잘 이루어질 수 있다. 반면 그런 마음이 부족한 사람은 일을 그르치고 구성원들의 의욕

을 상실하게 한다. 한 사람의 마음에 따라 일이 성사되기도 하고 실패하기도 하니, 공명정대한 마음을 가지는 것이 참으로 중요하다.

예의 근본이 중요하다

임방林放이 예禮의 근본을 물었는데, 공자께서 "훌륭하구나, 그 질문이여! 예는 사치하기보다는 차라리 검소한 편이 낫고, 상喪은 형식적으로 잘 치르기보다는 차라리 마음으로 슬퍼하는 것이 더 낫다"라고 하셨다.

林放問禮之本 子曰 "大哉問 禮 與其奢也 寧儉 喪 與其易也 寧戚." 「팔일」제4장

● 이 문장은 내용과 형식 중에서 어느 것이 더 중요한지를 논한 것이다. 우리는 살아가면서 근본을 잊어버리는 경우가 허다하다. 어느 시대나 근본을 환기해주는 사람이 있어야 하는데 지식인과 성직자가 그런 역할을 해야 한다. 근본을 질문했기 때문에 공자가 칭찬을 한 것이고, 예악문물 중에서 예禮와 상喪을 예로 들어 그 근본을 다시 일러준 것이다.

그림 그리는 일은 흰 바탕을 만든 뒤에 하는 것이다

자하子夏가 "'예쁜 웃음에 보조개도 살포시, 아름다운 눈동자 흑백이 분명하네. 흰 바탕에 예쁘게 화장을 했구나'라는 시가 있는데, 무엇을 말한 것입니까?"라고 물었다. 공자께서 "그림 그리는 일은 흰 바탕을 만든 뒤에 한다는 뜻이다"라고 답하시니, 자하가 "예는 뒤에 한다는 뜻이로군요"라고 하자, 공자께서 "나를 일으켜 세우는 사람은 상商이로구나. 비로소『시경』의 시를 함께 말할 수 있겠구나"라고 하셨다.

子夏問曰 "巧笑倩兮 美目盼兮 素以爲絢兮' 何謂也" 子曰 "繪事後素" 曰 "禮後乎" 子曰 "起予者 商也, 始可與言詩已矣." 「팔일」 제8장

● 자하는 공자의 제자 복상卜商으로 문학에 뛰어난 사람이다. 그가 시 한 구절을 공자에게 물었는데, 공자는 선문답처럼 엉뚱하게 답하였다. 그런데 자하가 그 의미를 얼른 깨닫자 공자가 칭찬을 한 것이다. 원문의 회사후소繪事後素는 후대에 널리 회자된 성어다. 흰 바탕을 만들어놓은 뒤 그 위에 색칠을 하는 것이 그림을 그리는 순서다. 소素는 바탕이고, 색칠은 나중에 하는 일이다. 이 문장을 읽을 때 '후後' 자에 주목해야 한다. 후後가 있으면 반드시 선先이 있게 마련이다. 예禮가 후後면, 무엇이 선先일까? 얼른 보이지 않는다. 그런데 회사후소라는 말에 의거하여 생각해보면, '바탕'과 '꾸밈'이라는 주제어를 끌어낼 수 있다. 예가 꾸밈이라면 그 바탕은 무엇일까? 바로 내면의 진실성이다. 그래서 주희는 "예는 충신忠信으로 바탕을 삼는다"라고 주석을 달아놓았다. 자하가 인용한 시는, 보조개와 선명한 눈동자를 가진 바탕이 아름

다운 여인이 있는데, 그런 예쁜 얼굴에 고운 화장을 하여 더할 나위 없이 어여쁜 모습을 갖추게 된 것을 노래한 것이다. 이 시를 통해 공자와 자하는 내면의 덕성과 외면의 문채를 모두 갖춘 뒤에 아름답게 된다는 점을 읽어낸 것이다.

제사를 지낼 때는 신이 살아 계신 듯이 하라

공자께서 선조에게 제사를 지낼 때는 선조가 살아 계신 듯이 하셨으며, 외부의 신에게 제사를 지낼 때도 그 신이 살아 있는 듯이 하셨다. 그리고 공자께서 "자신이 제사에 참여하지 못하면 그것은 제사를 지내지 않은 것과 같다"라고 하셨다.

祭如在 祭神如神在 子曰 "吾不與祭 如不祭." 「팔일」 제12장

● 원문의 여재如在는 재실齋室의 이름으로 후대에 많이 사용하는 용어다. 제사는 근본에 보답하는 것으로 공경과 정성을 주로 한다. 그래서 조상에게는 효성을 극진히 하고, 외부의 신에게는 공경을 극진히 하여, 마치 조상과 신이 눈앞에 살아 있는 것처럼 여긴다. 이런 마음이 없으면 성의가 없는 것이다. 그러므로 남을 시켜 제사를 지내게 하는 것은 제사를 지내지 않은 것과 같다고 한 것이다. 제사는 신을 섬기는 외적인 것보다 근본을 돌아보고 보답하는 데 더 의미가 있다. 나의 근본을 돌아보는 것, 그것이 바로 제사를 지내는 본질적인 의미인데, 요즘 사람들은 그 의미를 대수롭지 않게 여긴다.

임금이 신하를 부릴 때는 예로써 해야 한다

노나라 정공定公이 공자께 "임금이 신하를 부리고, 신하가 임금을 섬길 때는 어떻게 합니까?"라고 묻자, 공자께서 "임금이 신하를 부릴 때는 예로써 하고, 신하가 임금을 섬길 때는 충성으로써 합니다"라고 대답하셨다.

定公問 "君使臣 臣事君 如之何" 孔子對曰 "君使臣以禮 臣事君以忠." 「팔일」
제19장

● '임금이 신하를 부릴 때 예로써 하라'는 말에 의미가 있다. 흔히 최고 권력자는 아랫사람을 하인 부리듯이 한다. 즉 명령을 하고 무조건 순종하기를 종용한다. 예로써 부린다는 것은 상대를 존중하는 것이다. 즉 신하의 의견을 귀 기울여 듣는 것이다. 군신의 관계는 의리로 맺어진 관계다. 의리가 서로 맞지 않으면 신하가 임금을 떠나는 것이 원칙이고, 의리가 서로 합하면 신하에게 어떤 일을 전적으로 맡기는 것이 예우하는 방법이다. 그러나 역대로 이런 경우는 거의 찾아보기 어렵다.

근본을 저버린 사람은 더이상 논할 것이 없다

공자께서 말씀하셨다. "윗자리에 있으면서 관대하지 않고, 예를 행

하되 공경하지 않고, 상을 당하여 애통해하지 않으면 내가 무엇으로
그 사람을 관찰하겠는가."

子曰 "居上不寬 爲禮不敬 臨喪不哀 吾何以觀之哉." 「팔일」 제26장

● 이 문장 역시 근본을 환기시킨 것이다. 사람을 논평할 때 그 사람
이 얼마나 근본에 충실한지를 살피면 그 나머지 사소한 것은 살피지
않아도 된다는 말이다. 사람을 포용하는 관용, 예를 실천하는 공경심,
상을 당했을 때의 애통함, 이런 근본을 저버린 사람은 그 나머지 것에
대해 살필 필요도 없다고 하였으니, 인간다움을 상실한 사람에 대해
서는 더이상 논할 가치가 없다는 말이다.

어진 이를 보면
그와 같아지길
생각하라

지혜로운 자는 인仁을 이롭게 여긴다

공자께서 말씀하셨다. "어질지 못한 사람은 오랫동안 곤궁한 상태에 처하지 못하며, 오랫동안 즐거운 상태에도 처하지 못한다. 어진 사람은 인仁을 편안히 여기고, 지혜로운 사람은 인을 이롭게 여긴다."

子曰 "不仁者 不可以久處約 不可以長處樂 仁者安仁 知者利仁." 「이인」 제2장

● '어질지 못한 사람[不仁者]'은 본성을 잃은 사람이다. 그러므로 곤궁한 상태에 오래 처하거나 즐거운 상태에 오래 처하게 되면 분수에 넘치는 짓을 하게 된다. 이와는 달리 '어진 사람[仁者]'은 의도하지 않아도 인仁과 하나가 되기 때문에 늘 인을 편안히 여긴다. 안인安仁이란 마음이 늘 인에 있어서 억지로 애쓰지 않아도 저절로 인에 들어맞게 되는 것을 말한다. 이보다 한 단계 아래가 이인利仁으로 인을 이롭게

여겨 의도적으로 인과 하나가 되려고 노력하는 사람이다. 불인자^{不仁者}와 인자^{仁者}를 상대적으로 말한 뒤, 인자는 배우는 사람에게 어려운 일이므로 그 아래 단계를 말하여 노력하게 한 것이다. 인을 이롭게 여기는 것, 그것도 지금은 찾아보기 어려운 세상이다.

어진 사람만이 남을 좋아하고 미워할 수 있다

공자께서 말씀하셨다. "오직 어진 사람만이 남을 좋아할 수 있고 남을 미워할 수 있다."

子曰 "唯仁者 能好人 能惡人." 「이인」 제3장

● 인자^{仁者}는 본성을 해치지 않고 순응하여 마음이 공명정대하기 때문에 남을 좋아하거나 미워하는 데 사심이 없다. 이와 반대로 사심이 조금이라도 있으면 공적인 호오^{好惡}가 될 수 없기에 남을 좋아하고 미워할 수 없다는 말이다. 인간 사회에서 호오는 없을 수 없다. 성인에게도 호오는 있다. 다만 성인은 사심 없이 공적으로 호오를 결정하기 때문에 문제가 없다. 공과 사를 구분하지 못하여 인생에서 낭패를 보는 경우가 얼마나 많은가.

군자가 인을 버리면 무엇으로 명예를 이루랴

공자께서 말씀하셨다. "부귀는 사람들이 원하는 것이다. 그러나 정상적인 방도로 그것을 얻은 것이 아닌 경우, 군자는 거기에 처하지 않는다. 빈천은 사람들이 싫어하는 것이다. 그러나 정상적인 방도로 그것을 얻은 것이 아닌 경우에도, 군자는 거기에서 벗어나지 않는다. 군자가 인仁을 버리면 무엇으로 명예를 이루겠는가. 군자는 식사를 하는 짧은 시간 동안에도 인을 떠나지 않는다. 그러니 다급한 상황에서도 이 인에서 결코 떠나지 않으며, 위태로운 상황에서도 이 인에서 결코 떠나지 않는다."

子曰 "富與貴 是人之所欲也 不以其道 得之 不處也 貧與賤 是人之所惡也 不以其道 得之 不去也 君子去仁 惡乎成名 君子 無終食之間 違仁 造次必於 是 顚沛必於是." 「이인」 제5장

● 군자는 한순간도 인仁에서 벗어나서는 안 된다는 말이다. 앞의 두 절은 군자가 부귀와 빈천에 대처하는 현실적 방도를 말하여 이해를 도운 도입부다. 원문의 조차造次는 시간적으로 매우 다급하여 경황이 없을 때를 말한다. 군인이 전쟁터에서 앞으로 돌격하다가 방호벽 앞에 멈추는 때와 같은 경우다. 전패顚沛는 전복되어 유리걸식하는 위태로운 상황이다. 그러니까 어느 때 어떤 상황 속에서도 군자는 인을 저버리지 않고 굳게 믿고 지켜야 한다는 뜻이다.

인을 좋아하는 자와 불인을 미워하는 자

공자께서 말씀하셨다. "나는 인仁을 좋아하는 자와 불인不仁을 미워하는 자를 아직까지 보지 못했다. 인을 좋아하는 자는 더이상 보탤 것이 없다. 불인을 미워하는 자는 인을 실천하면서 불인한 것이 자신에게 가해지지 않도록 해야 한다. 능히 하루라도 자신의 힘을 인에 쓰는 자가 있던가? 나는 그렇게 하는 데에 힘이 부족한 자를 보지 못했다. 아마도 그런 자가 있겠지만, 나는 아직 그런 자를 보지 못했다."

子曰 "我未見好仁者 惡不仁者 好仁者 無以尙之 惡不仁者 其爲仁矣 不使不仁者 加乎其身 有能一日 用其力於仁矣乎 我未見力不足者 蓋有之矣 我未之見也." 「이인」 제6장

● 이 장은 인을 좋아하는 자와 불인을 미워하는 자를 말한 뒤, 인을 실천하려고 노력하는 자조차 없는 세상을 탄식한 것이다. 인을 좋아하는 자는 적극적인 사람이다. 불인을 미워하는 자는 자신을 지키는 것이 확고한 사람이다.

아침에 도를 들으면 저녁에 죽어도 좋다

공자께서 말씀하셨다. "아침에 도를 들으면 저녁에 죽어도 괜찮다."

子曰 "朝聞道 夕死 可矣." 「이인」 제8장

● 이 장은 도를 듣는 것이 중요하다는 점을 극단적으로 말한 것이다. 아침과 저녁은 시간적 거리가 짧은 것을 의미한다. 이 문장은 다음과 같이 역설적으로 해석하면 이해하기 쉽다. '도를 듣지 못하면 비록 오래 살더라도 아무런 의미가 없다. 그러나 도를 들으면, 아침에 듣고 저녁에 바로 죽더라도 해로울 것이 없다.' 도를 듣는 것이 그만큼 절실하다는 말이다. 구도자들이 살던 시대에는 이 말이 어렵지 않았을 터인데, 구도자가 없는 오늘날에는 이 말이 어렵게 들린다.

오직 의리를 따를 뿐이다

공자께서 말씀하셨다. "군자는 천하의 일에 대해 자기 의견만을 오로지 주장하는 것도 없고, 남의 의견에 무조건 반대하는 것도 없고, 오직 의리를 따를 뿐이다."

子曰 "君子之於天下也 無適也 無莫也 義之與比." 「이인」 제10장

● 적適은 '가다'라는 뜻으로 자기 주장만을 밀고 나간다는 의미이며, 막莫은 '긍정하지 않는다'라는 뜻으로 남의 의견에 반대한다는 의미이다. 비比는 '따르다'라는 뜻으로, 의지여비義之與比는 '의리를 더불어 따른다'라는 의미이다. 의義는 이치상으로는 의리를, 사회적 실천의 측면에서는 정의를 말한다. 또 의義는 마땅하다는 의宜의 뜻이 있어 합리적이라는 의미로도 쓰인다.

이익에만 마음을 두고 행동하면 원망이 많다

공자께서 말씀하셨다. "이익에 마음을 두고서 행동하면 원망을 받는 일이 많다."

子曰 "放於利而行 多怨." 「이인」 제12장

● 방放은 '의지하다'라는 뜻으로 사적인 이익에 마음을 둔다는 의미다. 사적인 이익만을 추구하면 남들로부터 원망을 사는 일이 많다. 사리私利에만 연연하고 공의公義를 돌아보지 않으면 원망을 받는 데서 그치지 않고 낭패를 볼 것이다.

남이 나를 알아줄 수 있게 되길 구하라

공자께서 말씀하셨다. "벼슬자리가 없는 것을 걱정하지 말고 그 자리에 설 수 있는가를 걱정하며, 자신을 알아주는 이가 없는 것을 걱정하지 말고 남들이 알아줄 만한 사람이 될 수 있기를 구하라."

子曰 "不患無位 患所以立 不患莫己知 求爲可知也." 「이인」 제14장

● 외부적인 요인을 탓하지 말고 자신을 돌아보고 향상시키는 노력을 하는 것이 실질적인 공부다. 어떤 자리에 앉을 만한 능력을 갖추는 것, 남들이 알아줄 만한 실력을 갖추는 것, 그것이 공부하는 사람들이

먼저 해야 할 일이다.

나의 도는 하나로써 모든 것을 꿰뚫는다

공자께서 "증삼아, 나의 도는 하나로써 모든 것을 꿰뚫었느니라"라고 하시자, 증자가 "예, 무슨 말씀인지 잘 알겠습니다"라고 하였다. 공자께서 문밖으로 나가시자, 문인^{門人}들이 증자에게 "선생께서 무슨 말씀을 하신 것인가?"라고 물었는데, 증자가 "선생의 도는 충서^{忠恕}일 따름이다"라고 하였다.

子曰 "參乎 吾道 一以貫之" 曾子曰 "唯" 子出 門人問曰 "何謂也" 曾子曰 "夫子之道 忠恕而已矣." 「이인」 제15장

● 공자가 여러 제자와 함께 앉아서 담화를 하고 있었다. 그때 공자가 증삼^{曾參}을 부르면서 '나의 도는 하나로써 모든 것을 꿰뚫었다'라고 하자, 증삼이 '예'라고 답하였다. 나머지 제자들은 무슨 말을 하는 것인지 어리둥절하였다. 공자가 나간 뒤, 동학들이 증삼에게 그 뜻을 물었는데, 증삼은 '공자의 도는 충서일 따름이다'라고 답하였다. 선문답과 같은 말이다. 이 장에 대한 주희의 주석은 형이상학적인 담론으로 장황하게 채워져 있어 이해하기가 더 어렵다. 이 장은 일이관지^{一以貫之}와 충서^{忠恕}의 관계를 어떻게 해명할 것인가가 관건이다. 일^一은 충^忠이고, 관지^{貫之}는 서^恕다. 충은 조금도 거짓이 없는 진실한 마음으로 진정성을 의미한다. 이것이 주희의 주석에 보이는 '하나의 근본〔一本〕'이

다. 서恕는 나의 공정한 마음으로 남의 마음을 미루어 헤아리는 것이니, 관지貫之가 이에 해당한다. 그렇다면 지之는 무엇일까? 마음이 접하고 응하는 모든 대상으로, 주희의 주석에 보이는 '만 가지로 각기 다른 것〔萬殊〕'이 그것이다. 즉 공자는 자신의 한 점 부끄러움이 없는 진실한 마음으로 모든 대상을 응접한다고 말한 것이다. 공자의 이 말이 어렵기 때문에 증삼이 사람의 마음으로 설명해 충忠과 서恕로써 쉽게 말한 것이다. 그런데 오늘날에는 충과 서도 이해하기가 쉽지 않다.

군자는 의리에 밝고 소인은 이익에 밝다

공자께서 말씀하셨다. "군자는 의리에 밝고, 소인은 이익에 밝다."
子曰 "君子 喩於義 小人 喩於利." 「이인」 제16장

● 유喩는 '밝다'라는 뜻이다. 의리는 공적이고 합리적이며, 이익은 사적이고 이기적인 것이다. 옛사람들은 의義와 이利에 대해 민감했다. 특히 지도자들에게는 정치생명이 달린 민감한 문제였다. 그런데 우리 사회는 이에 대해 매우 둔감하다. 역사적으로 오랫동안 이 문제를 중시했으면서도 사람들은 아직 이를 대수롭지 않게 여기고 있다. 사회 고위층 인사가 이에 대해 제대로 처신하지 못하면 심한 질타를 받아 마땅하다. 이 문제는 사회정의와 기강을 위해 감싸고 덮어주어서는 안 되는 것이다.

어진 이를 보면 그와 같아지길 생각하라

공자께서 말씀하셨다. "어진 이의 훌륭한 행실을 보면 그와 같아지기를 생각하고, 어질지 못한 사람의 나쁜 행실을 보면 마음속으로 그런 점이 없는지를 스스로 반성해야 한다."

子曰 "見賢思齊焉 見不賢而內自省也." 「이인」 제17장

● 누군가에게서 나보다 나은 점을 보면 나도 그와 같아졌으면 하는 마음을 갖는 것, 이것이 바로 자신을 향상시키는 가장 좋은 방법이다. 아울러 상대방의 나쁜 점을 보면 자신에게 그런 점이 없는지를 돌이켜 성찰하는 것도 자신을 발전시키는 큰 공부다. 이렇게 생각하면 이 세상 모든 사람이 나의 스승이 될 수 있다.

말은 어눌하게 행동은 민첩하게 하라

공자께서 말씀하셨다. "군자는 말을 어눌하게 하고 행동은 민첩하게 하려고 한다."

子曰 "君子 欲訥於言而敏於行." 「이인」 제24장

● 눌訥은 '어눌하다'라는 뜻인데, 말을 더듬거리는 것이 아니라 말을 함부로 하지 않고 신중히 하는 것이다. 글자 그대로 말이 나오는 것

을 뱉지 않고 삼킨다는 뜻이다. 공자는 말보다 행동을 더 앞세웠다. 실천이 뒤따르지 않음을 걱정한 것이다. 말은 꼭 필요한 경우에만 하고, 행동은 민첩하게 해야 한다.

덕이 있는 사람은 외롭지 않다

공자께서 말씀하셨다. "덕이 있는 사람은 외롭지 않다. 반드시 이웃이 있게 된다."

子曰 "德不孤 必有鄰." 「이인」 제25장

● 덕德은 '얻는다(得)'는 뜻으로, 하늘이 부여한 본성을 터득하여 내 것으로 한다는 의미다. 도가 이념적인 말이라면, 덕은 사람이라는 생명체를 두고 한 말이다. 그러므로 사람이 도를 얻는다는 점을 강조하여 말한 것이다. 본성의 가치를 터득한 사람은 인간의 동질성인 본성을 잘 아는 사람이다. 그러므로 남들이 의지하고 따르게 된다. 그러하기에 이런 사람은 늘 주변에 따르는 사람이 있어 외롭지 않다. 고孤는 외톨이를 의미하니, 외톨이가 아니라는 것은 사람들과 함께한다는 말이다.

어찌
말재주로
사람을 평가하겠는가

너는 그릇 중에서는 제일 좋은 그릇이다

자공子貢이 "저는 어떠합니까?"라고 여쭙자, 공자께서 "너는 그릇이다"라고 하셨다. 다시 자공이 "어떤 그릇인가요?"라고 여쭙자, 공자께서 "그릇 중에서는 최고인 호련瑚璉과 같다"라고 하셨다.

子貢問曰 "賜也 何如" 子曰 "女 器也" 曰 "何器也" 曰 "瑚璉也." 「공야장」제3장

● 공자가 문하의 제자들에 대해 논평을 하면서 공야장公冶長·남용南容·복부제宓不齊 등에 대해 칭찬을 하자, 자공이 자신은 어떤 인물로 평가되는지 궁금해서 질문을 하였고, 공자가 그에 대해 단적으로 대답한 말이다. 문답은 단답형으로 간결하지만, 그 속에 담긴 의미는 심장하다. 「위정爲政」제12장에 '군자불기君子不器(군자는 그릇이 아니다)'라는 말이 있다. 공자는 평소 한 가지 형태의 그릇처럼 한 가지 재능만을 갖춘 기

능인이 되는 것을 지양하고, 덕을 갖추어 세상사에 두루 적용할 수 있는 사람이 되라고 가르쳤다. 따라서 공자 문하의 제자들은 자신이 그릇이 되기를 바라지 않았다. 그런데 공자는 자공에게 '너는 그릇의 한계를 아직 넘어서지 못하였다'고 직설적으로 말하였다. 자공은 매우 실망하고 부끄러웠을 것이다. 그런데 그는 물러서지 않고 '그릇 중에서 어떤 그릇입니까?'라고 되물었다. 이는 백척간두에서 진일보하는 단계로 나아간 것이다. 그러자 공자는 '그릇 중에서 최고인 호련과 같다'고 한 것이다. 이 말에는 한 걸음만 더 나아가면 그릇의 한계를 벗어날 수 있다는 의미가 담겨 있다. 공자가 자공을 자극하여 더욱 분발하게 해서 한 단계 진일보하도록 일부러 그렇게 말한 것이다.

어찌 말재주로 사람을 평가하겠는가

혹자가 "중옹仲雍은 어질지만 말을 잘하지 못합니다"라고 하자, 공자께서 "어찌 말 잘하는 것으로 사람을 품평하겠는가. 말 잘하는 사람은 말재주로써 남의 말을 가로막아 남들에게 누차 미움을 받으니, 나는 그가 인仁한지는 잘 모르겠지만, 어찌 사람을 품평하는 데 말재주를 가지고 하겠는가"라고 하셨다.

或曰 "雍也 仁而不佞" 子曰 "焉用佞 禦人以口給 屢憎於人 不知其仁 焉用佞." 「공야장」 제4장

● 공자는 사람을 품평하면서 인仁에 대해서는 좀처럼 후한 점수를

주지 않았다. 본성을 거역하지 않고 그대로 순응하며 사는 단계에까지 나아간 것은 성인의 경지이기 때문에 쉽게 인정할 수 없었던 것이다. 그런데 혹자가 말재주로 사람을 평하자, 공자는 단호하게 그 점을 부정적으로 본 것이다. 영侫은 말만 잘하는 것이고, 구급口給은 입으로 지급한다는 뜻으로 말 잘하는 것을 가리킨다. 남이 하는 말을 가로채 입담을 자랑하는 것은 미움을 사는 짓이다.

하나를 듣고 열을 안 안회

공자께서 자공子貢에게 "너는 안회顏回와 비교해 누가 더 낫다고 생각하느냐?"라고 물으시자, 자공이 "제가 어찌 감히 안회를 바라겠습니까. 안회는 하나를 듣고서 열을 알고, 저는 하나를 듣고서 둘을 압니다"라고 대답하니, 공자께서 "너는 안회만 못하다. 나는 네가 그만 못함을 인정한다"라고 하셨다.

子謂子貢曰 "女與回也 孰愈" 對曰 "賜也 何敢望回 回也 聞一以知十 賜也 聞一以知二" 子曰 "弗如也 吾與女弗如也." 「공야장」 제8장

● 자공은 머리가 매우 총명한 인물이었다. 그래서 공자는 늘 그의 지나친 점을 경계하여 중도에 맞게 하려고 하였다. 자공이 스스로 안회만 못하다고 자인했는데, 공자는 그 점을 다시 확인하여 자공을 더욱 분발하게 하였다. 이 장의 문일지십聞一知十에 대해 음미해볼 필요가 있다. 하나를 듣고서 열을 미루어 아는 것, 그것은 아는 단계에 머무는

것이 아니라, 그 지식을 바탕으로 현실세계의 일을 미루어 터득하는 것이다.

낮잠을 자다가 혼이 난 재여

재여宰予가 낮에 잠을 자자, 공자께서 "썩은 나무는 조각할 수 없고, 썩은 흙으로 쌓은 담장은 흙손질을 할 수가 없으니, 내가 재여에 대해 무엇을 나무라겠는가"라고 하셨다. 다시 공자께서 "처음 나는 그 사람의 말을 듣고서 그의 행실을 믿었다. 그런데 지금 나는 그 사람의 말을 듣고서 그의 행실을 살펴보게 되었다. 나는 재여를 보고서 이런 생각을 바꾸게 되었다"라고 하셨다.

宰予晝寢 子曰 "朽木 不可雕也 糞土之牆 不可杇也 於予與 何誅" 子曰 "始吾於人也 聽其言而信其行 今吾於人也 聽其言而觀其行 於予與 改是." 「공야장」 **제9장**

● 재여는 언변이 있고 영리했으며, 공문십철孔門十哲(공자의 제자 가운데 학덕이 뛰어난 열 명)에 들어가는 인물이다. 그런데 낮잠을 자다가 공자에게 호된 꾸지람을 받았다. 이를 보면 공자가 제자들을 가르칠 때 얼마나 엄격했는지 짐작할 수 있다. 공자는 재여에 대해 꾸짖을 가치도 없는 사람, 즉 썩은 나무와 썩은 흙으로 만든 담장에 비유하였다. 그러고 나서 다시 남의 말을 듣고 그의 행실까지 믿었던 태도를 재여 때문에 바꾸게 되었다고 힐난하였다. 세상에 이보다 더 무서운 말이 어디 있겠

는가. 재여는 고개를 들 수 없었을 것이다. 아마 재여는 이 일을 계기로 정신이 번쩍 들어 새로운 사람이 되었을 것이다. 진정한 교육자는 지식을 전달할 뿐만 아니라 이처럼 극약처방도 내릴 줄 알아야 한다. 미움을 받아도 괜찮다. 사람을 키우는 것이 더 중요하니까.

실천에 용감했던 자로

자로子路는 좋은 말을 듣고서 아직 그것을 잘 실천하지 못했을 때, 다시 좋은 말을 듣게 될까를 오직 두려워하였다.

子路 有聞 未之能行 唯恐有聞. 「공야장」 제13장

● 자로는 공자 제자 중 실천에 용감했던 인물이다. 그러므로 앞서 들은 말을 제대로 실천하지 못하고 있을 때 또 좋은 말을 듣게 될까봐 두려워한 것이다. 공자가 살던 시대만 하더라도 자로처럼 좋은 말을 들으면 몸소 실천하여 자기의 것으로 만들려는 사람들이 많았다. 자로가 백대의 스승이 될 수 있는 이유가 바로 여기에 있다.

배우기를 좋아한 공문자

자공子貢이 "공문자孔文子에게는 무엇 때문에 문文이라는 시호를 내렸습니까"라고 여쭙자, 공자께서 "그는 영민한데도 배우기를 좋아하고 아랫사람에게 묻기를 부끄러워하지 않았다. 그러므로 그에게 문이라는 시호를 내린 것이다"라고 하셨다.

子貢 問曰 "孔文子 何以謂之文也" 子曰 "敏而好學 不恥下問 是以 謂之文也." 「공야장」 제14장

● 시호諡號는 대부 이상의 벼슬을 지낸 사람에게 사후 조정에서 내리는 별호다. 공문자는 위衛나라 대부 공어孔圉다. 자공은 공어가 문文이라는 시호를 받은 이유에 대해 납득하기 어려웠던 모양인데, 공자는 그가 문이라는 시호를 받은 이유를 호학好學(배우기를 좋아함)과 불치하문不恥下問(아랫사람에게 묻기를 부끄러워하지 않음)으로 답했다. 타고난 자질이 영민한 사람은 대체로 배우기를 좋아하지 않는다. 또 지위가 높은 사람은 대체로 아랫사람에 묻는 것을 부끄러워한다. 그런데 공어는 이 두 가지 장점을 모두 갖고 있었기 때문에 문이라는 시호를 받았던 것이다. 그 당시의 법에 따르면 '배우기를 부지런히 하고 묻기를 좋아한 사람'에게 문이라는 시호를 내렸다. 공어가 문이라는 시호를 받은 배경이야 어쩌하든, 호학과 불치하문을 할 수 있다면 자신을 발전시키는 데 밑거름이 될 것이다.

교제를 잘한 안영

공자께서 말씀하셨다. "안평중晏平仲은 남과 교제를 잘한 인물이다. 그는 남과 오래 사귀면서도 상대를 공경하였다."

子曰 "晏平仲 善與人交 久而敬之." 「공야장」 제16장

● 안평중은 『안자춘추晏子春秋』를 지은 제나라 대부 안영晏嬰이다. 다른 사람과 교제를 할 때 오래 만나거나 친해지면 상대방을 소홀히 대하기가 쉽다. 그런데 안영은 오래도록 사귀면서도 상대방을 공경하는 마음을 변치 않았다. 공자는 이 점을 매우 귀하게 생각한 것이다. 이 문장을 음미하면서 자신의 교유관계에 대해 돌아보면 좋을 듯하다.

공자가 부끄러워한 것들

공자께서 말씀하셨다. "말을 잘하고, 안색을 잘 꾸미고, 공손함이 지나친 것을 좌구명左丘明이 부끄러워했는데, 나도 이런 것을 부끄러워한다. 원망을 숨기고서 그 사람과 벗하는 것을 좌구명이 부끄러워했는데, 나도 이런 것을 부끄러워한다."

子曰 "巧言令色足恭 左丘明 恥之 丘亦恥之 匿怨而友其人 左丘明恥之 丘亦恥之." 「공야장」 제24장

● 좌구명은 공자보다 앞 시대의 현인이다. 원문의 주공足恭은 '공손함이 과하다'는 뜻이다. 이 장은 공자가 부끄럽게 여기는 점을 기술해 놓은 것으로, 지향하는 가치가 어떤 것인지를 알려준다. 말을 솜씨 있게 잘하는 것, 남의 비위를 맞추기 위해 안색을 잘 꾸미는 것, 상대에게 굽실대며 지나칠 정도로 공손하게 하는 것, 가슴속에는 상대방을

원망하는 마음이 있는데 그런 마음을 숨기고 그와 벗하는 것, 이런 것들은 진실하고 떳떳하고 당당한 것과는 거리가 멀다.

공자가 지향한 세상

안연顔淵과 계로季路가 공자를 모시고 있었다. 공자께서 "각자 너희의 지향을 어찌 말하지 않느냐"라고 하시자, 자로子路는 "저는 수레와 말, 가볍고 좋은 갖옷을 벗과 함께 사용하다가 그것들이 해어져 못 쓰게 되더라도 유감이 없기를 원합니다"라고 하고, 안연은 "저는 선善을 남에게 자랑하지 않고 공로를 남에게 과시하지 않기를 원합니다"라고 하였다. 자로가 "선생의 지향을 듣고자 합니다"라고 하자, 공자께서 "나는 노인들을 편안히 살게 해주고, 벗들을 신의로써 대하고, 젊은이들을 은혜로써 품어주기를 원한다"라고 하셨다.

顔淵季路侍 子曰 "盍各言爾志" 子路曰 "願車馬 衣輕裘 與朋友共 敝之而無憾" 顔淵曰 "願無伐善 無施勞" 子路曰 "願聞子之志" 子曰 "老者 安之 朋友信之 少者 懷之." 「공야장」 제25장

● 안연은 안회顔回의 자字가 자연子淵이므로 그렇게 말한 것이고, 계로는 중유仲由의 자가 자로子路인데 계씨季氏의 가신이 되었기 때문에 별호로 부른 것이다. 공자와 중유·안회가 말한 내용은 모두 남들과의 관계에서 나의 마음을 말한 것이다. 중유는 물질적인 측면에서 공유하는 마음가짐을 말하였고, 안회는 자신의 장점을 드러내려 하지 않는

마음가짐을 말하였고, 공자는 동시대 모든 사람을 대하는 마음가짐을 말하였다. 수레·말을 벗과 함께 타는 것은 자동차를 친구에게 빌려주는 것이나 마찬가지다. 또한 경구輕裘는 가볍고 좋은 털가죽 옷이니, 매우 비싼 옷을 말한다. 이렇게 좋은 물건을 벗과 함께 사용하여 낡아지더라도 마음에 조금도 유감이 없기를 바란다는 것은 물질적 가치에 연연하지 않겠다는 뜻이다. 그래서 후대에 정자程子는 중유의 소원은 인仁을 구하는 것이라고 평했다. 안회는 이미 인을 구하여 그것을 지키고자 하는 마음이 있었기 때문에 자신의 선을 자랑하지 않고 공로를 과시하지 않고자 한 것이다. 정자는 안회의 이런 소원을 그가 석 달 동안이나 인을 어기지 않은 것에 비유하였다. 공자는 이미 인에 편안하여 그에게는 동시대 사람들을 모두 평안히 살게 해주려는 마음이 있었다. 그래서 자기보다 위 세대의 노인들, 자기와 같은 세대의 사람들, 자기보다 아래 세대의 젊은이들이 모두 함께 평안히 살아갈 수 있는 대동사회大同社會를 꿈꾸었다. 공자는 노인들이 편안히 살 수 있는 세상, 기성세대가 서로 믿고 살 수 있는 세상, 청년들이 마음껏 꿈을 펼 수 있는 세상을 만들고 싶었던 것이다.

자신의 허물을 발견하고 반성하는 자가 없다

공자께서 말씀하셨다. "그만두어야겠다. 나는 자신의 잘못을 살펴보고서 마음속으로 스스로 질책하는 자를 아직까지 보지 못하였다."

子曰 "已矣乎 吾未見能見其過而內自訟者也." **「공야장」 제26장**

● 원문의 능견기과能見其過는 능동적으로 자기의 잘못을 살펴보는 것이다. 내자송內自訟은 마음속으로 자신의 잘못을 스스로 질책하고 반성하는 것이다. 자신의 허물을 돌아보고 반성하지 못하면 인격을 형성할 수 없다. 마음을 다스리는 공부는 자신을 성찰하면서 허물을 고쳐나가는 것이다. 세상에는 자신의 잘못을 인정하지 않는 사람이 있다. 자신의 잘못을 인정하지 않으면 자신을 합리화하게 된다. 그러면 그 그릇은 더 작아질 수밖에 없다. 공자가 탄식하며 이런 말을 한 것을 보면, 그 당시 사람들도 자신을 반성하는 일에 관심이 없었던 듯하다. 그러나 반성한 것만큼 자신의 그릇이 커진다는 사실을 잊지 말아야 할 것이다.

알기만 하는 것은
좋아하는 것만
못하다

마음을 공경한 데 두고 간결함을 행하는 게 옳다

공자께서 "염옹冉雍은 임금 노릇을 하게 할 수 (있을 만큼 훌륭한 자질을 갖추고) 있다"라고 하시자, 중궁仲弓이 얼른 자상백자子桑伯子에 대해 여쭈었는데, 공자께서 "그도 임금 노릇을 하게 할 수 있으니, 그것은 그가 간결하기 때문이다"라고 하셨다. 그러자 중궁이 다시 "마음을 공경한 데에 두고서 간결한 정사政事를 행하여 백성에게 임한다면 또한 옳지 않겠습니까. 그러나 마음을 간결한 데에 두고서 간결한 정사를 행한다면 그것은 너무 간결한 것이 아니겠습니까?"라고 여쭙자, 공자께서 "염옹의 말이 옳다"라고 하셨다.

子曰 "雍也 可使南面" 仲弓問子桑伯子 子曰 "可也 簡" 仲弓曰 "居敬而行簡 以臨其民 不亦可乎 居簡而行簡 無乃大簡乎" 子曰 "雍之言 然." **「옹야」 제1장**

● 염옹은 자가 중궁仲弓이며, 공자 문하에서 덕행으로 이름난 인물이다. 자상백자는『장자』에 보이는 자상호子桑戶라는 설이 있는데 확실하지 않다. 남면南面은 '남쪽으로 얼굴을 향한다'는 뜻인데, 임금이 북쪽에 앉아 남쪽을 향하기 때문에 임금 노릇 하는 것을 지칭한다. 공자가 염옹을 임금이 될 만한 인물이라고 말하자, 염옹이 무안하여 얼른 자상백자로 화제를 돌렸다. 공자가 그를 평하면서 간결함을 거론하자, 염옹이 '마음을 간결한 데 두고 간결한 정사를 행한다면 너무 간결한 것이 되지 않겠느냐?'고 질문을 한 것이다. 이에 대해 공자는 그의 말에 동의하였다. 간결한 정사를 행한다는 것은 법망을 조밀하게 만들어 사람들을 가두지 않고 큰 원칙만 제시하는 것이다.

안회는 석 달 동안 인을 어기지 않았다

공자께서 말씀하셨다. "안회는 그 마음이 석 달 동안 인仁에서 벗어나지 않았고, 나머지 사람들은 하루에 한 번 또는 한 달에 한 번 인에 이르렀을 뿐이다."

子曰 "回也 其心 三月不違仁 其餘則日月至焉而已矣." 「옹야」 제5장

● 석 달은 한 계절이 바뀌는 시점으로 긴 시간을 의미한다. 안회는 석 달 동안 한 번도 인을 어기지 않고 계속 지키는 경지에까지 올랐다. 이는 달리 말하면 안회는 1년에 네 번 정도만 인을 잠시 벗어날 뿐, 그 나머지 시간은 오로지 인을 지키며 살았다는 것이다. 그리고 그 나머

지 문인門人들은 하루에 한 번 또는 한 달에 한 번 인에 이르렀을 뿐이라는 점을 말하여 안회가 인을 지킨 것의 위대함을 부각시켰다. 원문의 일월지언日月至焉에 대해 주희는 이와 같이 해석하였는데, 그렇게 보면 안회와 다른 제자의 경지가 너무 차이가 나기 때문에 '하루 동안 인에 이르거나 한 달 동안 인에 이르렀다'고 보는 설도 있다. 원문의 삼월불위인三月不違仁은 안회의 학문적 성취를 단적으로 말해주는 유명한 문구다.

안회는 자신의 즐거움을 바꾸지 않았다

공자께서 말씀하셨다. "어질도다, 안회여! 한 대바구니의 밥과 한 표주박의 물로 누추한 마을에서 살아가면서도 사람들은 그런 삶의 근심을 견디지 못하는데, 안회는 자신의 즐거움을 바꾸지 않고 그런 삶을 살아가니, 어질도다, 안회여!"

子曰 "賢哉回也 一簞食一瓢飮 在陋巷 人不堪其憂 回也不改其樂 賢哉回也." 「옹야」 제9장

● 한 대바구니의 밥과 한 표주박의 물은 매우 보잘것없는 음식을 가리킨다. 맹물에 꽁보리밥 한 그릇을 먹고산다는 의미다. 이 장의 핵심은 즐거움을 바꾸지 않았다는 불개기락不改其樂에 있다. '그 즐거움'이란 도를 구하는 즐거움을 말한다. 경제적으로는 가난하지만, 돈벌이보다 도를 구하는 즐거움을 더 큰 가치로 여기며 안빈낙도하는 삶을

말한다. 행복해지는 방법은 욕심을 줄이는 것이고, 욕심을 줄이는 방법은 자기 분수에 만족하는 삶을 사는 것이다.

염구는 선을 긋고 나아가지 않았다

염구冉求가 "저는 선생의 도를 기뻐하지 않는 것은 아니지만, 힘이 부족합니다"라고 말하자, 공자께서 "참으로 힘이 부족한 자는 중도에 그만둔다. 지금 너는 가보지도 않고서 스스로 선을 긋는 것이다"라고 하셨다.

冉求曰 "非不說子之道 力不足也" 子曰 "力不足者 中道而廢 今女畫." 「옹야」

제10장

● 염구는 자가 염유冉有이고, 공자의 제자 중에서 다재다능했던 인물로 정치를 하는 데 장점이 있었다. 힘이 부족한 자는 나아가고자 해도 갈 수 없다. 염구는 충분히 나아갈 수 있는데 스스로 선을 긋고 나아가려 하지 않기 때문에 공자가 그렇게 말한 것이다. 세상에는 도전해보지도 않고 스스로 한계를 정하여 나아가지 않는 사람들이 있다. 산에 오르기를 주저하는 사람은 결코 정상에 설 수 없다.

군자다운 유학자가 되라

공자께서 자하子夏에게 말씀하셨다. "너는 군자다운 유학자가 되고, 소인의 심보를 가진 유학자는 되지 말라."

子謂子夏曰 "女爲君子儒 無爲小人儒." 「옹야」 제11장

● 자하는 복상卜商의 자이며, 공자의 제자 중 문학에 뛰어났던 인물이다. 유儒는 유자儒者, 즉 학자를 가리킨다. 학자는 지식인이다. 지식인 중에는 의리를 중시하는 군자도 있고, 개인의 이익만을 추구하는 소인도 있다. 복상에게 군자다운 덕성이 부족했기 때문에 공자가 그에게 의도적으로 이런 말을 한 듯하다. 지식인 중에는 양심을 팔아 부귀를 얻으려는 자가 더러 있다. 지식인이 의리를 따르지 않으면 무지한 사람보다 더 큰 해악을 끼칠 수 있다. 우리는 역사 속에서 그런 인물을 종종 접하게 된다. 그러니 지식인은 늘 이 점을 목숨처럼 귀중하게 여겨야 한다.

문채와 바탕이 어우러져야 군자다

공자께서 말씀하셨다. "바탕이 문채文彩보다 지나치면 속되고, 문채가 바탕보다 지나치면 세련되기만 하다. 그러니 문채와 바탕이 잘 어우러진 뒤에야 군자답게 된다."

子曰 "質勝文則野 文勝質則史 文質 彬彬然後 君子." 「옹야」 제16장

● 내면의 덕성과 외적인 세련미, 이 두 가지는 어느 하나도 없어서는 안 된다. 그런데 내면이 지나치면 세련미가 없어 촌스럽고, 외형이 지나치면 마치 필경사가 글씨만 예쁘게 쓰는 것과 같다. 그래서 군자는 내면과 외형이 잘 어우러진 조화로운 인간형을 추구한다. 야^野는 들판이나 시골을 뜻하고, 사^史는 문서를 담당하던 하급관리로 외적인 일에 익숙한 사람을 말한다. 빈빈^{彬彬}은 내용과 형식이 잘 어우러진 조화로움을 뜻한다. 내적으로 충신^{忠信}하고 외적으로 예절^{禮節}에 능숙한 사람을 공자는 바람직한 인간형으로 보았다.

정직하지 않은 사람은 요행히 사는 것이다

공자께서 말씀하셨다. "사람의 삶은 정직해야 한다. 정직하지 못한 삶은 요행히 죽음을 면하는 것이다."

子曰 "人之生也 直 罔之生也 幸而免." 「옹야」 제17장

● 공자의 말이 늘 자상하고 부드러운 것만은 아니다. 공자는 핵심을 꼬집어 뼈 있는 말을 잘하였다. 이 문장 역시 독자로 하여금 모골을 송연하게 한다. 부정직하게 사는 사람은 죽어야 마땅한데 요행히 죽지 않고 살아 있는 것이라고 하였다.

알기만 하는 것은 좋아하는 것만 못하다

공자께서 말씀하셨다. "도를 아는 것은 도를 좋아하는 것만 못하고, 도를 좋아하는 것은 도를 즐거워하는 것만 못하다."

子曰 "知之者 不如好之者 好之者 不如樂之者." 「옹야」제18장

● 이 문장의 핵심어는 지知·호好·낙樂이다. 그냥 피상적으로 아는 것, 그 단계를 지나 좋아하는 것, 더 나아가 그와 하나가 되어 함께 즐기는 것. 이를 남녀의 일에 비유하면 이렇다. 내가 그녀를 아는 것은 그녀를 좋아하는 것만 못하고, 내가 그녀를 좋아하는 것은 내가 그녀와 함께 즐겁게 지내는 것만 못하다. 물고기가 물과 하나가 되어 자유롭게 헤엄치듯이, 내가 도와 하나 되어 그 속에서 자유롭게 노닐며 즐기는 단계, 그것이 구도자의 진정한 즐거움이다.

어진 사람은 산을 좋아한다

공자께서 말씀하셨다. "지혜로운 자는 물을 좋아하고, 어진 자는 산을 좋아한다. 지혜로운 자는 동적이고 어진 자는 정적이며, 지혜로운 자는 즐겁고, 어진 자는 그 자리에 오래도록 변치 않고 있다."

子曰 "知者樂水 仁者樂山 知者動 仁者靜 知者樂 仁者壽." 「옹야」제21장

● 요산요수樂山樂水는 널리 알려진 사자성어다. 그런데 그 뜻은 매우

심오하다. 공자는 산과 물을 보고서 그 속성과 본질을 터득하여 인간의 덕에 비유하였다. 즉 자연의 이치를 깨달아 인간의 보편적 진리로 드러낸 것이다. 공자는 인仁을 산의 속성을 통해 읽어내고, 지智를 물의 속성을 통해 읽어냈다. 주희는 이 문장을 해석하면서 "지혜로운 자는 사리에 통달하여 두루 흘러가면서 정체됨이 없으니 물과 유사한 점이 있다. 그러므로 물을 좋아한다. 어진 자는 의리와 하나가 되어 돈후하고 장중해서 옮겨가지 않으니 산과 유사한 점이 있다. 그러므로 산을 좋아한다"라고 하였다. 산은 정적이고 물은 동적이라는 말은 그 형체의 본질을 말한 것이다. 지혜로운 자가 즐거운 것은 한곳에 정체되지 않고 높은 데서 낮은 데로 흘러가는 물의 본성을 따르기 때문이며, 어진 자가 오래도록 변치 않고 그 자리에 있는 것은 산의 정적인 이치, 즉 불변의 떳떳함을 늘 가지고 있기 때문이다. 예전 사람들은 산수 유람을 본성의 인仁·지智를 체험하러 가는 것으로 생각하여 인지지락仁智之樂이라 하였다. 오늘날 등산을 좋아하는 사람은 많지만, 산에 오르면서 인을 생각하고 시냇물을 보면서 지혜를 생각하는 사람은 거의 없다. 도가 있던 세상에는 산에 오르고 물을 구경하면서도 자신의 본성을 생각했는데, 도가 없는 세상에는 그저 산에 먼저 오르는 것만을 능사로 여길 따름이다.

널리 배우고 예로써 자신을 단속하라

공자께서 말씀하셨다. "군자가 글을 널리 배우고 예로써 자신을 단속하면 또한 도에서 벗어나지 않을 것이다."

子曰 "君子 博學於文 約之以禮 亦可以弗畔矣夫." 「옹야」 제25장

● 박문약례博文約禮라는 말이 이 문장에서 유래하였다. 박문은 글을 읽고 지식을 폭넓게 쌓는 것으로, 지적 탐구를 의미한다. 약례는 예절에 맞게 몸을 단속한다는 뜻으로, 실천을 의미한다. 약約은 '묶다'는 뜻으로, '풀어놓다'는 뜻의 방放 자와 상대적이다. 말〔言〕을 묶는〔約〕 것이 약속이다. 마찬가지로 몸을 묶는 것은 재정을 절제하여 절약한다는 의미고, 마음을 묶는 것은 마음을 풀어놓지 않고 단속하여 살핀다는 뜻이다. 공부는 박문과 약례 두 가지를 병행해야 한다.

남의 처지를 미루어 살피는 것이 인자다

자공子貢이 "만약 백성에게 은혜를 널리 베풀어 능히 대중을 구제하는 사람이 있다면 어떻습니까? 인자仁者라고 할 수 있겠습니까?"라고 여쭙자, 공자께서 "어찌 인仁을 추구할 뿐이겠는가. 그런 사람은 반드시 성인일 것이다. 요·순 같은 분들도 오히려 그 점이 부족하다고 여기셨다. 인자는 자기가 어느 자리에 서고 싶으면 남도 세워주고, 자기가 어느 곳에 도달하고 싶으면 남도 도달하게 해준다. 자신에게 가까운 데서 어떤 일을 취하여 남의 처지에 비유할 수 있으면 인을 실천하는 방도라 할 수 있다"라고 하셨다.

子貢曰 "如有博施於民而能濟衆 何如 可謂仁乎" 子曰 "何事於仁 必也聖乎

堯舜 其猶病諸 夫仁者 己欲立而立人 己欲達而達人 能近取譬 可謂仁之方也
已."「옹야」제28장

● 널리 은혜를 베풀어 뭇사람을 구제한다는 박시제중博施濟衆은 성
인이 할 수 있는 일이다. 인은 천지가 만물을 낳아주는 마음으로, 인자
仁者는 천지만물로 일체를 삼는다. 그래서 자기가 어느 자리에 서고 싶
을 때 다른 사람을 그 자리에 세워줄 수 있다. 그러나 이는 성인의 경
지다. 그러므로 그것을 실천하는 구체적인 방법으로 자기의 마음을
미루어 남의 마음을 헤아리는 서恕를 인을 행하는 방법으로 제시한 것
이다. 능근취비能近取譬는 해석하기가 쉽지 않다. 일상에서 자신이 어떤
일을 접했을 때 그 일을 통해 남의 마음을 미루어 헤아려본다는 뜻이
다. 나 위주의 사고가 아니라, 내가 어떤 일에 처했을 때의 마음으로
남의 처지를 미루어 살피는 것이다. 이것이 진정한 소통이다.

세 사람이
길을 갈 때
그중에 반드시 스승이 있다

공자가 걱정한 것들

공자께서 말씀하셨다. "덕을 닦지 못하는 것, 학문을 강론하지 못하는 것, 의리를 듣고서 능히 실천하지 못하는 것, 나의 불선^{不善}을 능히 고치지 못하는 것, 이런 것들이 바로 나의 걱정거리다."

　子曰"德之不脩 學之不講 聞義不能徙 不善不能改 是吾憂也." 「술이」 제3장

● 이 네 가지는 자신을 날마다 새롭게 변화시키는 공부의 긴요한 조목이다. 덕을 닦고 학문을 강론하고 의리를 실천하고 불선을 고치는 것, 공자는 이를 통해 성인이 되었다. 말은 간결하고 겸손하지만 그 여운은 길게 이어진다.

분발하지 않으면 가르치지 않는다

공자께서 말씀하셨다. "(배울 때) 의미를 알고자 분발하지 않으면 그 의미를 열어 보여주지 않고, 표현하려고 애쓰지 않으면 그 말문을 틔워주지 않는다. 또 네 모서리 중 한 모서리를 들어 보여줄 때 나머지 세 모서리를 돌이켜 알아차리지 못하면 다시는 일러주지 않는다."

子曰 "不憤不啓 不悱不發 擧一隅 不以三隅反 則不復也." 「술이」 제8장

● 분발하지 않으면 가르칠 필요가 없다는 말이다. 분발은 성의를 드러내는 것이니, 배우는 사람이 정성과 열의가 있어야 자득할 수 있다는 점을 깨우친 것이다. 배우고자 하는 열정이 없는 사람은 가르쳐야 아무 소용이 없다. 또한 배우고자 하는 열정이 없으면 학교에 가서 수업을 들어도 아무 효과가 없다. 선생이 강의를 하는데 학생은 엎드려 잠을 자는 오늘날의 교실 풍경이 우리를 슬프게 한다.

군자의 처신

공자께서 안연顔淵에게 말씀하셨다. "등용하면 도를 행하고 등용하지 않고 내버려두면 도를 간직하는 것, 오직 나와 너만이 이런 점이 있구나." (하략)

子謂顔淵曰 "用之則行 舍之則藏 唯我與爾 有是夫." (하략) 「술이」 제10장

● 이 문장에서 용사행장用舍行藏 또는 용행사장用行舍藏이라는 사자성어가 생겨났다. 쓰이면 도를 행하고 쓰이지 않으면 물러나 도를 간직한다는 뜻이다. 도를 행하고 도를 간직하는 일을 세상에 쓰이는 경우와 쓰이지 않는 경우로 말한 것이다. 안회는 석 달 동안 인을 어기지 않을 정도의 경지에 올랐기 때문에 도를 행하거나 간직할 수 있다고 한 것이다. 세상에 쓰이지 않을 때 도가 없어지지 않도록 보전하여 지키는 것도 학자의 사명이다.

의롭지 않은 일은 뜬구름과 같다

공자께서 말씀하셨다. "거친 밥을 먹고 맹물을 마시며 팔을 굽혀 베고 지내더라도 즐거움이 또한 그런 생활 속에 있다. 그러니 의롭지 못하면서 부귀하게 되는 일은 나에게 뜬구름과 같다."

子曰 "飯疏食飲水 曲肱而枕之 樂亦在其中矣 不義而富且貴 於我 如浮雲." 「술이」 제15장

● 빈곤한 생활 속에서도 즐거움이 있으니, 의롭지 못한 부귀를 뜬구름처럼 여기는 것은 당연한 일이다. 송나라 때 정자程子는 공자가 즐거워한 것이 어떤 일인지를 학자들은 알아야 한다고 하였다. 안회가 궁핍한 생활 속에서도 도를 구하는 즐거움을 변치 않고 누렸듯이, 공자와 안회가 즐거워한 경지가 무엇인지를 찾는다면 학문에 큰 진전이 있을 것이다.

공자는 옛것을 좋아해 부지런히 구했다

공자께서 말씀하셨다. "나는 태어나면서부터 이치를 아는 사람이 아니다. 나는 옛것을 좋아하여 부지런히 그것을 구하는 사람이다."

子曰 "我非生而知之者 好古敏以求之者也." 「술이」 제19장

● 여기서 말하는 '옛것'은 인류의 축적된 지혜를 가리키는 것으로, 한마디로 말하면 선善이라 할 수 있다. 공자는 자신처럼 배우기를 좋아하는 사람이 세상에 없다고 늘 탄식을 했으며, 안회가 죽자 세상에 호학자가 없다고 했다. 그러면서 자신은 태어나면서부터 모든 이치를 안 사람이 아니고 부지런히 배워서 안 사람이라고 하였다. 역대로 순임금과 공자는 모든 사람에게서 선을 취해 성인이 된 사람이다. 역설적으로 성인이 되는 길은 모든 사람의 장점을 취하여 나의 것으로 만드는 데 있다. 그것은 곧 인류 사회의 가장 보편적인 진리를 대중의 삶속에서 찾는 일이다.

공자는 귀신에 대해 말하지 않았다

공자께서는 괴이怪異, 용력勇力, 패란悖亂, 귀신鬼神의 일에 대해 말씀하시지 않았다.

子不語怪力亂神. 「술이」 제20장

● 이 장은 공자의 사상을 단적으로 보여준다. 정상적이고 떳떳한 것에 주목하고, 비정상적인 것들에 관심을 두지 말라는 것이다. 『중용』에 공자가 색은행괴索隱行怪(은미한 것을 들추어내고 괴상한 짓을 일삼는 것)를 하지 않는다고 한 것과 같은 맥락의 말이다. 세상에는 떳떳한 것을 말하지 않고 괴이한 것을 말하며, 덕을 말하지 않고 무용담을 말하며, 평치를 말하지 않고 패란을 말하며, 사람의 일을 말하지 않고 귀신을 말하는 경우가 많다. 그래서 누군가가 정상적인 도리를 늘 환기시키는 일이 매우 중요하다. 비정상의 정상화는 제도만이 아니다. 그 시대 정신문화를 늘 정상으로 환기시키는 일이 필요하다. 이것이 자기 시대의 도덕을 책임져서 없어지지 않게 보전하는 일이다.

세 사람이 길을 갈 때 반드시 나의 스승이 있다

공자께서 말씀하셨다. "세 사람이 길을 갈 때에도 (그중에) 반드시 나의 스승이 있다. 그중에 선한 것을 택하여 그것을 따르고, 그중에 선하지 않은것을 보고서 그런 점을 고쳐야 한다."

子曰 "三人行 必有我師焉 擇其善者而從之 其不善者而改之." 「술이」 제21장

● 자신을 포함하여 세 사람이 길을 갈 때도 그중에는 반드시 나의 스승이 될 만한 사람이 있다는 말이다. 모든 사람에게서 선을 취한 공자다운 발상이다. 한 사람의 좋은 점을 보면 그 점을 택하여 내가 따르

고, 한 사람의 나쁜 점을 발견하면 나에게 그런 점이 있는지를 살펴보고서 고쳐나가는 자세다. 그래서 내가 만나는 사람은 모두 나의 스승이 될 수 있다.

배우길 싫증내지 않고 가르치길 게을리하지 않는다

공자께서 "성聖·인仁과 같은 것을 내가 어찌 감히 자처하겠는가. 나는 또한 그런 것을 배우길 싫어하지 않고 남을 가르치길 게을리하지 않는다는 점에서는 그렇다고 할 수 있겠다"라고 하시자, 공서화公西華가 "바로 그것이 저희가 배울 수 없는 점입니다"라고 하였다.

子曰 "若聖與仁 則吾豈敢 抑爲之不厭 誨人不倦 則可謂云爾已矣" 公西華曰 "正唯弟子不能學也." 「술이」 제33장

● 성聖은 '사리에 통달하고 밝다'는 뜻이다. 공자는 생전에 성인으로 자처하지 않았다. 그러므로 배우기를 싫어하지 않고 가르치기를 게을리하지 않는 것으로 자신의 의지와 취향을 말한 것인데, 공서화는 바로 그 점을 공자의 위대한 정신으로 본 것이다. 공서화는 공자의 문인 공서적公西赤이다. 공서는 성이고, 자는 자화子華인데 여기서는 성과 자를 합해 일컬은 것이다.

내 친구는
가득 찼으면서도
텅 빈 듯이 하였다

얇은 얼음을 밟듯이 전전긍긍하라

증자曾子가 질병이 심해지자 문하의 제자들을 불러놓고서 "이불을 걷고 나의 발을 보고 나의 손을 보아라. 『시경』에 '전전긍긍하여 깊은 못가에 임한 듯이 하고, 얇은 얼음을 밟는 듯이 하라'고 하였는데, 이제야 나는 내 몸을 보전하지 못할까 하는 근심을 면한 줄 알겠다. 애들아!"라고 하였다.

曾子有疾 召門弟子曰 "啓予足 啓予手 詩云 '戰戰兢兢 如臨深淵 如履薄氷' 而今而後 吾知免夫 小子." 「태백」 제3장

● 증삼曾參이 임종할 때 부모로부터 받은 신체를 잘 보전하여 온전한 상태로 죽게 되었음을 안도한 말이다. 그런데 임종할 때 제자들을 불러놓고 굳이 이런 말을 한 것은 무엇 때문일까? 단순히 부모로부터

받은 몸을 온전히 간직하여 다행이라는 의미일까? 아니다. 신체뿐만 아니라 하늘로부터 부여받은 본성까지도 포함하여 말한 것이다. 몸과 마음을 조금도 손상하지 않고 죽게 되었다는 말은 본성을 거역하지 않고 순응하며 살았다는 뜻이다. 즉 천명을 거역하지 않고 살았다는 것이다. 그러기 위해서는 전전긍긍하며 한순간도 마음을 놓지 않고 긴장하며 살아야 한다는 것이다.

내 친구는 있어도 없는 듯하였다

증자가 말하였다. "능하면서도 능하지 않은 사람에게 묻고, 많이 알고 있으면서도 지식이 적은 사람에게 물으며, 덕을 가지고 있으면서도 없는 듯이 하며, 내면이 가득 찼으면서도 텅 빈 듯이 하며, 남이 자신에게 잘못을 범해도 그와 따지며 싸우지 않는 것, 옛날 나의 벗이 일찍이 이런 일을 행하였다."

曾子曰 "以能問於不能 以多問於寡 有若無 實若虛 犯而不校 昔者 吾友嘗 從事於斯矣." 「태백」 제5장

● '나의 벗'은 안회顔回를 가리킨다. 즉 안회가 생전에 이런 자세로 공부한 것을 증삼이 훗날 술회한 것이다. 여기서 안회의 공부 자세를 엿볼 수 있는데, 공자가 모든 사람에게서 선을 취한 것과 유사한 점이 있다. 진정한 공부는 이렇게 하는 것이다.

사士는 인을 얻는 것을 자기의 임무로 삼는다

증자가 말하였다. "사士는 도량을 넓게 하고 의지를 굳세게 하지 않으면 안 되니, 임무는 무겁고 갈 길은 멀기 때문이다. 인仁을 얻는 것을 자기의 임무로 삼으니, 또한 임무가 무거운 것이 아니겠는가. 죽은 뒤에야 끝이 나니, 또한 갈 길이 먼 것이 아니겠는가."

曾子曰 "士 不可以不弘毅 任重而道遠 仁以爲己任 不亦重乎 死而後已 不亦遠乎." 「태백」 제7장

● 사士는 도를 구하는 데 뜻을 둔 사람이다. 도량이 넓지 않으면 그 막중한 임무를 감당할 수 없고, 의지를 굳세게 하지 않으면 먼 길을 갈 수 없다. 또한 인을 구하는 것을 임무로 삼기 때문에 책임이 무거우며, 죽고 나서야 사업이 끝나기 때문에 갈 길이 먼 것이다. 그래서 사는 죽을 때까지 공부를 하고, 인을 구하는 것을 늘 자기의 임무로 삼아야 한다. 천지가 만물을 낳아주는 마음인 인을 나의 마음으로 삼아 세상을 구제할 마음을 가져야 한다. 진정한 지식인이라면 말이다.

배울 때의 마음가짐

공자께서 말씀하셨다. "배울 때는 미치지 못하는 바가 있는 듯이 하고, 오히려 배운 것을 잃어버릴까 두려워해야 한다."

子曰 "學如不及 猶恐失之." 「태백」 제17장

● 이는 학문하는 방도를 말한 것인데 절실하기 그지없다. 배울 때 그 진리에 미치지 못할까 두려워하는 집중력이 없으면 방심하여 딴생각을 하기 쉽다. 배우고 나서도 배운 것을 잃어버릴까 두려워해야 그 지식이 자기 것이 된다. 이런 마음을 갖지 않으면 건성으로 듣고 건성으로 이해하여 진리가 자기 것이 되지 못한다. 참다운 공부법은 바로 이런 데서 찾을 수 있다.

추운 겨울이 되어야
소나무의 변치 않는 모습을
알게 된다

공자가 끊어버린 네 가지 생각

공자는 다음 네 가지를 완전히 없게 하셨다. 사사로운 생각을 없게 하셨고, 어떤 일을 반드시 어떻게 하려는 마음을 없게 하셨고, 무엇에 집착하는 마음을 없게 하셨고, 사사로운 이기심을 없게 하셨다.

子絶四 毋意 毋必 毋固 毋我. 「자한」 제4장

● 절絶은 '끊어버려 완전히 없게 하다'는 뜻이다. 무毋는 무無와 통용되니 절絶과 같은 뜻이다. 이를 사무四毋 또는 절사絶四라 한다. 이 네 가지 생각은 순차적으로 일어나는 것인데, 사사로운 생각과 반드시 어떻게 하려는 마음은 사전에 나타나고, 집착하는 마음과 사사로운 이기심은 사후에 나타난다. 마음이 이런 생각에 얽매이면 본성을 잃게 된다. 이는 아집 또는 에고ego를 없애라고 하는 말과 다르지 않지만,

그보다 훨씬 구체적이고 절실하다.

음악을 정리한 공자

공자께서 말씀하셨다. "내가 위衛나라에서 노魯나라로 돌아온 뒤에 음악이 바르게 되어, 아雅·송頌이 각기 제자리를 얻었다."

子曰 "吾 自衛反魯 然後樂正 雅頌各得其所." 「자한」 제14장

● 공자는 55세 때 노나라를 떠나 천하를 주유하다가 68세 때인 기원전 484년 노나라로 돌아왔다. 공자는 모국으로 돌아와 도가 행해질 수 없음을 알고서 육경을 편찬하였는데, 그때 시를 정리하여 『시경』을 만들었다. 당시에는 시와 음악이 분리되지 않아 『시경』의 시는 노래로 불렸는데, 공자가 시와 음악에 모두 밝아 오류를 바로잡았다. 『시경』에는 민간가요인 풍風, 조정의 관리들이 지은 아雅, 종묘제례악인 송頌, 이렇게 세 가지 형식의 시가 수록되어 있다. 이 장에서 풍을 제외하고 아·송만 말한 것에 대해 두 가지 견해, 즉 큰 것만 거론한 것이라는 설과 정악正樂은 아·송뿐이기 때문에 아·송만 거론했다는 설이 있다. 공자는 주나라 초부터 수집한 시 3,000편 중에서 300편을 뽑고 풍·아·송으로 분류하여 편차編次를 개정해서 『시경』을 만들었다.

흘러가는 물은 밤낮으로 그치지 않는구나

공자께서 시냇가에 계실 적에 말씀하셨다. "흘러가는 것이 이와 같구나. 밤낮으로 그치지 않는구나."

子在川上曰 "逝者 如斯夫 不舍晝夜." 「자한」제16장

● 공자는 시냇가에서 흐르는 물을 보고 자주 탄식하였다. 앞에서 살펴보았듯이, 공자는 산을 통해 인仁을 읽어내고, 물을 통해 지智를 읽어냈다. 물의 본성은 높은 데서 낮은 데로 흘러 한순간도 멈추지 않고 운행하는 것이다. 이는 마치 해가 지면 달이 뜨고, 봄이 가면 여름이 오고, 더위가 물러가면 추위가 닥치는 것처럼 천지의 조화가 끊임없이 순환하는 것을 말한다. 그래서 송대 학자들은 이를 도道의 본체로 인식하였다. '밤낮으로 그치지 않는다'는 것이 바로 그런 점을 말한다. 이런 이치를 통해 학자는 수시로 자신을 성찰하여 잠시도 천리에서 벗어나지 않으려고 노력하니, 그것이 『주역』건괘乾卦에 보이는 자강불식自强不息이고, 『중용』에 보이는 순역불이純亦不已다. 자강불식은 스스로 자신의 의지를 강건하게 하여 한순간도 멈추지 않는 것이며, 순역불이는 마음을 순일하게 하고 또 한순간도 멈추지 않는 것이다. 일상에서 접하는 물을 보고 이런 깨달음을 얻은 이가 바로 공자다.

덕을 좋아하는 것을 예쁜 여인을 좋아하듯 해야 한다

공자께서 말씀하셨다. "나는 덕을 좋아하는 것을 여색을 좋아하는 것처럼 하는 사람을 아직 보지 못했다."

子曰 "吾未見好德 如好色者也." 「자한」 제17장

● 여색은 예쁜 여인이다. 덕을 좋아하는 것을 예쁜 여자를 좋아하는 것에 비유한 것이다. 남자라면 대부분 예쁜 여인에게 눈길을 주고 끌리게 마련이니, 이는 인정에서 가장 절실한 것이므로 덕을 좋아하는 것에 비유한 것이다. 덕을 좋아하는 사람은 공자 시대에도 이처럼 적었다.

후생은 두려워할 만한 존재다

공자께서 말씀하셨다. "후생後生은 두려워할 만한 존재다. 후생의 장래가 나의 지금만 못하리라는 것을 어찌 알겠는가. 그러나 그들이 40, 50세가 되어서도 널리 알려지지 않으면 그 또한 두려워할 만한 사람이 못 된다."

子曰 "後生可畏 焉知來者之不如今也 四十五十而無聞焉 斯亦不足畏也已." 「자한」 제22장

● 후생가외後生可畏라는 말이 여기서 유래했다. 그 뜻을 모르는 사람

은 별로 없겠지만 이 말을 실감하는 사람은 많지 않다. 선배는 후배에 의해 평가를 받게 되니, 우선 이 점이 두려워할 만하다. 학자의 시각으로 보면 아무리 훌륭한 설일지라도 세월이 지나면 후배가 더 진전된 설을 발표하게 되어 어느새 진부한 학설이 되고 만다. 그러니 두려워할 만한 일이 아닌가. 나이가 들수록, 지위가 높을수록 더욱 두려워하는 마음을 가져야 한다.

허물이 있으면 고치기를 꺼리지 말라

공자께서 말씀하셨다. "충신忠信을 주로 하고, 나와 뜻을 같이하지 않는 자를 벗하지 말며, 허물이 있으면 고치기를 꺼리지 말라."

子曰 "主忠信 毋友不如己者 過則勿憚改." 「자한」 제24장

● 이 구절은 「학이」 제8장에도 보이는데, 거기에는 이 구절 앞에 "군자가 중후하지 않으면 위엄이 서지 않으니, 배우더라도 견고하지 않다(君子 不重則不威 學則不固)"라는 1절이 더 있다. 그런데 이 2절은 1절과 꼭 연관성이 있다고 보기 어렵다. 그래서 청나라 때 모기령毛奇齡은 장을 나누어 해석했다. 사람이 가장 먼저 해야 할 일은 진정성을 확보하는 것이다. 충신이 바로 그것이다. 공부하는 사람은 도를 구하는 데 목표를 두기 때문에 아무나 벗해서는 안 된다. 구도자가 술이나 잡기에 빠져 있는 사람과 벗하면 도를 구하는 일을 포기해야 한다. 그래서 자기와 지향을 같이하지 않는 사람을 벗하지 말라고 한 것이다. 그리

고 자신을 발전시키는 원동력은 성찰이기 때문에 자신을 성찰하여 허물이 있으면 꺼리지 말고 즉시 고치라고 한 것이다. 이것이 덕을 쌓는 방법이고, 군자가 되는 길이다.

추운 겨울이 되어야 소나무의 변치 않는 모습을 알게 된다

공자께서 말씀하셨다. "날씨가 추워진 뒤에야 사람들은 소나무와 측백나무의 잎이 뒤늦게 시드는 것을 안다."

子曰 "歲寒然後 知松柏之後彫也." 「자한」 제27장

● 조彫는 조凋와 같은 뜻으로 '시들다'는 의미이다. 백柏은 측백나무도 되고 잣나무도 되는데, 공자가 살던 곡부曲阜에는 측백나무가 많기 때문에 측백나무를 말한 것으로 본다. 이 구절은 변치 않는 절의節義(절개와 의리)를 상징한다. 겨울이 되어 다른 나무는 잎이 다 떨어졌는데, 소나무·측백나무만은 푸른 모습을 변치 않고 있다. 그래서 예전부터 절의를 숭상하는 선비들은 이를 통해 자신의 지절志節(지조와 절개)을 다짐하였다. 우리나라에는 측백나무가 적고 소나무가 많기 때문에 지조를 지키려 한 선비들은 소나무를 특히 좋아하였다. 그 대표적인 인물이 조식曺植이다.

**공자의
처신을
돌아보다**

고향과 조정에서 공자의 처신

공자께서 고향 마을에 계실 적에는 신실한 자세로 말을 잘 못하는 듯이 하셨다. (하지만) 종묘와 조정에 계실 적에는 분명히 또박또박 말씀하셨는데 오직 삼가셨을 뿐이다.

孔子於鄕黨 恂恂如也 似不能言者 其在宗廟朝廷 便便言 唯謹爾. 「향당」제1장

● 이 장은 공자의 언행을 기록한 것이다. 향당鄕黨은 고향 마을을 가리킨다. 부형과 친족이 사는 마을에서 공자는 자신을 낮추고 겸손하게 처신한 것이다. 또한 종묘의 제사를 지낼 때와 조정에서 정사를 논의할 때의 언행은 공손히 삼가면서도 할 말을 분명하게 한 것이다. 언행은 자신을 드러내는 최고의 수단이다. 어떻게 해야 나를 빛나게 할 수 있을지 공자의 처신을 돌아볼 필요가 있다.

공자의 식생활 태도

공자께서는 밥은 잘 찧은 쌀로 지은 것을 싫어하지 않으셨으며, 회膾는 가늘게 썬 것을 싫어하지 않으셨다. 밥이 상하여 쉰 것과 생선이 상하고 고기가 부패한 것을 잡숫지 않았다. 빛깔이 나쁜 음식을 드시지 않았으며, 냄새가 나쁜 음식을 드시지 않았으며, 설익은 음식을 드시지 않았으며, 제철 음식이 아닌 것도 드시지 않았다. 자른 것이 반듯하지 않으면 드시지 않았으며, 그 음식에 맞는 장醬이 없어도 드시지 않았다. 고기가 아무리 많더라도 밥 기운을 이길 만큼 드시지는 않았으며, 오직 술은 일정한 양이 없으셨는데 정신을 어지럽게 하는 데까지는 이르지 않으셨다. 시장에서 산 정결하지 않은 술과 포는 드시지 않았으며, 생강 드시는 것을 그치지 않으셨으며, 평소에 음식을 많이 드시지 않았다. 조정에서 제사를 지낸 뒤 받은 고기는 나누어주어 묵히지 않았으며, 집에서 제사를 지낸 고기는 3일을 넘기지 않고 친족들에게 나누어주셨는데, 3일이 지나면 그 고기를 드시지 않았다. 음식을 드실 적에는 말을 하지 않으셨으며, 잠을 잘 적에도 말을 하지 않으셨다. 비록 변변찮은 밥과 나물국일지라도 꼭 제반祭飯을 하셨는데 반드시 재계할 때처럼 하셨다.

食不厭精 膾不厭細 食饐而餲 魚餒而肉敗 不食 色惡 不食 臭惡 不食 失飪 不食 不時 不食 割不正 不食 不得其醬 不食 肉雖多 不使勝食氣 唯酒無量 不及亂 沽酒市脯 不食 不撤薑食 不多食 祭於公 不宿肉 祭肉 不出三日 出三日 不食之矣 食不語 寢不言 雖疏食菜羹 瓜(必)祭 必齊如也. 「향당」 제8장

● 공자의 식생활 태도를 문인門人들이 보고 기록해놓은 것인데, 얼 핏 보면 너무 까다로운 것처럼 여겨진다. 그러나 이는 원칙적인 일상 생활로, 바른 도리를 실천하는 자세를 말한 것이다. 제반祭飯은 식사를 하기 전에 밥을 조금 떠서 음식을 처음 만든 분에게 제사의식을 행하 는 것이다. 지금 우리는 서양 풍속을 닮아 식사 시간에 대화를 많이 요 구한다. 그러나 불과 50년 전으로 거슬러 올라가면 식사예절이 매우 엄격하였다. 어른이 수저를 들어야 비로소 수저를 들었다. 김치를 씹 을 때 이가 보여서는 안 되고, 소리를 내서도 안 되었다. 국그릇을 들 고 훌훌 들이마셔서도 안 되고, 맛있는 음식에 손이 자주 가도 안 되었 다. 그래서 식사시간이 꾸지람을 받는 시간이 되기도 했다. 그런데 지 금은 맛난 음식이 있으면 혼자 다 먹으려 하고, 음식 남기는 것을 죄악 으로 여기지 않는다. 예전에는 식사예절이 너무 엄격했지만, 오늘날에 는 식사예절이 너무 방자하다. 일상생활 속에서 모든 것을 바르게 실 천하려는 자세를 확립해야 한다.

공자의 인명 존중 정신

공자의 집 마구간이 불탔다. 공자께서 조정에서 돌아와 집안사람들 에게 "사람이 상했느냐?"라고 물으시고서, 말(馬)에 대해서는 묻지 않 으셨다.

廏焚 子退朝曰 "傷人乎" 不問馬. 「향당」 제12장

● 재물보다 인명을 중시하는 공자의 사상을 단적으로 보여주는 내용이다.

공자가 예를 집행하는 자세

공자께서 태묘太廟에 들어가 제사를 도울 적에 매사를 실무자에게 물으셨다.

入太廟 每事 問. 「향당」 제14장

● 이 구절은 「팔일」 제15장에도 보인다. 태묘는 노나라 시조인 주공周公의 사당이다. 국가의 제례는 매우 경건하고 공손하게 거행해야 하기 때문에 공자는 예의절차를 잘 알면서도 실무자에게 물어 하나하나 확인한 뒤에 거행한 것이다. 그런데 이러한 공자의 행위를 보고서 혹자가 비웃듯이 "예를 아는 사람이 어찌 저렇게 하는가?"라고 하였는데, 공자는 그렇게 하는 것이 예라고 하였다. 알면서도 다시 확인하여 조금의 실수도 없게 하는 것이 공직자의 자세다.

공자가 벗을 대하는 방식

공자께서는 벗이 죽어 귀의할 곳이 없으면 "나의 집에 빈소를 차려라"라고 하셨다. 또 벗이 보내준 선물은 비록 수레와 말 같은 귀중품일지라도 제사를 지낸 고기가 아니면 받을 때 절하지 않으셨다.

朋友死 無所歸 曰 "於我殯" 朋友之饋 雖車馬 非祭肉 不拜. 「향당」 제15장

● 공자가 벗을 대하는 태도를 적어놓은 것이다. 하나는 벗이 죽어 빈소조차 차릴 수 없는 경우, 자신의 집에 빈소를 차리게 했다는 것이다. 이것은 아무나 할 수 있는 일이 아니다. 또 하나는 벗이 보내주는 선물을 받는 경우다. 수레와 말은 요즘으로 말하면 승용차다. 벗이 수레와 말을 선물하면 기꺼이 받았는데 이는 벗 간에는 재물을 함께 나누는 의리가 있기 때문이다. 다만 제사를 지낸 고기의 경우에만 절하고 받았는데 이런 태도는 벗의 조상에 대한 공경심을 표한 것이다. 두 경우 모두 진정한 벗함이란 어떤 것인지를 생각하게 한다.

지나침은
미치지 못함과
같다

공자가 제자들의 장점을 논하다

공자께서 말씀하셨다. "진陳나라와 채蔡나라에서 나를 따라다니던 사람들이 모두 문하에 이르지 못하였구나! 당시 덕행에는 안연顔淵·민자건閔子騫·염백우冉伯牛·중궁仲弓, 언어에는 재아宰我·자공子貢, 정사에는 염유冉有·계로季路, 문학에는 자유子游·자하子夏가 뛰어났었다."

子曰 "從我於陳蔡者 皆不及門也 德行 顔淵閔子騫冉伯牛仲弓 言語 宰我 子貢 政事 冉有季路 文學 子游子夏." 「선진」 제2장

● 공자가 천하를 주유할 때 진나라와 채나라 사이에서 식량이 떨어질 정도로 곤경에 처하였다. 그래서 일생에 가장 어려운 시기를 진채지간陳蔡之間이라 한다. 공자가 그 당시 자신을 따랐던 제자들을 회상하면서 그들의 장점을 덕행·언변·정사·문학 네 분야로 나누어 말한

것이다. 흔히 여기서 일컬은 사람들을 두고 사과십철四科十哲이라고 하여 공자 문하의 10대 제자로 여기는데, 송나라 때 정자程子는 공자의 도를 전해 받은 증삼曾參과 같은 제자가 빠져 있기 때문에 이 설은 속설이라고 하였다.

안회의 죽음에 공자가 통곡하다

안연이 죽자, 공자께서 곡하시며 애통해하였다. 따르던 자가 "선생의 곡소리가 애통합니다"라고 말씀드리자, 공자께서 "이 사람을 위해 애통해하지 않으면 내가 누구를 위해 애통해하겠는가"라고 하셨다.

顏淵死 子哭之慟 從者曰 "子慟矣" 曰 "有慟乎 非夫人之爲慟而誰爲." 「선진」 제9장

● 수제자 안회는 공자보다 먼저 세상을 떠났다. 안회가 죽자 공자는 '하늘이 나를 버렸다'라고 하면서 매우 슬퍼하였다. 자신의 도를 전해줄 제자를 잃은 슬픔이 매우 커서 곡을 할 때도 매우 애통해했던 것이다. 사랑하는 제자의 죽음에 목 놓아 슬피 통곡한 공자의 모습이 매우 인간적으로 다가온다.

사후보다 현실에 주목하라

계로季路가 귀신을 섬기는 것에 대해 물었는데, 공자께서 "산 사람 섬기는 일을 능히 하지 못하면서 어찌 귀신 섬기는 일을 능히 하겠는가"라고 하셨다. 계로가 다시 "감히 죽음에 대해 여쭙니다"라고 하자, 공자께서 "삶의 이치를 모르는데 어찌 죽음의 이치를 알겠는가"라고 하셨다.

季路問事鬼神 子曰 "未能事人 焉能事鬼" 曰 "敢問死" 曰 "未知生 焉知死." 「선진」 제11장

● 공자의 사상은 시중時中으로 요약된다. 시時는 '지금'을 말하니, 시중은 순간순간 일어나는 일을 그때의 상황에 맞게 하는 것이다. 그래서 공자의 사상은 '지금 여기서 내가 무엇을 어떻게 할 것인가'에 관심이 집중되어 있다. 이는 현실주의 정신이다. 공자는 자기가 처한 시간과 장소 속에서 가장 합리적인 방도를 찾았다. 그러니 섬기는 문제에서는 귀신을 섬기기보다 살아 있는 사람을 섬기는 것을 더 중시하고, 앎의 문제에서는 사후의 세계보다 살아 있는 현실세계를 더 주목한 것이다.

지나침은 미치지 못함과 같다

자공子貢이 "사師와 상商 중에 누가 더 낫습니까?"라고 여쭙자, 공자

께서 "사는 중도中道를 지나치고 상은 중도에 미치지 못한다"라고 하셨다. 자공이 다시 "그렇다면 사가 더 나은 것입니까?"라고 여쭙자, 공자께서 "지나침은 미치지 못함과 같다"라고 하셨다.

子貢問 "師與商也 孰賢" 子曰 "師也過 商也不及" 曰 "然則師愈與" 子曰 "過猶不及." 「선진」 제15장

● 과유불급過猶不及이라는 말이 여기에서 나왔다. 사師는 전손사顓孫師로 자는 자장子張이다. 상商은 복상卜商으로 자는 자하子夏다. 자공은 인물을 비교 논평하다가 공자로부터 "너는 현명하냐? 나는 너처럼 남을 비교할 겨를이 없다"라고 꾸지람을 받은 인물이다. 공자는 중용을 매우 강조하였으므로 지나친 사람은 절제하게 하고, 모자란 사람은 분발하게 하여 중도에 맞도록 인도하였다. 세상 사람들은 모자라는 사람보다 지나친 사람을 더 높게 평가한다. 그러나 중용을 중시한 공자의 눈에는 지나친 것이나 모자란 것이나 마찬가지로 보였던 것이다. 잘난 척 현명한 척하는 사람에게 이 말은 더없이 좋은 약이다.

공자가 제자 염구를 성토하게 하다

계씨季氏가 주공周公보다 더 부유한데도 염구는 그를 위해 세금을 거두어서 그의 부를 늘려주었다. 그러자 공자께서 "염구는 나의 제자가 아니다. 얘들아, 북을 치며 그를 성토하는 것이 옳다"라고 하셨다.

季氏富於周公 而求也 爲之聚斂而附益之 子曰 "非吾徒也 小子 鳴鼓而攻

之 可也."「선진」제16장

● 노魯나라 시조는 문왕의 아들 주공周公이다. 여러 대를 내려와 환공桓公의 아들 맹손씨孟孫氏·숙손씨叔孫氏·계손씨季孫氏가 권력을 가진 대부로 등장하여 세습하였다. 염구는 공자의 제자로 자는 자유子有인데, 계씨의 가신이 되어 정치에 참여하였다. 노나라 대부 계손씨가 옛날 노나라 임금 주공보다 더 부유한데 염구가 그를 위해 백성으로부터 세금을 더 거두어들이자 공자가 문인門人들로 하여금 그를 성토하게 한 것이다. 제자가 의롭지 못한 일을 할 경우, 이처럼 그의 잘못을 꾸짖는 것이 스승의 임무다. 제자라고 감싸고돌아서는 안 된다.

공자가 증점의 지취志趣에 동조하다

어느날 자로子路·증석曾晳·염유冉有·공서화公西華가 공자를 모시고 앉아 있었다. 공자께서 "내가 너희보다 나이가 조금 더 많지만, 나이 많다고 해서 나를 어렵게 생각하지 말라. 평소에는 너희가 '나를 알아주지 않는다'라고 하는데, 만약 누가 너희를 알아주어 등용한다면 너희는 어떻게 뜻을 펴볼 생각이냐?"라고 하셨다. (중략) 공자께서 "증점曾點아, 너는 어떻게 해볼 생각이냐?"라고 하시자, 증점이 비파를 타고 있다 그치고서 '퉁!' 소리를 내며 비파를 내려놓고 일어나 "저의 지취志趣는 앞의 세 사람이 갖추어 말씀드린 것과 다릅니다"라고 대답하였다. 공자께서 "그게 무슨 상관이냐. 또한 각자 자기의 지취를 말할 따름이다"라고 하시니, 증점이 "저는 늦은 봄날 봄옷이 지어지면 관을 쓴 어른 5, 6명과 동자 6, 7명을 데리고 기수^{沂水}에 가서 목욕하고, 무우^{舞雩}에 가서 바람을 쏘이고, 시를 읊조리면서 돌아오려 합니다"라고 하자, 공자께서 "아!" 하고 탄식하시고서 "나는 증점의 지취를 허여한다"라고 하셨다. (하략)

子路曾晳冉有公西華侍坐 子曰 "以吾一日長乎爾 毋吾以也 居則曰 '不吾知也' 如或知爾 則何以哉" (중략) "點 爾何如" 鼓瑟希 鏗爾舍瑟而作 對曰 "異乎三子者之撰" 子曰 "何傷乎 亦各言其志也" 曰 "莫(暮)春者 春服旣成 冠者五六人 童子六七人 浴乎沂 風乎舞雩 詠而歸" 夫子喟然歎曰 "吾與點也." (하략) 「선진」 제25장

● 증석은 증삼^{曾參}의 아버지로 이름은 점^點이며 자는 석^晳이다. 중략된 대목에서 중유^{仲由}·염구^{冉求}·공서적^{公西赤}은 모두 정치권에 나아가 뜻을 펴고자 하였다. 그런데 증점은 자신이 처한 분수에 따라 일상의 떳떳한 도리를 즐기며 살고자 한 것이다. 즉 자연의 이치에 동화되어 하늘이 부여한 본성을 온전히 보전하는 데 삶의 지표를 두었으므로 공자가 증점의 지취^{志趣(의지와 취향)}를 인정한 것이다. 조선시대 산수자연에 은거한 학자들은 '기수에서 목욕하고 무우에서 바람 쏘이고 시를 읊조리고 돌아오는 것'을 가장 이상적인 삶으로 여겨, 바위 곳곳에 이 문구를 새겨놓았다. 산수 좋은 명승지에 가보면, 욕기암^{浴沂巖}·무우대^{舞雩臺}·영귀정^{詠歸亭} 등의 명칭을 쉽게 접할 수 있다. 큰 뜻을 품었다는 사람들은 모두 정치권으로 향한다. 그들은 한결같이 세상을 바꾸겠다고 한다. 그러나 우리의 삶은 여전히 고달프다. 분명 경제적으로 나아졌

지만 행복하지는 않다. 여기서 우리는 한 번쯤 증점의 즐거움을 돌아보아야 한다. 특히 행복지수가 매우 낮은 우리는 삶의 진정한 목표가 무엇이어야 하는지를 성찰해야 한다.

자기가 원하지 않는 것을
남에게도
베풀지 말라

극기복례가 인(仁)을 행하는 방법이다

안연이 인에 대해 여쭈었는데, 공자께서 "극기복례克己復禮가 인을 행하는 방법이다. 어느날 극기복례하면 천하 사람들이 인으로 귀의할 것이다. 인을 행하는 것은 자기로 말미암는 것이지, 어찌 남으로 말미암는 것이겠는가"라고 하셨다. 안연이 "그 조목을 여쭙고자 합니다"라고 하니, 공자께서 "예가 아니면 보지 말고, 예가 아니면 듣지 말고, 예가 아니면 말하지 말고, 예가 아니면 움직이지 말아야 할 것이다"라고 하시자, 안연이 "제가 비록 영민하지 못하지만 이 말씀을 삼가 받들겠습니다"라고 하였다.

顔淵問仁 子曰 "克己復禮爲仁 一日克己復禮 天下歸仁焉 爲仁由己 而由人乎哉" 顔淵曰 "請問其目" 子曰 "非禮勿視 非禮勿聽 非禮勿言 非禮勿動" 顔淵曰 "回雖不敏 請事斯語矣." 「안연」 제1장

● 극기복례라는 말 자체는 어렵지 않지만 그 의미는 이해하기가 쉽지 않다. '나의 사욕을 극복해 예로 돌아간다'고 해석할 때, '예로 돌아간다'는 말이 무엇인지 이해하기가 쉽지 않다. 예禮에는 두 가지 뜻이 있다. 하나는 우리가 일상생활 속에서 인사하고 절하고 안부를 묻고 하는 등등의 예절로, 이는 인사人事다. 다른 하나는 본성인 인의예지신仁義禮智信의 예禮로, 이는 천리天理다. 극기복례의 예는 인사를 말한 것이 아니라 천리를 말한 것이다. 즉 자기의 사욕을 극복하여 본성으로 돌아간다는 뜻이다. 그것이 바로 인仁을 실천하는 방법이라는 것이다. 인은 본성을 대표한다. 공자가 안회에게 일러준 조목 네 가지를 사물四勿이라고 한다. '예가 아니면 보지 말라'는 것은 본성에 합당하지 않으면 따르지 말라는 뜻이다. 그런데 보고〔視〕, 듣고〔聽〕, 말하고〔言〕, 행동하는〔動〕 것은 모두 사람의 감각기관이 대상을 지각하는 것이다. 즉 마음이 드나드는 관문을 잘 지켜 본성에 어긋나는 것을 따르지 말고 극복하라는 뜻이다. 극기는 히말라야 정상에 올라간다고 길러지는 것이 아니다. 자기 스스로 사욕을 극복하여 본성을 회복하고자 하는 노력에 의해 생겨나는 것이다. 그래서 극기복례는 나의 인격을 완성해주는 명약 중의 명약이다.

자기가 원하지 않는 것을 남에게도 베풀지 말라

중궁仲弓이 인에 대해 여쭈었는데, 공자께서 "문밖을 나서면 큰 손님을 만난 것처럼 남을 대하고, 백성을 부릴 때는 큰 제사를 받드는 것처럼 신중히 하고, 자기가 하고 싶지 않은 것을 남에게 베풀지 않는 것이다. 그러면 조정에 나가 있을 때도 원망하는 사람이 없고, 집 안에 있을 때도 원망하는 사람이 없을 것이다"라고 하시자, 중궁이 "제가 비록 영민하지는 못하지만 이 말씀을 삼가 받들겠습니다"라고 하였다.

仲弓問仁 子曰 "出門如見大賓 使民如承大祭 己所不欲 勿施於人 在邦無怨 在家無怨" 仲弓曰 "雍雖不敏 請事斯語矣." 「안연」 제2장

● 중궁의 자는 염옹冉雍이고, 덕행으로 이름난 제자다. 남을 대할 때와 정치를 하면서 백성을 사역시킬 때 공경하는 마음으로 신중히 하라는 것이다. 그리고 그런 마음을 바탕으로 남의 마음을 헤아리는 서恕를 실천하라는 것이다. 앞서 말한 극기복례가 자신을 완성하는 것이라면, 여기서는 주경행서主敬行恕, 즉 공경하는 마음을 주로 하여 남을 헤아리는 인仁의 실천방안을 말한 것이다.

백성의 신뢰를 얻는 것이 정치의 근본이다

자공子貢이 정치에 대해 여쭈었는데, 공자께서 "식량을 풍족하게 하고 군비軍備를 갖춘 뒤에 교화를 행하면 백성이 그를 신뢰할 것이다"라고 하시니, 자공이 여쭙기를 "부득이하여 반드시 버려야 한다면 이 세 가지 중에서 어느 것을 먼저 버려야 하겠습니까?"라고 하자, 공자께서 "군비를 버려야 한다"라고 하셨다. 자공이 또 "부득이하여 반드시 버

려야 한다면 이 두 가지 중에서 어느 것을 먼저 버려야 하겠습니까?"
라고 하자, 공자께서 "식량을 버려야 한다. 예로부터 누구나 죽게 되지
만 백성이 지도자를 믿지 않으면 (지도자가 비록 생존하더라도 나라
는) 존립할 수 없다"라고 하셨다.

子貢問政 子曰 "足食足兵 民信之矣" 子貢曰 "必不得已而去 於斯三者 何
先" 曰 "去兵" 子貢曰 "必不得已而去 於斯二者 何先" 曰 "去食 自古皆有死 民
無信 不立." 「안연」 제7장

● 이는 공자의 정치철학을 거시적으로 보여준 유명한 일화다. 경
제 살리기, 국방을 튼튼히 하기, 백성의 신뢰를 얻기, 이 세 가지는 정
치인에게 필수적인 과제다. 그런데 이 세 가지 가운데 다시 근본을 따
져보면 백성의 신뢰를 얻는 것이 근본 중의 근본이다. 민심은 곧 천심
이라 하였으니, 민심을 얻지 못하면 천명도 받을 수 없다. 정치인이 백
성을 두려워해야 할 이유가 바로 여기에 있다.

백성이 풍족하다면 군주가 어찌 부족하랴

노나라 애공哀公이 유약有若에게 묻기를 "한 해 농사가 흉년이 들어
재정이 부족하니, 어찌해야 합니까?"라고 하자, 유약이 "어찌 철법徹法
을 쓰지 않으십니까?"라고 대답하니, 애공이 "10분의 2를 세금으로 거
두어도 나는 오히려 부족한데, 어떻게 그 철법을 쓰겠습니까"라고 하
여, 유약이 "백성이 풍족하다면 군주가 누구와 더불어 부족하겠으며,

백성이 풍족하지 못하다면 군주가 누구와 더불어 풍족하겠습니까"라
고 하였다.

哀公問於有若曰 "年饑 用不足 如之何" 有若對曰 "盍徹乎" 曰 "二 吾猶不
足 如之何其徹也" 對曰 "百姓足 君孰與不足 百姓不足 君孰與足." 「안연」제9장

● 철법은 주나라 때 공전公田을 공동 경작하여 10분의 1을 세금으
로 내는 제도다. 10분의 2를 세금으로 거두어도 부족하다고 하는 임금
에게 10분의 1을 거두라고 하였으니, 현실성이 매우 떨어진다. 그러나
'백성이 풍족하다면 군주가 부족할 게 무엇이 있겠는가'라는 말로 미
루어보면, 유약은 민생에 초점을 두고 있었다. 즉 국가재정보다 민생
에 우선을 둔 것이다. 요즘 정치인들은 입만 열면 민생을 살리겠다고
하는데, 국민이 내는 세금은 더 늘어나고 있다.

임금은 임금답고 신하는 신하다워야 한다

제齊나라 경공景公이 공자께 정치에 대해 물었는데, 공자께서 "임금
은 임금답고, 신하는 신하답고, 아비는 아비답고, 자식은 자식다운 것
입니다"라고 대답하시자, 경공이 "훌륭한 말씀입니다. 참으로 임금이
임금답지 않고, 신하가 신하답지 않고, 아비가 아비답지 않고, 자식이
자식답지 않다면 비록 곡식이 있더라도 내가 그것을 먹을 수 있겠습
니까"라고 하였다.

齊景公問政於孔子 孔子對曰 "君君 臣臣 父父 子子" 公曰 "善哉 信如君不

君 臣不臣 父不父 子不子 雖有粟 吾得而食諸." 「안연」제11장

● 공자는 35세 때인 기원전 517년 제나라로 갔다가 37세 때 노나라로 돌아왔다. 공자가 제나라 경공을 만난 것은 이때다. 경공의 물음에 대한 공자의 대답은 정치의 근본이자 도덕의 근본에 해당한다. 아비가 아비답지 않고 자식이 자식답지 않으면 부자 관계는 금이 가 평생 불행하게 된다. 당시 제나라 경공이 실정을 하였고, 대부 진씨陳氏가 나라에 은혜를 후하게 베풀어 민심이 요동쳤으며, 또 경공이 후궁을 많이 두고 태자를 세우지 않았기 때문에 공자가 이런 말을 한 것으로 본다. 그러나 공자의 이 말은 보편적인 말로 보면 더 맛이 있다. 자기 처지와 직분에 맞는 역할을 하지 못할 때 그 관계는 파탄이 날 수밖에 없다. 어떤 조직의 장이든 장답지 못하면 그 조직이 제대로 굴러갈 리 없다. 자기 직분에 충실하기 위해서는 어찌해야 할까를 늘 고심해야 한다.

남의 아름다운 점을 드러내주라

공자께서 말씀하셨다. "군자는 남의 아름다운 점은 이루어지게 하고 남의 나쁜 점은 이루어지지 않게 한다. 소인은 이와 반대다."
子曰 "君子 成人之美 不成人之惡 小人 反是." 「안연」제16장

● 남의 아름다운 점을 이루어지게 한다는 것은 이끌어주고 격려하고 권장하여 그 사람이 아름다운 일을 성취할 수 있도록 도와준다는

뜻이다. 즉 남의 장점을 드러내어 더욱 북돋아준다는 말이다.

군자의 덕은 바람과 같다

계강자季康子가 공자께 정사에 대해 묻기를 "만약 무도한 자를 죽여서 도가 있는 데로 나아간다면 어떻겠습니까?"라고 하자, 공자께서 "그대는 정사를 행하면서 어찌 남을 죽이는 방도를 쓰려 하십니까? 그대가 선하고자 하면 백성이 선해질 것입니다. 군자의 덕은 바람과 같고 소인의 덕은 풀과 같습니다. 풀에 바람이 불면 풀은 반드시 쓰러집니다"라고 대답하셨다.

季康子問政於孔子曰 "如殺無道 以就有道 何如" 孔子對曰 "子爲政 焉用殺 子欲善 而民善矣 君子之德風 小人之德草 草上之風 必偃."「안연」제19장

● 계강자는 노나라 대부로 시호諡號는 강자, 이름은 비肥다. 계강자는 인정仁政을 펴는 데 관심이 없었던 인물로 무도한 자를 죽여 법질서를 확립하고자 하였는데, 공자는 그 점을 부정적으로 보고 선정善政을 펼 것을 권유한 것이다. 군자의 덕을 '바람'에, 소인의 덕을 '풀'에 비유한 것은 덕화德化가 그렇게 미쳐간다는 점을 말한 것이다. 여기서 소인은 지위가 없는 일반인을 뜻한다. 원문에서 초상지풍草上之風의 상上은 '위'라는 뜻이 아니라 '더하다'라는 뜻으로, '풀에 바람이 분다'라고 해석해야 한다.

군자는 글로 벗을 모은다

증자가 말하였다. "군자는 글로써 벗을 모으고, 벗으로써 자신의 인仁을 향상시킨다."

曾子曰 "君子 以文會友 以友輔仁." 「안연」 제24장

● 이 문구는 간결하면서도 의미가 심장하다. 여기서의 군자는 덕을 추구하는 사람이다. 덕을 추구하는 사람은 글을 읽어 앎을 극진히 하고자 하기 때문에 아무나 벗하지 않고 글공부하는 사람을 벗한다. 또한 군자는 심성을 수양하여 덕성을 드높이는 공부를 하기 때문에 벗을 통해 좋은 점을 배워 자신의 덕성을 향상시킨다. 인仁은 본성의 덕이다. 이문회우以文會友는 벗과 함께 앎을 극진히 하는 공부를 한다는 뜻이고, 이우보인以友輔仁은 벗을 통해 자신의 덕성을 갈고닦아 드높여나간다는 뜻이다. 그러니 벗은 나를 발전시키는 데 스승과 같은 존재다. 어떤 사람과 벗하느냐에 따라 인생이 달라질 수 있으니, 벗을 잘 선택해야 한다.

군자는
서로 어울리되
뇌동하지 않는다

정치란 솔선하며 게을리하지 않는 것이다

자로子路가 정사에 대해 여쭙자, 공자께서 "솔선하고 노력하는 것이다"라고 하셨다. 자로가 더 말씀해주시길 청하자, 공자께서 "게을리하지 않는 것이다"라고 하셨다.

　　子路問政 子曰 "先之勞之" 請益 曰 "無倦." 「자로」 제1장

● '정치는 솔선하고 노력하는 것이다'라는 말은 오늘날 금과옥조로 삼을 만하다. 백성의 입장에서 보면, 어떤 문제를 앞장서서 해결하려고 노력하는 사람을 따르지, 명령하고 지시하는 사람을 따르지 않는다. 어진 정치는 백성이 스스로 따르도록 솔선하는 데 있다. 자로는 이 말을 심상하게 받아들여 특이한 비법을 듣고 싶어 한 듯하다. 그래서 다시 물었지만 공자의 답은 별난 것이 없었다. '게을리 하지 말라'

는 말은 「안연」 제14장에도 보인다. 마음가짐이 게으른 사람은 솔선하여 노력할 리 없다. 그저 아랫사람이 들고 오는 결재서류에 서명이나 하는 것으로 세월을 보낼 뿐이다. 이런 사람이 정치를 하면 더이상 그 사회의 발전을 기대할 수 없다. 그러니 공자의 이 말은 평범하면서도 정곡을 찌른 것이 아니겠는가.

인재를 등용하는 방법

중궁仲弓이 계씨季氏의 가신家臣이 되어 정사에 대해 여쭙자, 공자께서 "실무자에게 먼저 일을 맡기고, 작은 허물을 용서하며, 어진 인재를 천거하는 것이다"라고 하셨다. 다시 중궁이 "어진 인재인 줄 어찌 알아서 그런 사람을 천거합니까?"라고 여쭙자, 공자께서 "네가 아는 어진 인재를 천거하면 네가 알지 못하는 어진 인재를 사람들이 그냥 내버려두겠느냐?"라고 하셨다.

仲弓爲季氏宰 問政 子曰 "先有司 赦小過 擧賢才" 曰 "焉知賢才而擧之" 曰 "擧爾所知 爾所不知 人其舍諸." 「자로」 제2장

● 중궁은 공자의 제자 염옹冉雍이다. 염옹이 계씨 관할 지역의 작은 고을 수령이 되어 정치를 물었는데, 공자는 세 가지 원칙을 일러주었다. 유사有司는 맡은 일이 있는 실무자다. 염옹은 세 가지 중 어진 인재를 천거하는 방도에 대해 다시 질문하였는데, 공자는 묘안을 일러주었다. 자신이 아는 어진 인재를 발탁하면 자신이 모르는 어진 인재를

사람들이 다투어 천거하여 재능 있는 사람들이 몰려들 것이라는 말이다. 어느 시대든 인재는 있지만 그런 인재를 뽑아 쓰는 사람이 없어 나라가 잘 다스려지지 않았다.

지식은 실용적이어야 한다

공자께서 말씀하셨다. "『시경』 300편을 다 암송하고 있더라도 그에게 정사를 맡겼을 때 통달하지 못하고, 사방에 사신으로 가서 독자적으로 대처할 수 없으면 아무리 많이 외고 있은들 무엇하겠는가."

子曰 "誦詩三百 授之以政 不達 使於四方 不能專對 雖多 亦奚以爲." 「자로」 제5장

● 당시에는 『시경』의 시가 노래로 불렀다. 사방의 나라에 사신으로 가서 연회를 할 때, 사행使行의 목적을 암시하는 시를 노래하면 상대국에서도 그에 대응하는 시를 노래하였다. 즉 시가 상대의 마음을 떠보는 수단으로 사용된 것이다. 그래서 『시경』의 시를 외우는 것에 대해 말한 것이다. 사신은 왕명을 받들고 왕을 대신해서 자신의 판단만으로 주어진 일을 처리해야 한다. 그런데 시를 많이 외우고 있으면서도 그런 일을 효과적으로 처리하지 못하면 지식을 실무에 적용하지 못하는 것이다. 실용할 수 없는 지식은 한낱 책 속의 지식일 뿐이다.

자신부터 정직해야 남의 신임을 얻는다

공자께서 말씀하셨다. "위정자가 자신을 바르게 하면 정치에 종사하는 데 무슨 어려움이 있겠는가. 그러나 자신을 바르게 할 수 없으면 남을 바르게 하는 일을 어찌 하겠는가."

子曰 "苟正其身矣 於從政乎 何有 不能正其身 如正人何." 「자로」 제13장

● 정치(政)는 '바르게 한다(正)'는 뜻이다. 지도자는 자신을 정직하고 반듯하게 해야 뭇사람의 신임을 받을 수 있다. 자신의 마음과 자세를 바르게 확립하지 못하면 아랫사람을 부릴 수 없다. 「자로」 제6장에도 "자신이 정직하면 명령을 하지 않아도 일이 행해지고, 자신이 정직하지 못하면 아무리 명령을 해도 아랫사람이 따르지 않는다"라고 하였다. 근본을 중시한 공자는 정치를 거론하면서 정치인이 자신을 바르게 하는 일을 정치의 근본으로 제시하고 있다.

오랑캐의 땅에 가더라도 인(仁)을 버려서는 안 된다

번지(樊遲)가 인(仁)에 대해 여쭈었는데, 공자께서 "거처하는 것이 공손해야 하고, 일을 집행하는 것이 공경해야 하며, 남과 교제하는 것이 충성스러워야 한다. 비록 오랑캐의 땅에 가더라도 이것을 버려서는 안 된다"라고 하셨다.

樊遲問仁 子曰 "居處恭 執事敬 與人忠 雖之夷狄 不可棄也." 「자로」 제19장

● 번지는 공자의 제자 번수樊須로 자는 자지子遲다. 공손함〔恭〕, 공경함〔敬〕, 충성스러움〔忠〕은 사람이 가져야 할 기본적인 마음가짐과 자세다. 이를 버리면 사람다운 사람이 될 수 없다. 그러하기에 아무리 미개한 지역에 있더라도 이것만은 버리지 않는 것이 인仁을 저버리지 않는 길임을 강조한 것이다.

군자는 서로 어울리되 뇌동하지 않는다

공자께서 말씀하셨다. "군자는 남들과 두루 화합하되 부화뇌동하지 않으며, 소인은 부화뇌동하되 남들과 두루 화합하지 않는다."

子曰 "君子 和而不同 小人 同而不和." 「자로」 제23장

● 화이부동和而不同과 동이불화同而不和이라는 말이 여기서 나왔다. 덕의 유무로 군자와 소인을 말한 것이다. 군자는 공公과 의義를 주로 하고, 소인은 사私와 이利를 주로 하기 때문에 이런 현상이 절로 나타나는 것이다. 화和는 국을 끓일 때 여러 가지 서로 다른 맛을 조화롭게 하는 것과 같고, 동同은 뇌동雷同처럼 우레가 소리를 따라 울리는 것과 같다. 군자는 의리를 주로 하기 때문에 소신과 취향이 달라도 조화를 이룰 수 있지만, 소인은 이익을 주로 하기 때문에 사적인 이익을 따라 행동한다. 언제부턴가 정치권에서는 '친○' 또는 '비○'라는 말이 난무하고 있다. 이런 현상은 사적인 이익을 따라 패거리를 짓는 것이니 영

락없이 동이불화의 전형적인 모습이다.

모두가 좋아하는 사람은 모두에게 잘 보이려는 사람이다

자공子貢이 "고을 사람들이 모두 그를 좋아하면 어떻습니까?"라고 여쭙자, 공자께서 "옳지 않다"라고 하셨다. 다시 자공이 "고을 사람들이 모두 그를 미워하면 어떻습니까?"라고 여쭙자, 공자께서 "옳지 않다. 이는 고을 사람 중 선한 자는 그를 좋아하고 선하지 않은 자는 그를 미워하는 것만 못하다"라고 하셨다.

子貢問曰 "鄕人皆好之 何如" 子曰 "未可也" 〈曰〉 "鄕人 皆惡之 何如" 子曰 "未可也 不如鄕人之善者 好之 其不善者 惡之." **「자로」 제24장**

● 사람을 논평할 때 어떻게 할 것인가? 고을 사람들이 모두 미워하는 사람은 말할 것도 없지만, 고을 사람들이 모두 좋아하는 사람은 좋은 사람처럼 보일 수 있다. 이런 판단을 공자는 문제가 있다고 보았다. 그리고 공론을 거론하였다. 어떤 사회든 선한 사람과 악한 사람이 있게 마련인데, 모두가 좋아하는 사람은 모두에게 잘 보이려는 사람으로 근본과 원칙이 없는 사람이다. 그러므로 공자는 그 사회의 선한 사람이 좋아하고 악한 사람이 미워하는 것을 공론으로 제시한 것이다.

강직하고 꿋꿋하고 질박하고 어눌한 것은 인에 가깝다

공자께서 말씀하셨다. "강직하고 꿋꿋하고 질박하고 어눌한 것은 인仁에 가깝다."

子曰 "剛毅木訥 近仁." 「자로」 제27장

● 강직하고 꿋꿋한 성품은 물욕에 굴복하지 않으며, 질박하고 어눌한 성품은 밖으로 치달리지 않는다. 그러므로 인에 가깝다고 한 것이다.

임금을 섬길 때는
속이지 말고
대놓고 간언하라

무엇이 부끄러운 일인가

원헌原憲이 부끄러움에 대해 여쭙자, 공자께서 "나라에 도道가 있을
때 큰일을 하지 않고 녹만 타 먹으며, 나라에 도가 없을 때 벼슬길에
나아가 녹만 타 먹는 것은 부끄러운 일이다"라고 하셨다.

憲問恥 子曰 "邦有道 穀 邦無道 穀 恥也." 「헌문」 제1장

● 원헌은 공자의 제자로, 자는 자사子思다. 도는 보편적 진리를 말하
니, 나라에 도가 있다는 것은 보편적이고 합리적인 도리가 행해지고
있다는 것을 의미한다. 원헌은 나라에 도가 없을 때 녹을 타 먹는 것이
부끄러운 일인 줄은 알지만, 나라에 도가 있을 때 녹만 타 먹고 큰일을
추진하지 않는 것이 부끄러운 일인지는 모르기 때문에 공자가 아울러
말해준 것이다. 나라에 도가 없을 때는 물러나 홀로 자신을 선하게 하

며 도를 지키는 것이 사士의 본분이고, 나라에 도가 있을 때는 나아가 도를 행하여 온 세상 사람들과 선을 함께하는 것이 사의 일이다.

사士가 안일을 추구하면 사로서의 자격이 없다

공자께서 말씀하셨다. "사士로서 편안히 살려는 마음을 품으면 진정한 사가 되기에 부족하다."

子曰 "士而懷居 不足以爲士矣." 「헌문」 제3장

● 사는 인仁을 구하는 것을 임무로 삼기 때문에 짐이 무겁고, 죽은 뒤에야 그 임무가 끝나기 때문에 갈 길이 멀다. 이런 임무를 가진 사가 안일을 추구하면 더이상 사가 될 수 없다. 경제적 풍요와 안락한 삶은 모든 이들의 소망일 것이다. 그러나 그것만을 추구하는 데서 그치면 인간답게 살아가는 의미가 없지 않을까?

사士는 어떻게 처세해야 하는가

공자께서 말씀하셨다. "나라에 도가 있을 때에는 말을 곧게 하고 행실을 곧게 하며, 나라에 도가 없을 때에는 행실은 곧게 하되 말은 공손하게 한다."

子曰 "邦有道 危言危行 邦無道 危行言孫." 「헌문」 제4장

● 원문의 위危는 '곧다' 또는 '꼿꼿하다'는 뜻으로 쓰였다. 군자의 지조는 변할 수 없지만, 말은 때에 따라 조절해서 해야 한다. 무도한 세상에서 말을 함부로 하다가 위해를 당한다면 도조차 지킬 수 없기 때문이다.

'완성된 사람'은 어떤 사람을 말하는가

자로子路가 완성된 사람(成人)에 대해 여쭙자, 공자께서 "장무중臧武仲의 지혜와 맹공작孟公綽의 탐욕스럽지 않음과 변장자卞莊子의 용맹과 염구冉求의 재예才藝에다 예악禮樂으로 문채를 낸다면 또한 완성된 사람이라 할 수 있을 것이다"라고 하셨다. 그리고 다시 "오늘날 완성된 사람은 어찌 반드시 그래야만 하겠는가. 이익을 보고 의리를 생각하며, 위태로운 상황을 보고 목숨을 바치며, 오래된 약속일지라도 평소에 한 말을 잊지 않는다면 또한 완성된 사람이라 할 수 있다"라고 하셨다.

子路問成人 子曰 "若臧武仲之知 公綽之不欲 卞莊子之勇 冉求之藝 文之以禮樂 亦可以爲成人矣" 曰 "今之成人者 何必然 見利思義 見危授命 久要不忘平生之言 亦可以爲成人矣." 「헌문」 제13장

● 여기서 말하는 성인成人은 온전한 덕을 갖추어 인격이 '완성된 사람'이다. 장무중의 지智, 맹공작의 인仁, 변장자의 용勇, 염구의 재才를 두루 갖추고서, 또 예절로써 절제하고 음악으로 조화하여 내면의 덕

이 이루어지고 겉으로 문채가 드러나게 되면, 재주와 덕이 두루 구비되어 온전한 사람이 될 수 있다. 그러나 이러한 사람은 현실에서 찾아볼 수 없다. 그렇기 때문에 공자는 그 기준을 낮추어 의리·충성·신의만 있어도 완성된 사람이라 할 수 있다고 한 것이다. 그러니 이 세 가지가 인격 완성에 얼마나 중요한 것인지를 새삼 알게 된다.

임금을 섬길 때는 속이지 말고 대놓고 간언하라

자로子路가 군주를 섬기는 도에 대해 여쭙자, 공자께서 "임금을 속이지 말고, 임금이 안색을 찌푸릴 정도로 정색을 하고 간쟁諫諍해야 한다"라고 하셨다.

子路問事君 子曰 "勿欺也 而犯之." 「헌문」 제23장

● 임금을 속이지 않는 것은 임금을 섬기는 충심이다. 그러나 여기서 그쳐서는 안 되고, 문제가 있으면 임금이 안색을 찌푸릴 정도로 간언하여 올바르게 인도해야 한다. 이럴 경우 목숨을 걸고 바른말을 해야 하니, 신하 노릇 하기가 쉽지 않다. 예전에는 이런 사람이 더러 있었는데, 지금은 이런 사람이 아예 없다.

자신을 위한 학문과 남에게 보이기 위한 학문

공자께서 말씀하셨다. "옛날의 학자는 자기 자신을 위한 실질적인 학문을 했는데, 오늘날의 학자는 남에게 보이기 위한 학문을 한다."

子曰 "古之學者 爲己 今之學者 爲人." 「헌문」 제25장

● 위기지학爲己之學과 위인지학爲人之學이라는 말이 여기에서 나왔다. 위기지학은 자신의 덕을 쌓기 위한 실질적인 학문을 말하니, 진리를 탐구하고 심성을 수양하며 실천을 하는 것이다. 이와는 반대로 남에게 보이기 위한 학문은 남들에게 자신을 드러내기 위해 하는 학문이니 과거공부, 문장공부, 암송공부 등이 이에 해당한다. 자신을 위한 실질적인 공부는 자신을 완성하고 결국 남들에게까지 영향을 미치지만, 남들에게 보이기 위한 공부는 자신의 심성을 황폐하게 하여 결국 자아를 상실하게 만든다. 오늘날에는 위기지학을 하는 학자들이 매우 적다.

군자는 자신을 닦아 백성을 편안히 해주는 사람이다

자로가 군자에 대해 여쭙자, 공자께서 "공경으로써 자신을 닦는 사람이다"라고 하셨다. 자로가 다시 "이와 같을 뿐입니까?"라고 여쭙자, 공자께서 "자신을 닦아 남을 편안히 하는 사람이다"라고 하셨다. 자로가 또 "이와 같을 뿐입니까?"라고 하자, 공자께서 "자신을 닦아 백성

을 편안히 해주는〔修己以安百姓〕 사람이다. 자신을 닦아 백성을 편안히 해주는 일은 요·순도 오히려 어려워하셨다"라고 하셨다.

子路問君子 子曰 "修己以敬" 曰 "如斯而已乎" 曰 "修己以安人" 曰 "如斯而已乎" 曰 "修己以安百姓 修己以安百姓 堯舜 其猶病諸." 「헌문」 제45장

● 덕을 닦아 자신을 완성하면 그 덕이 주위 사람들에게 퍼져 다른 사람을 변화시킨다. 이것을 『중용』에서는 성기成己·성물成物이라고 했다. 공자는 자로가 군자에 대해 물었기에 자신을 닦아 완성하는 사람이라고 말했는데, 자로는 그보다 더한 무엇이 있는가 하여 자꾸 질문을 한 것이다. 그러나 자신을 닦는 수기修己가 얼마나 극진한가에 따라 그 덕화가 미치는 범위가 넓어지니, 군자는 근본을 독실하게 할 따름이다. 다만 수기가 근본이지만 그것은 궁극적으로 모든 사람과 함께 할 때 의미가 있는 것이므로 백성을 모두 편안히 해주는 데까지 미친 것이다. 우리는 흔히 유가 사상을 수기修己·치인治人으로 말하는데, 치인이 아니라 안인安人이라고 하는 것이 옳다. 남들을 다스리려 하기보다 남들을 편안히 해주려는 마음이 공자 사상의 본질이다.

사람이 나쁘다고
그의 말까지
버리지 말라

말은 진실하고 신의 있게, 행동은 독실하고 공경하게

자장子張이 자신의 의지를 실천하는 것을 여쭙자, 공자께서 "말이 진실하고 신의 있으며〔言忠信〕, 행동이 독실하고 공경하면〔行篤敬〕 비록 오랑캐 나라에서라도 자신의 의지를 실천할 수 있을 것이다. 그러나 말이 진실하고 신의 있지 않으며, 행동이 독실하고 공경하지 않으면 비록 자기 고향 마을에서라도 자신의 의지를 실천할 수 있겠는가? 서 있을 때는 충신독경忠信篤敬이 눈앞에 나타나고, 수레를 탔을 때는 충신·독경이 눈앞의 멍에에 보여야 한다. 그런 뒤에야 자신의 의지를 실천할 수 있다"라고 하시니, 자장이 그 말을 허리띠에다 적었다.

子張問行 子曰 "言忠信 行篤敬 雖蠻貊之邦 行矣 言不忠信 行不篤敬 雖州里 行乎哉 立則見其參於前也 在輿則見其倚於衡也 夫然後行" 子張書諸紳. 「위령공」 제5장

● '행行'은 자신의 의지를 실천하는 것을 말한다. 사회생활을 하면서 남들에게 인정받기 위해 가장 필요한 것이 바로 언충신言忠信(말이 진실하고 신의 있음)과 행독경行篤敬(행실이 독실하고 공경함)이다. 독실하다[篤]는 것은 중후하고 침착한 것을 말한다. 충신·독경이 자신을 경영하는 최고의 자본이다. 그런데 이는 말로 되는 것이 아니다. 마음속에 한순간도 이를 잊지 말아야 한다. 그래서 서 있을 때는 눈앞에 항상 이 말이 보여야 하고, 차에 탔을 때도 항상 이 말이 눈앞에 나타나야 한다. 그래서 자장은 이 말을 귀하게 여겨 허리띠에다 적은 것이다. 옛사람들이 책상 앞쪽에 좌우명을 써 붙여놓고 항상 마음을 붙잡으려 했던 것이 바로 이런 것이다.

원대한 생각이 없으면 사소한 걱정거리가 있게 마련이다

공자께서 말씀하셨다. "사람은 원대한 생각이 없으면 반드시 가까운 (곳에) 근심이 있게 마련이다."

子曰 "人無遠慮 必有近憂." 「위령공」 제11장

● 여기서 말하는 원근遠近은 지역적인 측면으로 볼 수도 있고, 시간적인 측면으로 볼 수도 있다. 지역적으로 보면 천 리 밖의 일을 내다보고 생각하지 않으면 자신이 앉아 있는 가까운 곳에 근심이 있다는 의미고, 시간적으로 보면 천년의 먼 미래를 내다보고 생각하지 않으면

반드시 조석에 걱정거리가 있다는 의미다. '원대한 생각'은 나의 덕을 밝히고 닦아 덕화를 미치는 것이고, '가까운 근심'은 일상의 소소한 걱정을 가리킨다.

자신에 대한 책망은 무겁게, 남에 대한 책망은 가볍게

공자께서 말씀하셨다. "자신에 대한 책망은 스스로 무겁게 하고, 남에 대한 책망은 가볍게 하면 원망이 멀어질 것이다."

子曰 "躬自厚而薄責於人 則遠怨矣." 「위령공」 제14장

● 자신을 발전시키기 위해서는 부단히 자신을 성찰하며 잘못을 고쳐나가야 한다. 자신을 성찰하지 않고 잘못을 고치지 않으면 덕을 이룰 수 없다. 또한 남을 책망할 때는 심하게 하지 말아야 사람들이 감정을 품지 않게 되고, 나아가 원망도 하지 않게 된다.

애써 생각지 않는 사람은 어찌할 수 없다

공자께서 말씀하셨다. "'어찌할까, 어찌할까'라고 고민하지 않는 사람은 내가 어떻게 할 수 없다."

子曰 "不曰如之何如之何者 吾末如之何也已矣." 「위령공」 제15장

● 어떤 일에 대처할 때 '어떻게 하는 것이 최선일까?'를 심사숙고하고 대처할 방안을 주도면밀하게 계획하지 않으면 낭패를 보기 쉽다. 이렇게 애써 생각지 않는 사람은 공자 같은 성인도 어떻게 할 수 없다고 하였다. 일이 닥쳤을 때 '어떻게 할까?'를 고심하지 않고, 일이 없을 때 '무슨 일을 할까?'를 생각하지 않으면 국가는 물론 개인도 온전하게 유지될 수 없다.

군자는 자신에게서 원인을 찾는다

공자께서 말씀하셨다. "군자는 자신에게서 원인을 찾고, 소인은 남에게서 원인을 찾는다."

子曰 "君子 求諸己 小人 求諸人." 「위령공」 제20장

● 어떤 일이 생겼을 때 군자는 자기 자신에게서 원인을 찾지만, 소인은 남에게서 원인을 찾는다. 예컨대 활을 쏘아 적중하지 못했을 때, 군자는 자신의 자세나 호흡 등을 돌이켜보고 잘못을 고치려 하는 반면, 소인은 남들이 시끄럽게 떠들었기 때문이라고 외부적인 요인을 탓한다. 한 점 부끄러움이 없는 인격체로 자기 자신을 발전시키기 위해서는 끊임없이 내면을 돌아보고 문제점을 찾아 변화시켜나가야 한다.

사람이 나쁘다고 그의 말까지 버리지 말라

공자께서 말씀하셨다. "군자는 말을 잘한다고 해서 그 사람을 천거하지 않으며, 사람이 나쁘다 하여 그의 좋은 말까지 버리지 않는다."

子曰 "君子 不以言擧人 不以人廢言." 「위령공」 제22장

● 단지 말을 잘한다고 해서 그 사람을 천거하지 않는 것에 대해서는 누구나 수긍한다. 그러나 사람이 나쁘다고 해서 그의 좋은 말까지 폐기하지 않는 것은 아무나 하기 어려운 것이다.

평생 실천할 한마디 말은 서恕다

자공子貢이 "종신토록 실천할 만한 한마디 말이 있을까요?"라고 여쭙자, 공자께서 "그것은 바로 서恕다. 자기가 하고 싶지 않은 것을 남에게 베풀지 않는 것이다."

子貢問曰 "有一言而可以終身行之者乎" 子曰 "其恕乎 己所不欲 勿施於人." 「위령공」 제23장

● 서恕는 나의 마음을 미루어 남의 마음을 헤아리고 배려하는 것이다. 「이인」 제15장에 충忠과 함께 서恕가 보인다. 서는 소통의 방법이다. 공자는 소통을 매우 중시하여 나의 진실한 마음을 바탕으로 남의 마음을 헤아려주는 것을 강조하였다. 그러하기에 자공이 평생 실천할

한마디 말을 물었을 때 서슴없이 '서'라고 말한 것이다. 그리고 서의 의미를 '내가 하고 싶지 않은 것을 남에게 베풀지 않는 것'이라고 일러주었다. 이 문구는 「안연」 제2장에도 보인다. 서는 너와 나를 하나로 소통하게 하여 더불어 사는 세상을 만들어주는 혈관과도 같은 것이다. 그런데 우리는 지금 서로 소통하라고 외치고 있을 뿐, 자신이 먼저 서를 생각하는 사람은 보기 드물다.

사람이 도를 넓힌다

공자께서 말씀하셨다. "사람이 능히 도를 넓히지, 도가 사람을 넓히는 것은 아니다."

子曰 "人能弘道 非道弘人." 「위령공」 제28장

● 도는 사람이 사람답게 사는 길이고 이치다. 도는 사람의 몸 밖에 있는 것이 아니다. 도는 사람이 걸어온 길이고, 사람이 넓혀온 길이므로 사람이 만들기에 달렸다. 동아시아는 오랫동안 유교의 도를 닦아 인간이 주체가 되는 인간중심의 세상을 만들었다. 오늘날 세계적으로 발생하는 종교분쟁을 보면 모든 사람이 오래도록 편안히 다닐 수 있는 길을 만드는 것이 얼마나 중요한지를 실감하게 된다. 오랜 기간 동안 이 도를 넓히고 지키기 위해 양심적인 지식인들이 살신성인하였다. 그렇게 해서 이만큼 인간의 길을 만들었다. 그러니 도는 우리가 넓히기에 달려 있다.

가르침에는 차별이 없다

공자께서 말씀하셨다. "가르침이 있으면 유형은 없다."

子曰 "有敎無類." 「위령공」 제38장

● 원문의 유類에 대한 해석은 역대로 다양하였다. 주희는 선·악의 서로 다른 유형으로 보아, 배우러 오는 사람의 본성이 선한지, 악한지를 구별함이 없다는 뜻으로 보았다. 그 이전에는 빈부·귀천의 유형으로 보아, 배우려는 학생의 신분적·경제적 차별을 따지지 않는 것으로 해석하였다. 한편 또 다른 설은 지역적 차별로 보아, 지역에 대한 차별을 두지 않는 것으로 해석하기도 한다. 이 모두 유에 해당될 수 있다. 공자는 교육을 개방한 인물이다. 살구나무 밑에서 제자들을 가르쳤다고 하는 행단杏壇은 열린 교육을 의미한다. 고대 교육은 귀족교육이었다. 서민의 자제 중 준수한 사람은 교육을 받을 기회가 있었지만, 대다수 서민들은 교육을 받을 수 없었다. 지금처럼 배움에 차별이 있어서도 안 되고, 교육에 차별이 있어서도 안 된다는 생각이 보편화되기까지 오랜 세월이 걸렸다. 공자가 그 문호를 최초로 없앴다.

군자에게는
경계할 것이
세 가지 있다

어른 앞에서의 세 가지 허물

공자께서 말씀하셨다. "군자를 모실 적에 세 가지 허물이 있다. 말이 자기에게 미치지 않았는데 불쑥 말하는 것을 조급함〔躁〕이라 하고, 말이 자기에게 미쳤는데도 말하지 않는 것을 숨김〔隱〕이라 하고, 안색을 살피지 않고 함부로 말하는 것을 눈치없는 짓이라 한다."

孔子曰 "侍於君子 有三愆 言未及之而言 謂之躁 言及之而不言 謂之隱 未見顔色而言 謂之瞽." 「계씨」 제6장

● 여기서 '군자'는 덕이 있는 사람도 되고, 높은 지위에 있는 사람도 된다. 이 장은 언어의 예절에 관한 것으로 요즘 사람들이 듣기 어려운 내용이다. 요즘은 지위고하를 막론하고 자기 생각을 함부로 말하는 경향이 있다. 말은 좌중의 분위기를 살펴보고, 논의하는 내용의 요

지와 문제점을 파악한 뒤, 꼭 필요한 말을 적절한 시기에 명확히 해야 한다. 그러지 않으면 실수하기 십상이다. 또한 자기가 한 말이 백번 타당하더라도 예의를 갖추지 않고 말하면 정당한 평가를 받지 못하고 비난을 초래할 수 있다.

군자가 경계해야 하는 것 세 가지

공자께서 말씀하셨다. "군자에게는 경계할 것이 세 가지 있다. 젊었을 적에는 혈기가 안정되지 않았는지라 경계할 것이 여색에 있고, 장성해서는 혈기가 한창 강한지라 경계할 것이 싸움에 있고, 늙어서는 혈기가 쇠한지라 경계할 것이 재물을 탐하여 얻는 데 있다."

孔子曰 "君子 有三戒 少之時 血氣未定 戒之在色 及其壯也 血氣方剛 戒之在鬪 及其老也 血氣旣衰 戒之在得." 「계씨」 제7장

● 여기서 '군자'는 덕을 추구하는 사람을 말한다. 욕구를 절제하지 못하면 인격을 완성할 수 없다. 이성에 대한 성욕, 남을 이기고자 하는 승부욕, 재물을 탐하는 물욕은 누구에게나 없을 수 없다. 그런데 이 욕망을 절제하지 못하면 인간다운 삶을 살 수 없다. 혈기血氣는 기氣다. 마음에는 기만 있는 것이 아니고 이理에 해당하는 성性도 있다. 맹자는 부동심不動心을 말하면서 "지志는 장수이고, 기氣는 몸에 충만한 것이다"라고 했다. 흔히 지志를 장수에, 기氣를 병졸에 비유한다. 지志는 목표가 있는 마음으로 의지意志를 말한다. 인격을 완성한 성현들도 혈기

는 일반인과 똑같다. 다만 그들은 혈기 외에 지기志氣가 있어 혈기에 끌려다니지 않았기에 마음에 도덕적 주체를 세운 것이다.

군자가 두려워하는 것 세 가지

공자께서 말씀하셨다. "군자는 두려워하는 것이 세 가지 있으니, 천명天命을 두려워하고, 대인大人을 두려워하고, 성인聖人의 말씀을 두려워한다. 소인은 천명을 알지 못하여 두려워하지 않는지라, 대인을 함부로 대하고, 성인의 말씀을 업신여긴다."

孔子曰 "君子 有三畏 畏天命 畏大人 畏聖人之言 小人 不知天命而不畏也 狎大人 侮聖人之言." 「계씨」 제8장

● 여기서의 '군자'는 덕을 추구하는 사람이다. 인격을 완성하려면 무엇보다 두려워하는 마음이 있어야 한다. '외畏'는 '경외敬畏'를 뜻하는 말로, 긴장감이나 외경심을 의미한다. 긴장감은 자신의 마음을 함부로 팽개치지 않고 오롯이 깨어 있게 하는 명약이다. 송나라 때 학자들이 마음을 다스리는 공부로 내세운 경敬이 바로 이 외경을 의미한다. 천명天命은 『중용』 첫머리에 나오는 말로, 하늘이 모든 생명체에 부여한 본성이다. 이 본성은 우리 모두의 마음속에 있다. 그러나 일반인은 이것이 내 마음속에 있는지를 모르고 산다. 그래서 이것을 아는 것이 지천명知天命이다. 이를 알려면 『중용』에 보이는 것처럼, 선을 밝히는 명선明善과 마음을 100퍼센트 진실로 가득 채우는 성신誠身의 공부가

필요하다. 여기서의 대인大人은 덕도 있고 지위도 있는 사람을 말한다. 문물이 발달했다고 하여 성인을 업신여기는 마음을 갖는다면, 그 사람은 외경심이 없어져서 끝내 함부로 말하고 함부로 행동하게 될 것이다. 그러면 신뢰를 주는 사람이 될 수 없다. 하늘을 우러러 경외감을 가지고 매순간 자신의 마음을 경계해야 한다.

군자가 생각할 것 아홉 가지

공자께서 말씀하셨다. "군자는 생각할 것이 아홉 가지 있다. 사물을 볼 때는 밝게 볼 것을 생각하고, 소리를 들을 때는 밝게 들을 것을 생각하고, 안색은 온화하게 할 것을 생각하고, 용모는 공손하게 할 것을 생각하고, 말은 진실하게 할 것을 생각하고, 일을 처리할 때는 공경히 할 것을 생각하고, 의심이 들면 물어볼 것을 생각하고, 분노가 일어날 때는 나중에 닥칠 어려운 일을 생각하고, 재물을 얻을 때는 의로운 것인가를 생각한다."

孔子曰 "君子 有九思 視思明 聽思聰 色思溫 貌思恭 言思忠 事思敬 疑思問 忿思難 見得思義."「계씨」 제10장

● 구사九思는 아홉 가지 생각하기다. 이와는 별개로 외적인 몸가짐을 어떻게 할 것인가에 관한 아홉 가지 용모(九容)가 있다. 이는 『예기禮記』「옥조玉藻」에 보이는데, 발의 모양은 정중하게(足容重), 손의 모양은 공손하게(手容恭), 눈의 모양은 단정하게(目容端), 입의 모양은 묵직

하게〔口容止〕, 목소리는 고요하게〔聲容靜〕, 머리는 곧게〔頭容直〕, 기상은 정숙하게〔氣容肅〕, 서 있는 자세는 덕스럽게〔立容德〕, 안색은 장중하게〔色容莊〕 하기다. 이 구사와 구용九容은 마음을 진실하게 하고 몸을 단정하게 하는 묘약이다.

아버지가 들려주신 말씀

진항陳亢이 백어伯魚에게 묻기를 "자네는 또한 선생께 특별히 들은 것이 있는가?"라고 하자, 백어가 "없다. 아버지께서 홀로 서 계실 때 내가 빠른 걸음으로 뜰을 지나고 있었는데, 아버지께서 '너는 『시경』의 시를 배웠느냐?'라고 하시어, 내가 '아직 배우지 못했습니다'라고 대답하자, 아버지께서 『시경』의 시를 배우지 않으면 남들에게 말을 할 방도가 없다'라고 하시기에, 나는 그 자리에서 물러나 『시경』을 배웠다. 훗날 아버지께서 또 홀로 서 계실 때 내가 빠른 걸음으로 뜰을 지나고 있었는데, 아버지께서 '너는 예를 배웠느냐?'라고 하시어, 내가 '아직 배우지 못했습니다'라고 대답하자, 아버지께서 '예를 배우지 않으면 자신을 세울 방도가 없다'라고 하시기에, 나는 그 자리에서 물러나 예를 배웠다. 이 두 가지를 들었을 뿐이다"라고 대답하자, 진항이 물러나 기뻐하면서 "나는 한 가지를 물어 세 가지를 얻었다. 『시경』의 시를 배워야 한다는 것을 듣고, 예를 배워야 한다는 것을 듣고, 또 군자가 교육을 할 때 자기 자식을 멀리한다는 것을 들었다"라고 하였다.

陳亢問於伯魚曰 "子亦有異聞乎" 對曰 "未也 嘗獨立 鯉趨而過庭 曰 '學詩

乎' 對曰 '未也' '不學詩 無以言' 鯉退而學詩 他日 又獨立 鯉趨而過庭 曰 '學
禮乎' 對曰 '未也' '不學禮 無以立' 鯉退而學禮 聞斯二者" 陳亢退而喜曰 "問
一得三 聞詩聞禮 又聞君子之遠其子也." 「계씨」 제13장

● 진항은 공자의 제자이며, 백어는 공자의 아들 공리孔鯉다. 진항은
'공자가 개인적으로 자기 아들에게 특별교육을 시키지 않나?'라고 의
심을 하였다. 『시경』의 시를 배우면 사리에 통달하고 심기가 화평해
져서 말을 잘할 수 있게 된다. 또한 당시에는 시가 유행가처럼 불려 외
교관계에서 속내를 표현하는 수단으로 쓰였기 때문에 시에 통달해야
외교적인 일을 잘 처리할 수 있었다. 예는 자신의 기치관을 확립하는
윤리 도덕의 준칙이다. 공리는 공자가 거처하는 곳의 마당을 지나다
가 『시경』의 시와 예를 배워야 한다는 말을 듣고서 물러나 스스로 시
와 예를 익혔다. 공리가 공자에게 직접 시와 예를 배우지 않았지만, 시
와 예를 배워야 사람답게 살 수 있다는 교훈을 받았기 때문에, 후대에
는 이를 시례詩禮라고 하여 가정교육에서 시와 예를 가르치는 것을 일
컫게 되었다. 그리고 아버지가 거처하는 집의 뜰을 지나다가 이런 가
르침을 들었기 때문에 시례는 가정에서 아버지가 자식에게 주는 교훈
[詩禮之訓]을 의미하기도 하고, 나아가 시례는 시와 예를 가르치는 사
대부의 집안[詩禮之家]을 뜻하기도 한다. 연암 박지원의 아들이 집안에
서 보고 들은 아버지의 언행을 기록해놓은 『과정록過庭錄』의 제목은 바
로 이런 뜻으로 붙인 것이다.

닭 잡는 데
어찌 소 잡는
칼을 쓰리

습관이 중요하다

공자께서 말씀하셨다. "본성(性)은 서로 비슷하지만, 습관은 서로 멀어진다."

子曰 "性相近也 習相遠也." 「양화」 제2장

● 본성은 하늘이 생명체에게 부여한 것이다. 유학에서는 사람의 본성은 같지만, 기질氣質의 청탁수박淸濁粹駁(맑고 혼탁함과 순수하고 박잡함)에 따라 다르게 된다고 한다. 여기서 말하는 성性은 기질지성氣質之性(육신의 기질에서 일어나는 본성)을 포함해서 말한 것이다. 사람은 하늘로부터 부여받은 본성은 같지만 후천적인 습관에 의해 변하게 된다. 여기서는 타고난 성품은 서로 차이가 나지 않지만, 후천적인 습관에 의해 전혀 다른 사람이 된다는 점을 강조한 것이다. 그러므로 성리학에서는 기질을 변

화시키는 것을 공부의 핵심으로 본다.

기질을 변화시키기 어려운 사람

공자께서 말씀하셨다. "오직 상등의 지혜로운 사람과 하등의 어리석은 사람은 변화시킬 수 없다."

子曰 "唯上知與下愚 不移." 「양화」 제3장

● 사람의 타고난 본성은 서로 비슷하지만, 매우 지혜로운 사람과 매우 어리석은 사람은 후천적인 노력에 의해 변화시킬 수 없다는 점을 말한 것이다. 송나라 때 정자程子는 어리석은 사람의 예로 자포자自暴者와 자기자自棄者를 들었다. 자포자는 남의 말을 거절하여 믿지 않고, 자기자는 남의 말을 거절하여 실천하지 않기 때문에 자신을 해치고 자신을 버려 변화시킬 수 없다는 것이다.

닭 잡는 데 어찌 소 잡는 칼을 쓰리

공자께서 무성武城에 가셔서 현악기에 맞추어 노래 부르는 소리를 듣고서 빙그레 웃으시며 "닭 잡는 데 어찌하여 소 잡는 칼을 쓰느냐"라고 하시자, 자유子游가 "옛날 제가 선생께 듣건대 '군자가 도(예악)를 배우면 남을 친애하고, 소인이 도(예악)를 배우면 부리기 쉽다'라고 하셨습니다"라고 대답하니, 공자께서 "얘들아, 언언言偃(자유)의 말이 옳다. 앞서 내가 한 말은 장난삼아 한 말이다"라고 하셨다.

子之武城 聞弦歌之聲 夫子莞爾而笑曰 "割雞 焉用牛刀" 子游對曰 "昔者 偃也聞諸夫子 曰 '君子學道則愛人 小人學道則易使也'" 子曰 "二三子 偃之言 是也 前言戱之耳." 「양화」 제4장

● 자유의 본명이 언언言偃이다. 언언은 공자의 제자로 문학에 뛰어났던 사람이다. 그가 노나라의 작은 고을인 무성의 수령으로 있을 때의 일이다. 공자가 그곳을 지나다가 고을 사람들이 현악기에 맞추어 노래 부르는 소리를 듣고서, 작은 고을을 다스리는 데 대도大道를 쓰고 있다고 놀린 것이다. 현악기에 맞추어 노래를 부른다는 것은, 언언이 고을 사람들에게 예악을 가르쳐 온 고을 사람들이 예악을 익히고 있다는 말이다. 이 문장에서 군자는 벼슬아치를 말하고, 소인은 서민을 가리킨다. 언언이 공자에게 대답한 말은 지위가 있는 벼슬아치이건 서민이건 모두 예악을 배울 필요가 있다는 말이다.

남의 마음을 얻는 다섯 가지 방법

자장子張이 공자에게 인仁에 대해 여쭙자, 공자께서 "천하에 다섯 가지를 능히 행하면 인하게 될 수 있다"라고 하니, 자장이 "그 조목을 여쭙겠습니다"라고 하자, 공자께서 "공손하고[恭] 관대하고[寬] 신실하고[信] 민첩하고[敏] 은혜로운[惠] 것이다. 공손하면 남들이 업신여기지

않고, 관대하면 백성의 마음을 얻고, 신실하면 남들이 의지하고, 민첩하면 공功이 있고, 은혜로우면 남을 충분히 부릴 수 있다"라고 하셨다.

子張問仁於孔子 孔子曰 "能行五者於天下 爲仁矣" "請問之" 曰 "恭寬信敏惠 恭則不侮 寬則得衆 信則人任焉 敏則有功 惠則足以使人." 「양화」 제6장

● 이 다섯 가지는 마음속에 있는 인仁이 발로되어 나온 마음가짐이나 태도다. 그런데 모두 나와 남들과의 관계에 대해 언급한 것이다. 내가 남들에게 인정을 받고 남들의 마음을 얻기 위해서는 이 다섯 가지가 필수다. 정치를 하는 사람은 물론이고 사업을 하는 사람, 장사를 하는 사람, 그 누구도 이 다섯 가지가 있으면 성공할 수 있다.

향원은 덕을 해치는 자다

공자께서 말씀하셨다. "향원鄕原은 덕을 해치는 자다."

子曰 "鄕愿 德之賊也." 「양화」 제13장

● 향원鄕原은 향원鄕愿과 같은 뜻으로, 내면의 덕은 없이 지역사회에서 점잖은 체하며 겉만 잘 꾸미는 사람이다. 공자는 내실 없이 외양만 꾸미는 사람을 매우 싫어하여 사이비似而非라고 하였다. 겉모습은 그럴듯하지만 속마음은 도덕군자가 아니라는 뜻이다. 향원은 사이비다. 이런 사람은 남들에게 근후한 군자처럼 보이려 한다. 그러나 내면을 들여다보면 진정한 덕이 없다. 어느 사회에나 이런 사람이 매우 많다. 공

자가 덕을 해치는 자라고 이들을 혹평한 것은 덕을 어지럽히기 때문이다.

용기보다 의리가 먼저다

자로가 "군자는 용기를 숭상합니까?"라고 여쭙자, 공자께서 "군자는 의리를 으뜸으로 삼는다. 군자가 용기만 있고 의리가 없으면 난을 일으키고, 소인이 용기만 있고 의리가 없으면 도둑질을 한다"라고 하셨다.

子路曰 "君子尙勇乎" 子曰 "君子 義以爲上 君子 有勇而無義 爲亂 小人 有勇而無義 爲盜." 「양화」 제23장

● 자로는 용기를 좋아하고 의리가 부족하기 때문에 용기와 의리를 상호 연관해 말한 것이다. 의義는 마땅함(宜)이니, 요즘 말로 하면 합리성이다. 용기를 앞세우기보다는 합리적 판단을 먼저 해야 잘못을 줄일 수 있다.

군자도 미워하는 것이 있다

자공이 "군자도 미워하는 것이 있나요?"라고 여쭙자, 공자께서 "군자도 미워하는 것이 있다. 남의 나쁜 점을 일컫는 자를 미워하고, 아랫

자리에 있으면서 윗사람을 비방하는 자를 미워하며, 용기만 있고 예의가 없는 자를 미워하며, 과감하기만 하고 융통성이 없는 자를 미워한다"라고 하셨다. 공자께서 "사賜야, 너도 미워하는 것이 있느냐?"라고 하시자, 자공이 "저는 남의 말을 듣고서 그것을 자신이 아는 것처럼 여기는 자를 미워하고, 불손한 것을 용기 있는 것처럼 여기는 자를 미워하고, 남의 비밀을 들추어내는 것을 정직한 것처럼 여기는 자를 미워합니다"라고 하였다.

子貢曰 "君子亦有惡乎" 子曰 "有惡 惡稱人之惡者 惡居下流而訕上者 惡勇而無禮者 惡果敢而窒者" 曰 "賜也 亦有惡乎" "惡徼以爲知者 惡不孫以爲勇者 惡訐以爲直者." 「양화」 제24장

● 호오好惡는 누구에게나 있을 수밖에 없다. 성인에게도 호오가 있다. 다만 성인은 호오를 공적으로 드러내어 사적인 생각이 개입되지 않도록 한다. 「이인」 제3장에 "어진 사람만이 남을 좋아할 수 있고, 남을 미워할 수 있다"고 한 것이 그런 말이다. 여기서는 미워함에 대해 말하고 있다. 남의 단점이나 말하고 남을 비난하고 남에게 무례하고 꽉 막힌 자들을 미워한다는 것이다. 꽉 막힌 사람은 남들과 부화뇌동하지도 않지만 두루두루 화친하게 지내지도 못하며, 자기 생각만을 고집하고 남의 말을 들으려 하지 않는다. 그 때문에 진실성도 부족하고 남을 배려하는 마음도 없다. 그러므로 공자가 미워한 것이다. 자공이 미워한 것 역시 공공의 지탄을 받을 만한 자들이다. 다만 남을 미워할 때 조금이라도 사심이 있어서는 안 된다. 공명정대한 마음을 바탕으로 하지 않으면 그 역시 지탄의 대상이 된다.

나는
조수와 무리를 지어
살 수 없다

초나라 광인 접여가 공자를 논하다

초楚나라 광인狂人 접여接興가 공자의 수레 앞을 지나가며 노래하기를 "봉황이여, 봉황이여! 어찌하다 너의 덕이 이리도 쇠하였는가. 지난 일은 따질 수 없지만, 다가오는 일은 오히려 따를 수 있네. 그만둘지어다, 그만둘지어다. 오늘날 정사에 종사하는 것은 위태로운 일이네"라고 하여, 공자께서 수레에서 내려 그와 이야기를 나누려 하셨는데, 빠른 걸음으로 피하여 그와 이야기를 나눌 수 없으셨다.

楚狂接興歌而過孔子曰 "鳳兮鳳兮 何德之衰 往者 不可諫 來者 猶可追 已而已而 今之從政者 殆而" 孔子下 欲與之言 趨而辟之 不得與之言. 「미자」 제5장

● 접여는 무도한 세상을 피해 숨은 육통陸通이라는 사람이다. 공자가 천하를 주유할 때 초나라로 가려 하다가 그를 만났다. 접여는 공자

를 봉황에 비유하여 노래했다. 봉황은 무도한 세상에는 숨어 나타나지 않는 법인데, 그 덕이 어찌하다가 이렇게 쇠하여 무도한 세상에 나타났느냐는 말이다. 공자를 조롱한 말이다. 다가오는 일은 오히려 따를 수 있다는 말은 지금이라도 은거하라는 뜻이다.

나는 조수鳥獸와 무리를 지어 살 수 없다

장저長沮와 걸익桀溺이 짝지어 밭을 갈고 있었다. 공자께서 그들이 있는 곳을 지나다가 자로子路로 하여금 나루터를 묻게 하였다. 장저가 "수레의 고삐를 잡고 있는 저 사람은 누구인가?"라고 하자, 자로가 "공구孔丘이십니다"라고 하였다. 그가 "저 사람이 바로 노나라의 공구인가?"라고 하여, 자로가 "그렇습니다"라고 대답하니, 그가 "저 사람은 나루터를 알 것이다"라고 하며 가르쳐주지 않았다. 자로가 걸익에게 나루터를 다시 묻자, 걸익이 "그대는 누구인가?"라고 하여, 자로가 "저는 중유仲由라고 합니다"라고 하였다. 그가 "그대가 바로 노나라 공구의 무리인가?"라고 하여, 자로가 "그렇습니다"라고 하자, 그가 "도도하게 흐르는 물결처럼 온 세상이 모두 그렇게 흘러가니, 누구와 함께 세상을 바꾸겠는가. 또한 그대는 사람을 피하는 사士를 따르기보다 세상을 피하는 사를 따르는 것이 어떠하겠는가?"라고 하고서 씨 뿌리는 일을 그치지 않았다. 자로가 돌아와 아뢰자, 공자께서 시무룩한 표정으로 "조수鳥獸와는 무리를 지어 함께 살 수 없으니, 내가 이 세상 사람들과 더불어 살지 않는다면 누구와 더불어 살겠는가. 천하에 도가 있으면 나는 세상 사람들과 더불어 세상을 바꾸려 하지 않을 것이다"
라고 하셨다.

長沮桀溺耦而耕 孔子過之 使子路問津焉 長沮曰"夫執輿者 爲誰"子路曰
"爲孔丘"曰"是 魯孔丘與"曰"是也"曰"是 知津矣"問於桀溺 桀溺曰"子 爲
誰"曰"爲仲由"曰"是 魯孔丘之徒與"對曰"然"曰"滔滔者 天下皆是也 而誰
以易之 且而與其從辟人之士也 豈若從辟世之士哉"耰而不輟 子路行 以告
夫子憮然曰"鳥獸 不可與同羣 吾非斯人之徒與 而誰與 天下有道 丘不與易
也."「미자」제6장

● '나루터를 묻다(問津)'라는 말은 갈 길을 잃었을 때 돌파구를 찾
는다는 뜻이다. 한 치 앞을 내다볼 수 없을 정도로 오리무중일 때 각자
의 처세방식은 다르다. 그러나 공자처럼 인류의 도를 밝히는 데 확고
한 목표가 있다면 도도하게 흐르는 세파를 바꾸어놓을 수 있지 않을
까? '조수와는 무리 지어 같이 살 수 없다'는 말은 인류가 무너진 세상
에서 금수처럼 살 수는 없다는 말이다. 인간이 인간답게 사는 세상을
만드는 것이 지식인의 목표라면, 변치 않는 의지를 보인 공자에게 이
런 지조를 한 수 배워야 할 것이다.

벼슬하지 않는 것은 결신난륜潔身亂倫을 하는 것이다

자로가 공자를 따르다가 뒤에 처졌다. 지팡이로 대바구니를 꿰어
메고 가는 장인丈人을 만나 자로가 "노인장께서는 우리 선생을 보셨습

니까?"라고 묻자, 그 장인이 "사지를 부지런히 움직이지 않고 오곡을 분별하지 못하니, 누구를 선생이라 하겠는가?"라고 하고서, 지팡이를 땅에 꽂아놓고 김을 매었다. 자로가 손을 모으고 서 있자, 그가 자로를 머물게 하여 자기 집에서 묵게 하고는 닭을 잡고 기장밥을 지어 먹였다. 그리고 그의 두 아들로 하여금 자로에게 인사를 하게 하였다. 다음 날 자로가 공자를 만나 그 일을 아뢰니, 공자께서 "은자다"라고 하시고서 자로로 하여금 돌아가 만나보게 하였는데, 자로가 그곳에 이르자 그들은 떠나고 없었다. 자로가 "벼슬하지 않는 것은 의리가 없는 것이다. 장유長幼의 예절도 없앨 수 없는데, 하물며 군신君臣의 의리를 어찌 없애겠는가. 벼슬하지 않는 것은 자기 몸을 깨끗하게 하려고 큰 인륜을 어지럽히는 것이다. 군자가 벼슬하는 것은 그 의리를 행하는 것이다. 도가 행해지지 않고 있다는 것은 우리도 이미 알고 있다"라고 하였다.

子路從而後 遇丈人以杖荷蓧 子路問曰 "子 見夫子乎" 丈人曰 "四體不勤 五穀不分 孰爲夫子" 植其杖而芸 子路拱而立 止子路宿 殺雞爲黍而食之 見 其二子焉 明日 子路行 以告 子曰 "隱者也" 使子路 反見之 至則行矣 子路曰 "不仕 無義 長幼之節 不可廢也 君臣之義 如之何其廢之 欲潔其身而亂大倫 君子之仕也 行其義也 道之不行 已知之矣." 「미자」 제7장

● 마지막 자로의 말을 공자의 말로 보는 설도 있다. 이 장에 등장하는 인물을 하조장인荷蓧丈人이라 한다. 이 장에 보이는 것처럼 세상을 구제하는 데 관심을 끊고 은거하여 자신만 깨끗이 하려는 것을 결신난륜潔身亂倫이라 한다. 공자는 끝까지 세상사에 대한 생각을 버리지 않았

다. 그것이 이 세상 지식인들에게 무거운 사명으로 다가오기도 하지만, 또 한편으로는 희망의 씨앗으로 다가오기도 한다. 현실을 저버리면 학문도 정치도 아무 의미가 없다. 세상에서 이룩할 것이 없으면 학문은 무의미한 것이다. 그래서 학문은 언제나 실사구시實事求是를 지향해야 한다.

소인은 반드시
자기 허물을
수식한다

사士는 위태로운 상황을 보고서 목숨을 바친다

자장子張이 말하였다. "사士가 위태로운 상황을 보고서는 목숨을 바치고, 재물을 얻을 때는 의로운지를 생각하고, 제사를 지낼 때는 공경함을 생각하고, 상을 당했을 때는 애통함을 생각하면, 그는 올바른 사람에 가까울 것이다."

子張曰 "士 見危致命 見得思義 祭思敬 喪思哀 其可已矣." 「자장」 제1장

● 사士는 어떤 존재인가를 단적으로 보여주는 말이다. 위태로운 상황을 보고 목숨을 바친 경우를 우리 역사 속에서 찾으면 단연 안중근安重根 의사일 것이다. 그런데 안중근 의사는 그냥 하늘에서 뚝 떨어진 인물이 아니고, 오랜 유교적 문화전통 속에서 배양된 인물이다. 문화가 성대하면 그런 인재가 나오고 문화가 쇠락하면 그런 인재는 나오지

않는다.

배우기를 좋아하는 사람

자하子夏가 말하였다. "날마다 자신이 모르는 것을 알아나가고, 달마다 자신이 잘하는 것을 잊지 않도록 하면 배우기를 좋아하는 사람이라고 할 만하다."

子夏曰 "日知其所亡 月無忘其所能 可謂好學也已矣." 「자장」제5장

● 배움〔學〕은 본받고 따라 하며 익숙하게 하는 것이다. 배우기를 좋아하는 사람은 남들에게서 선을 취하여 매일 자신을 향상시킨다. 이 것이 『대학』에 보이는 "나날이 자신을 새롭게 하고 또 날마다 자신을 새롭게 한다〔日新又日新〕"는 말이다.

절실히 묻고 가까이서 생각하기

자하가 말하였다. "널리 배우고 의지를 돈독하게 하며, 절실하게 묻고 일상의 가까운 데에서 사색하면 인仁이 그런 가운데 있을 것이다."

子夏曰 "博學而篤志 切問而近思 仁在其中矣." 「자장」제6장

● 이는 진리를 탐구하는 것으로 『중용』에 보이는 박학博學·심문審

問·신사愼思·명변明辨의 일이다. 이렇게 공부하면 마음이 밖으로 달아나지 않고 내면에 보존되어 저절로 익숙해지기 때문에 인이 그 속에 있게 된다. 근사近思는 사유를 일상의 가까운 데서부터 하라는 말이다. 여기에 유교의 현실주의 정신이 있다. 주희 등이 지은 『근사록近思錄』의 이름은 여기서 유래했다. 「옹야」 제28장에서 살펴본 '능근취비能近取譬'도 이와 유사하다.

소인은 반드시 자기 허물을 수식한다

자하가 말하였다. "소인은 반드시 자기 허물을 수식한다."

子夏曰 "小人之過也, 必文." 「자장」 제8장

● 소인은 자기의 잘못을 고치길 꺼리고, 자신의 잘못을 수식하여 합리화하려 한다. 자신의 잘못을 인정하지 않고 구차한 변명을 늘어놓는 경우가 우리 주변에 얼마나 많은가.

공자는 모든 사람에게서 배웠다

위衛나라 대부 공손조公孫朝가 자공子貢에게 "중니仲尼는 어디서 배우셨습니까?"라고 묻자, 자공이 "문왕·무왕의 도가 땅에 떨어지지 않고 사람에게 남아 있는지라, 어진 사람은 그중에서 큰 것을 알고 있고 어질지 못한 사람은 그중에서 작은 것을 알고 있어서 문왕·무왕의 도를 지니지 않은 사람이 없으니, 우리 선생께서 누구에겐들 배우지 않으셨겠습니까. 또한 어찌 일정한 스승이 있으셨겠습니까"라고 답하였다.

衛公孫朝問於子貢曰 "仲尼 焉學" 子貢曰 "文武之道 未墜於地 在人 賢者 識其大者 不賢者 識其小者 莫不有文武之道焉 夫子 焉不學 而亦何常師之 有." 「자장」제22장

● 중니는 공자의 자^字다. 공자는 모든 사람에게서 선을 취하여 집대성하였다. 그래서 한두 선생에게만 배우지 않았다. 이것이 그를 성인으로 만든 것이다. 후대 학자들은 한 학통만을 계승하여 그 학맥을 이은 것을 자랑스럽게 여기며, 그 설을 고수하여 그 틀에서 벗어나지 못하는 경우가 많았다. 그러나 이 세상에서 가장 큰 스승은 자기 시대에 사는 모든 사람이라는 사실을 잊지 말아야 할 것이다.

천명을
알지 못하면
군자가 될 수 없다

마음을 다스려 중용의 도를 지켜라

요堯임금이 "아! 너 순舜아, 하늘의 운수가 너의 몸에 있으니, 진실로 그 중용의 도를 잡거라. 온 세상의 백성이 곤궁하면 하늘이 내리는 녹祿이 영원히 끊어질 것이다"라고 하셨다. 순임금 또한 이 말로 우禹에게 명하셨다. (하략)

堯曰 "咨 爾舜 天之曆數 在爾躬 允執其中 四海困窮 天祿 永終" 舜亦以命 禹. (하략) 「요왈」제1장

● 요임금은 효자로 이름난 순을 등용하여 28년 동안 섭정을 하게 한 뒤 왕위를 선양하였다. 요임금이 순에게 천하를 물려줄 때 전해준 말이 이 글에 나오는 윤집기중允執其中이다. 천하를 다스리는 요점이 중용의 도를 진실로 집행하는 데 있다는 말이다. 순임금도 우에게 왕위

를 선양할 때 "인심은 오직 위태롭고, 도심은 오직 미미하니, 오직 앎을 정밀하게 하고 마음을 한결같이 해야 진실로 그 중도를 잡을 수 있다〔人心惟危 道心惟微 惟精惟一 允執厥中〕"라고 하였다. 이 두 구절이 고대 성왕이 마음을 전한 심법心法이라고 하는 것이다. 그 핵심은 마음을 다스려 중용의 도를 늘 지키라는 것이다. 이것이 공자가 집대성해서 만든 유교의 핵심이다.

천명을 알지 못하면 군자가 될 수 없다

공자께서 말씀하셨다. "천명을 알지 못하면 군자가 될 수 없고, 예를 알지 못하면 자신을 세울 길이 없고, 남의 말을 올바로 알아듣지 못하면 그 사람을 알 길이 없다."

子曰 "不知命 無以爲君子也 不知禮 無以立也 不知言 無以知人也." 「요왈」 제3장

● 천명은 하늘이 명한 본성이다. 본성을 알아야 본성을 해치지 않고 순응하며 살게 된다. 예는 사회생활을 하는 데 꼭 필요한 윤리도덕의 규범이다. 원문의 지언知言은 『맹자』 「공손추 상」 제2장에도 보이는 말로, 남이 말하는 것이 무엇인지 그 실정을 아는 것이다. 공자가 60세를 이순耳順이라고 한 것도 남의 말을 들으면 절로 그 본심을 알게 된다는 것이니, 말의 진의를 파악해야 그 사람을 알 수 있다는 말이다.

맹자
———
인성에 근본을 둔 현실대응

제2부

『맹자』의 이해

맹자의 이름은 가軻, 자는 자거子車·자여子輿며, 추鄒나라 출신이다. 맹자의 부모에 대해서는 잘 알려져 있지 않다. 『궐리지闕里志』 등에 부친의 이름은 격激, 자는 공의公宜, 모친의 성은 장씨仉氏로 되어 있는 것이 전부다. 유향劉向의 『열녀전列女傳』에 맹자의 어머니가 맹자에게 '네가 학문을 폐지하는 것은 내가 이 짜던 베를 자르는 것과 같다'고 하여 맹자가 분발해 공부했다는 고사와 맹자의 어머니가 아들 교육을 위해 집을 세 번씩이나 옮겼다는 삼천지교三遷之敎의 고사가 실려 있다. 이를 통해 볼 때, 맹자는 모친의 훈육을 받으며 성장한 것을 알 수 있다.

맹자의 생몰연도는 정확하지 않다. 대체로 기원전 385년 전후에 태어나 기원전 304년 전후에 세상을 떠난 것으로 추정한다. 원나라 때 정복심程復心의 『맹자 연보孟子年譜』에는 향년이 84세라고 하였을 뿐 생몰연도는 정확히 제시하지 않았다. 한편 청나라 때 적자기狄子奇의 『맹자 연보』에는 기원전 372년 4월 2일 태어나 기원전 289년 1월 15일에 별세한 것으로 되어 있는데, 이 설을 따르면 향년 84세가 된다.

맹자가 누구에게 배웠는가에 대해서는 두 가지 설이 있다. 하나는 공자의 손자인 자사子思에게 직접 수업을 받았다는 설이고, 하나는 자사의 문인門人에게 수업을 받았다는 설이다. 전자는 『열녀전』 등에 보이는데 물리적으로 맹자가 자사에게 수업을 받을 수가 없기 때문에 후대에 의문을 제기하였다. 후자는 사마천司馬遷의 『사기史記』「맹가열전孟軻列傳」에 기록되어 있는 설이다. 『맹자외서孟子外書』에는 자사의 아들 자상子上에게 배웠다고 하였다. 맹자의 사상은 『중용』을 지은 자사의 영향을 지대하게 받은 것으로 알려져 있는데, 이들의 학문적 계보를 사맹학파思孟學派라 한다. 자사가 『중용』에서 논한 심성心性의 문제가 『맹자』와 긴밀하게 연관되어 있으므로 맹자는 자사에게 직접 수학하지는 못했을지라도 그 영향을 크게 받은 것은 확실하다.

『맹자』를 찬술한 사람이 누구인가에 대해서는 역대로 세 가지 설이 있다. 첫째, 맹자가 직접 찬술하였다는 설인데, 한漢나라 때 조기趙岐로부터 제기되었다. 맹자가 제자인 공손추公孫丑·만장萬章 등과 함께 문답하고 논란한 내용과 더불어 직접 법도 있는 말을 지어 『맹자』 7편을 찬술하였다는 것이다. 이 설은 원나라 때 하이손何異孫·김이상金履祥 및 청나라 때 초순焦循 등이 동의하였다. 둘째, 맹자가 별세한 뒤 문인들이 공동으로 찬술하였다는 설이다. 이 설은 당나라 때 한유韓愈 등이 주장하였고, 송나라 소철蘇轍 등이 동의하였다. 이 설을 주장하는 사람들은 맹자보다 뒤에 별세한 양 양왕梁襄王·등 문공滕文公·노 평공魯平公 등을 시호諡號로 일컫고 있기 때문이라는 점을 증거로 제시하였다. 셋째, 맹자가 문인 만장 등과 함께 공자의 사상을 부연하여 『맹자』 7편을 찬술하였다는 것이다. 이 설은 한나라 때 사마천이 주장하였다. 주희朱熹의 설도 이와 유사하다.

『맹자』의 편수는 7편으로 알려져 있다. 그런데 『풍속통風俗通』에는 중편과 외편을 합하여 총 11편이라고 하였으며, 『한서漢書』「예문지藝文志」에도 총 11편으로 되어 있다. 이에 대해 후대 학자들은 현존하는 7

편은 내편이고, 일실된 「성선변性善辨」「문설文說」「효경孝經」「위정爲政」 등 4편은 외편으로 보았다. 한편 외편은 문장의 형세가 내편과 확연히 달라 후인이 가탁하여 지은 것이라는 주장도 있다.

『맹자』는 한 문제漢文帝 때『논어』『효경』『이아爾雅』와 함께 교육기관의 교육과목이 되어 이에 관한 박사博士를 두게 되었다. 그런데 한 무제漢武帝 때에는 오경박사를 두어 오경五經(『시경』『서경』『주역』『예기』『춘추』)이 경전으로 자리매김함으로써『맹자』는『순자荀子』 등과 함께 제자서諸子書(제자백가의 저서)로 격하되었다.

오대五代 때 맹창孟昶이 『시경』『서경』『주역』『의례』『주례』『예기』『춘추공양전』『춘추곡량전』『춘추좌씨전』 등의 구경九經과 함께『논어』『맹자』를 석경石經으로 만듦으로써『맹자』도 경서의 반열에 오르기 시작하였다. 그리하여 송나라 때에는 십삼경十三經에 들어가게 되었다. 남송 말 주희가『맹자』를 사서四書에 편입시켰고, 이후 사서가 오경보다 더 먼저 읽어야 하는 필독서가 됨으로써 경서로서 확실하게 자리매김하였다.

『맹자』의 주석서로는 한나라 때 조기趙岐의『맹자장구孟子章句』가 제일 먼저 나온 책이다. 송나라 때에는 손석孫奭이 소疏를 지었고, 주희가 『맹자집주孟子集註』를 지었다. 그 뒤의 유명한 주석서로는 청나라 때 초순焦循의『맹자정의孟子正義』가 있다.

맹자가 살던 시대는 전국시대戰國時代다. 전국시대는 주周나라 말기 제후들이 발호하여 약육강식을 일삼던 시대다. 천자의 나라인 주나라의 권위는 땅에 떨어져 유명무실해졌고, 진秦나라, 조趙나라, 한韓나라, 위魏나라, 연燕나라, 제齊나라, 초楚나라가 패권을 다투던 시대였다. 특히 서쪽의 진나라가 강성해져 나머지 여섯 나라가 횡橫으로 합할 것인가, 종從으로 합할 것인가를 두고 합종合從과 연횡連橫이 난무하던 시대였다. 이처럼 정치적으로 혼란한 시기에 맹자는 무력으로 지배하는 패도覇道가 아닌 덕으로 교화하는 왕도王道를 주장하였다.

또한 맹자가 살던 전국시대는 제자백가가 쟁명하던 시대였다. 이런 시대에 맹자는 온갖 이단사설異端邪說로부터 공자의 가르침인 유교를 지키는 것을 자신의 사명으로 생각하였다. 그리하여 당시 크게 유행하였던 양주楊朱와 묵적墨翟의 사상을 물리치고 유교사상을 지키기 위해 혼신의 노력을 다하였다.

『맹자』의 핵심을 한두 마디로 말하면 왕도정치와 성선설性善說이라 할 수 있다. 대체로 앞에 수록된 내용은 위 혜왕魏惠王, 제 선왕齊宣王, 등문공滕文公 등을 만나 왕도정치사상을 말한 것이 주를 이루고, 뒤에 수록된 내용은 성선설을 바탕으로 심心·성性·정情에 대해 말한 것이 주를 이룬다. 그런데 이 왕도와 성선에 대한 담론은 별개의 것이 아니라 서로 연관되어 있다. 후대 흔히 말하는 '내적으로는 자신을 성인으로 만들고, 외적으로는 왕도정치를 행한다'는 내성외왕內聖外王의 입장에서 보면, 맹자가 말한 성선설은 내성에 해당하고, 왕도정치는 외왕에 해당한다. 맹자는 공자로부터 전해진 유교사상을 계승하여 내적인 수양과 외적인 실천을 학문의 두 축으로 삼아서 성선설과 왕도정치사상을 확립했다고 할 수 있다.

맹자는 자사의 사상을 계승하여 심성의 문제를 적극적으로 거론하였다. 자사는 『중용』을 지으며 천명天命·성性·도道·교敎의 틀 속에서 성性을 거론했는데, 맹자는 이를 계승하여 성선설을 주장하였다. 또 공자가 심心·성性에 관한 담론을 자제한 것과는 달리, 맹자는 이 문제를 본격적으로 학문의 장에 끌어들여 논의하였다. 공자의 사상이 인仁을 핵심으로 한 효孝·제悌·충忠·신信에 비중을 두었다면, 맹자의 사상은 인仁과 함께 의義를 강조하여 도덕적 양심과 사회적 정의를 함께 거론한 것이 특징이다.

맹자는 스스로를 공자의 학문을 배우기 원하는 사람으로 규정하였다. 그는 인류가 존재한 이래로 공자보다 더 성대한 덕을 이룩한 사람은 없다고 보았다. 그래서 공자를 인류의 지혜를 집대성한 인물로 평하였다. 또한 말끝마다 요堯임금·순舜임금을 일컬으며 요·순을 재해석하여 유교를 정착시켰으며, 요임금－순임금－우禹임금－탕湯임금－문왕文王·무왕武王－주공周公－공자孔子로 이어지는 도통道統을 정리하고, 자신이 그 도통을 이어받았다고 자임하였다.

당나라 때 한유는 공자의 도를 맹자가 전해 받았으니 공자의 도를 보려면 맹자로부터 시작해야 한다고 하였으며, 또 맹자 사후에는 그 도가 전해지지 못했다고 하였다. 또 맹자가 양주·묵적의 도를 배척한 덕분에 후학들이 공자를 종주로 하여 인의仁義를 숭상하며 왕도를 귀히 여기고 패도를 천히 여길 줄 알게 되었다고 하였다. 송나라 때 정자程子는 "공자는 하나의 인仁만 말했는데 맹자는 입만 열면 인·의를 말하였으며, 공자는 하나의 지志만 말했는데 맹자는 허다한 양기養氣를 말하였으니, 이것만으로도 그 공이 매우 크다"고 하였으며, 또 맹자가 성선설과 호연지기를 기르는 점을 말한 것은 앞 시대 성인들이 발명하지 못한 것을 발명한 것이라고 하였다. 송나라 때 정자의 제자인 양시楊時는, 『맹자』는 사람들로 하여금 마음을 보존하고 본성을 길러 달아나는 마음을 거두어들이는 것을 요점으로 한 책이라고 하였다. 이런 평을 통해 맹자의 유학사적 위상을 가늠해볼 수 있다.

가려 뽑은 『맹자』

제2장

백성과
함께 즐겨야
진정한 즐거움이다

왜 하필 이익만 추구한단 말인가

맹자께서 양 혜왕梁惠王을 만나셨다. 왕이 "노인장께서 천릿길을 멀다 하지 않고 찾아오셨으니, 또한 장차 무엇으로 우리나라를 이롭게 해주시겠습니까?"라고 하자, 맹자께서 "왕께서는 하필이면 이익[利]만을 말씀하신단 말입니까? 단지 인仁·의義가 있을 뿐입니다. 왕께서 '무엇으로 우리나라를 이롭게 하시겠습니까?'라고 하시면, 대부들은 '무엇으로 우리 집안을 이롭게 하겠습니까?'라고 할 것이며, 사士·서인庶人들은 '무엇으로 내 몸을 이롭게 하겠습니까?'라고 하여, 윗사람이나 아랫사람이나 서로 이익만을 취하려 하면 나라가 위태로워질 것입니다. 만승萬乘의 나라에서 그 군주를 시해하는 자는 반드시 천승千乘을 가진 공경公卿 집안사람이고, 천승의 나라에서 그 군주를 시해하는 자는 반드시 백승百乘을 가진 대부 집안사람입니다. 만승에서 천승을 취하고 천승에서 백승을 취하는 것이 많지 않은 것이 아닙니다. 그런데도 의리(義)를 뒤로하고 이익(利)을 먼저 추구하게 되면 남의 것을 빼앗지 않고서는 만족하지 않을 것입니다. 어질면서 자기 부모를 버리는 자는 있지 않고, 의로우면서 자기 임금을 뒷전으로 하는 자는 있지 않습니다. 왕께서는 인·의를 말씀하시면 될 따름인데, 어찌하여 이익만을 말씀하신단 말입니까"라고 대답하셨다.

孟子見梁惠王 王曰 "叟不遠千里而來 亦將有以利吾國乎" 孟子對曰 "王 何必曰利 亦有仁義而已矣 王曰'何以利吾國' 大夫曰'何以利吾家' 士庶人曰'何以利吾身' 上下交征利 而國危矣 萬乘之國 弑其君者 必千乘之家 千乘之國 弑其君者 必百乘之家 萬取千焉 千取百焉 不爲不多矣 苟爲後義而先利 不奪不饜 未有仁而遺其親者也 未有義而後其君者也 王亦曰仁義而已矣 何必曰利." 「양혜왕 상」 제1장

● 승乘은 '수레'를 뜻하는데, 여기서는 전차를 말한다. 제후의 나라를 국國이라 하고, 대부의 영역을 가家라 한다. 만승萬乘은 전차 10,000대를 출동할 수 있는 군사력을 가진 천자 나라의 군대이고, 천승千乘은 전차 1,000대를 출동할 수 있는 군사력을 가진 제후 나라의 군대이고, 백승百乘은 전차 100대를 출동할 수 있는 군사력을 가진 대부의 군대이다. 당시에는 대부들이 채지采地(왕이 신하에게 하사하는 토지)를 받아 사병을 거느리고 있었다.

『맹자』 첫 머리에 나오는 이야기가 '하필이면 이익만을 말씀하신단 말이오'이다. 꼭 우리 시대 사람들을 두고 하는 말 같다. 우리는 세월호 참사(2014. 4. 16)라는 국민적 아픔을 맛보았다. 그 사건을 두고 여러

가지 진단이 나왔다. 그런데 그 근본을 들여다보면 이익만을 추구하는 사욕이 도사리고 있다. 이 사건은 나의 이익만을 추구하면 그만이라는 생각이 빚어낸 참사였다. 맹자가 살던 시대는 약육강식으로 표현되는 전국시대戰國時代다. 의리를 숭상하는 풍조는 사라지고 힘센 자가 약한 자를 마구 침탈하는 시대였다. 왕이 자기의 이익만을 추구하니, 그 밑에 있는 대부·사·서민도 모두 자기 이익만을 추구하는 것이 도도한 흐름이었다. 이런 시대에 맹자는 대뜸 이익과는 상반된 인·의를 꺼내들었다. 당시 양 혜왕은 이 말에 귀를 기울이지 않았지만, 지금 되돌아보면 이 말의 시대적 의미가 얼마나 큰지를 실감하게 된다.

백성과 함께 즐겨야 진정한 즐거움이다

맹자께서 양 혜왕을 만나셨다. 양 혜왕이 연못가에 서 있으면서 기러기와 사슴을 돌아보며 "어진 사람도 이런 것들을 즐깁니까?"라고 하자, 맹자께서 "어진 사람이 된 뒤에 이런 것을 즐깁니다. 어질지 못한 사람은 이런 것을 소유하더라도 즐기지 못합니다. 『시경』의 시에 '문왕께서 영대靈臺를 지으려고 계획을 세워 일을 시작하였는데, 서민들이 그 일을 도와서 오래지 않아 완성되었네. 일을 서두르지 말라 하셨으나, 서민들은 자식처럼 모여들어 일했네. 문왕께서 영유靈囿에 계시니, 사슴들이 편안히 엎드려 있네. 사슴들은 살이 쪄서 반질반질하고, 백조들도 편안하며 희고 희구나. 문왕께서 영소靈沼에 계시니, 아! 연못 가득 물고기가 뛰노네'라고 하였으니, 문왕은 백성의 힘으로 영대를 만들고 영소를 만들었으나 백성이 그 일을 기뻐하고 즐거워해서 그 누대樓臺를 영대라 하고, 그 연못을 영소라 하면서 원유苑囿에 사슴과 물고기를 기르는 것을 즐거워하였습니다. 이처럼 옛사람들은 백성과 더불어 즐거움을 함께했기 때문에 그런 것들을 즐길 수 있었습니다. 『서경』「탕서湯誓」에 '저 태양은 어찌 사라지지 않는가. 차라리 나는 너와 함께 망하고자 한다'라고 하였으니, 백성이 임금과 함께 망하기를 원한다면 누대·연못·조수鳥獸가 있다 하더라도 어찌 홀로 그것들을 즐길 수 있겠습니까?"라고 대답하셨다.

孟子見梁惠王 王立於沼上 顧鴻鴈麋鹿曰 "賢者 亦樂此乎" 孟子對曰 "賢者而後 樂此 不賢者 雖有此 不樂也 詩云 '經始靈臺 經之營之 庶民攻之 不日成之 經始勿亟 庶民子來 王在靈囿 麀鹿攸伏 麀鹿濯濯 白鳥鶴鶴 王在靈沼 於牣魚躍' 文王以民力爲臺爲沼 而民歡樂之 謂其臺曰靈臺 謂其沼曰靈沼 樂其有麋鹿魚鼈 古之人 與民偕樂 故 能樂也 湯誓曰 '時日害喪 予及女偕亡' 民欲與之偕亡 雖有臺池鳥獸 豈能獨樂哉." **「양혜왕 상」 제2장**

● 맹자가 인용한 시는 『시경』의 「영대靈臺」로 문왕의 덕을 칭송한 것이다. 영대·영유·영소는 문왕의 원유苑囿에 있던 누대·동산·연못의 이름이다. 원유란 고대 왕들이 즐기기 위해 울타리를 쳐 금수를 기르던 원림園林이다. 「영대」는 문왕이 인정仁政을 펴서 그 시대 백성이 모두 편안히 살 뿐만 아니라, 그 시대 사슴·백조·물고기 등 모든 생명체가 다 편안히 살았다는 것을 노래한 시다. 그리고 『서경』의 「탕서」에서 인용한 문구는 하夏나라 걸왕桀王 때 백성이 걸왕의 학정을 원망하여 함께 망하고자 한 것이다. '태양'은 걸왕을 지칭한다. 맹자는 어진 덕

을 가진 군주가 백성과 즐거움을 함께할 때 원유에서의 즐거움을 누릴 수 있지, 홀로 그런 즐거움을 누릴 수 없다고 잘라 말하였다. 이 장의 주제는 백성과 더불어 즐긴다는 여민해락與民偕樂이다.

차마 함부로 하지 못하는 마음을 확장해나가라

제 선왕齊宣王이 "제 환공齊桓公과 진 문공晉文公의 일을 들려줄 수 있겠습니까?"라고 묻자, 맹자께서 "중니仲尼(공자)의 무리 가운데 제 환공과 진 문공의 일을 말하는 자가 없습니다. 그러므로 후세에 전하는 것이 없어 신은 들은 게 없습니다. 왕께서 그만두지 않고 저의 말씀을 기이이 들으시겠다면 왕도에 대해 말씀드릴까 합니다"라고 대답하셨다. 제 선왕이 "덕이 어느 정도 되어야 왕도정치를 할 수 있습니까?"라고 하니, 맹자께서 "백성을 보호해주면서 왕 노릇을 한다면 그가 올바른 왕 노릇을 하는 것을 아무도 막을 수 없을 것입니다"라고 하셨다. 제 선왕이 "과인과 같은 사람도 백성을 보호해줄 수 있겠습니까?"라고 하니, 맹자께서 "하실 수 있습니다"라고 하셨다.

제 선왕이 "무슨 연유로 내가 백성을 보호해줄 수 있다는 것을 아십니까?"라고 하니, 맹자께서 "신이 호흘胡齕에게 듣건대, 왕께서 마루 위에 앉아 계실 적에 소를 끌고 마루 아래를 지나는 자가 있었는데, 왕께서 그것을 보시고서 '소는 어디로 끌고 가는가?'라고 하시자, 그가 '흔종釁鍾에 쓰려고 합니다'라고 대답하니, 왕께서 '그 소를 풀어주어라. 나는 그 소가 벌벌 떨면서 아무 죄가 없는데도 사지로 끌려가는 것을 차마 볼 수 없다'라고 하시어, 그가 '그렇다면 흔종을 폐지합니까?'라고 하니, 왕께서 '어찌 흔종을 폐지할 수 있겠는가. 소를 양으로 바꾸어서 쓰라'라고 하셨다고 합니다. 잘 모르겠습니다만 그런 일이 있었습니까?"라고 하시자, 제 선왕이 "그런 일이 있었습니다"라고 하였다.

맹자께서 "그 마음이면 족히 왕도정치를 할 수 있습니다. 백성은 모두 왕을 인색한 사람이라고 여기지만, 신은 왕께서 그 소가 벌벌 떨며 사지로 끌려가는 것을 차마 볼 수 없어서 양으로 바꾼 그 마음을 참으로 잘 알고 있습니다"라고 하시자, 제 선왕이 "그렇습니다. 참으로 나를 인색하다고 하는 백성이 있습니다. 그러나 제나라가 아무리 작을지라도 내 어찌 소 한 마리를 아끼겠습니까. 그 소가 벌벌 떨며 아무 죄가 없는데도 사지로 끌려가는 것을 차마 볼 수 없었기 때문에 소를 양으로 바꾸라고 한 것입니다"라고 하였다. 맹자께서 "왕께서는 백성이 왕을 인색하다고 여기는 것에 대해서 이상하게 생각지 마십시오. 작은 것으로 큰 것을 대신한 것인데 저들이 어찌 그 마음을 알겠습니까. 왕께서 희생犧牲이 죄가 없는데도 사지로 끌려가는 것을 측은히 여기신다면 소와 양을 어찌 구별하여 선택하시겠습니까"라고 하셨다.

제 선왕이 웃으면서 "이것이 참으로 무슨 마음이란 말입니까. 나는 그 재물을 아껴서 소를 양으로 바꾼 것이 아니건만, 당연히 백성은 나를 인색하다고 여길 것입니다"라고 하여, 맹자께서 "상심하지 마십시오. 그것이 바로 인정仁政을 펴는 방법입니다. 왕께서 소는 보셨지만 양은 보지 못하셨기 때문에 바꾸라고 한 것입니다. 군자는 금수에 대해 그 살아 있는 것을 보고서 그 죽는 것을 차마 보지 못하며, 그 울음소리를 듣고서 그 고기를 차마 먹지 못합니다. 그러므로 군자는 푸줏간을 멀리하는 것입니다"라고 하셨다.

제 선왕이 기뻐하면서 "『시경』의 시에 '타인이 마음먹은 것을, 내가 그 마음을 헤아리네'라고 하였는데, 바로 선생을 두고 한 말이로군요. 내가 그 일을 행하고서 돌이켜 그 이유를 찾아보았지만 내 마음을 알 수 없었는데, 선생께서 그 점을 말씀해주시니 내 마음이 뭉클해집니다. 이러한 마음이 왕도정치에 부합되는 것은 어째서입니까?"라고 하여, 맹자께서 "왕에게 아뢰는 어떤 자가 '저의 힘은 100균^鈞의 무게를 충분히 들 수 있으나 깃털 하나는 들 수가 없으며, 저의 시력은 가을철 털갈이한 새의 가는 털 끝을 살필 수 있으나 수레에 가득 실은 땔나무는 볼 수 없습니다'라고 말하면 왕께서는 그의 말을 인정하시겠습니까?"라고 하시자, 제 선왕이 "인정할 수 없습니다"라고 하니, 맹자께서 "오늘날 왕의 은혜가 금수에 족히 미치면서도 그 은공이 백성에게 미치지 않는 것은 유독 무엇 때문이겠습니까? 그렇다면 새털 하나를 들지 못하는 것은 거기에 힘을 쓰지 않기 때문이며, 수레에 가득 실은 땔나무를 보지 못하는 것은 거기에 시력을 쓰지 않기 때문이며, 백성이 왕의 보호를 받지 못하는 것은 그들에게 은혜를 베풀지 않기 때문입니다. 그러므로 왕께서 왕도정치를 하지 못하는 것은, 하지 않는 것이지 할 수 없는 것이 아닙니다." (하략)

齊宣王問曰 "齊桓晉文之事 可得聞乎" 孟子對曰 "仲尼之徒 無道桓文之事者 是以 後世無傳焉 臣未之聞也 無以則王乎" 曰 "德何如 則可以王矣" 曰 "保民而王 莫之能禦也" 曰 "若寡人者 可以保民乎哉" 曰 "可" 曰 "何由 知吾可也" 曰 "臣聞之胡齕 曰 '王坐於堂上 有牽牛而過堂下者 王見之曰牛何之 對曰 將以釁鍾 王曰 舍之 吾不忍其觳觫若無罪而就死地 對曰 然則廢釁鍾與 曰何可

廢也 以羊易之' 不識有諸"曰 "有之"曰 "是心 足以王矣 百姓 皆以王爲愛也 臣固知王之不忍也"王曰 "然 誠有百姓者 齊國雖褊小 吾何愛一牛 卽不忍其 觳觫若無罪而就死地 故 以羊易之也"曰 "王無異於百姓之以王爲愛也 以小 易大 彼惡知之 王若隱其無罪而就死地 則牛羊何擇焉"王笑曰 "是誠何心哉 我非愛其財而易之以羊也 宜乎百姓之謂我愛也"曰 "無傷也 是乃仁術也 見 牛 未見羊也 君子之於禽獸也 見其生 不忍見其死 聞其聲 不忍食其肉 是以 君子遠庖廚也"王說曰 "詩云 '他人有心 予忖度之' 夫子之謂也 夫我乃行之 反而求之 不得吾心 夫子言之 於我心有戚戚焉 此心之所以合於王者 何也" 曰 "有復於王者曰 '吾力足以擧百鈞 而不足以擧一羽 明足以察秋毫之末 而 不見輿薪' 則王許之乎"曰 "否"〈曰〉"今恩足以及禽獸 而功不至於百姓者 獨 何與 然則一羽之不擧 爲不用力焉 輿薪之不見 爲不用明焉 百姓之不見保 爲 不用恩焉 故 王之不王 不爲也 非不能也." (하략) 「양혜왕 상」 제7장

● 제나라는 강태공^{姜太公}이 제후로 봉해진 나라였는데, 전국시대에 대부 전화^{田和}가 찬탈하여 왕이 되었다. 제 선왕은 전화의 증손인 전벽 강^{田辟疆}이다. 진 문공과 제 환공은 춘추시대의 패자^{霸者(패도정치를 하는 군주)} 다. 제 선왕은 맹자를 만나 패도를 물었는데, 맹자는 패도에 대해서는 들은 바 없다고 하며 왕도에 대해 말하였다. 맹자는 왕도의 요점이 보 민^{保民}에 있다고 생각해 호흘이라는 제나라 신하에게 들은 말을 근거로 '남에게 차마 함부로 하지 못하는 마음〔不忍人之心〕'을 촉발해서 왕도 정치를 하도록 유도하였다. 그러고서 제 선왕에게 왕도정치를 할 수 있는데도 하지 않고 있다는 점을 꼬집어 말하였다. 맹자는 이 불인인 지심^{不忍人之心}을 확충하여 어린아이를 보호하듯 백성을 보호하는 것이

왕도정치라는 점을 말한 것이다. 맹자는 「공손추 상」 제6장에서도 불인인지심을 왕도정치의 출발점으로 말하고 있다. 흔종釁鍾은 '종에 희생의 피를 바른다'는 뜻으로, 새 종을 주조할 때 행하던 의식이다. 희생은 제물로 바치는 소·양 등의 산 짐승을 말한다. 1균鈞은 30근斤이다.

적임자에게
일을 맡기고
간섭하지 마라

대중과 더불어 음악을 듣는 즐거움

(전략) 맹자께서 "홀로 음악을 듣는 즐거움, 남들과 더불어 음악을 듣는 즐거움, 이중에 어느 것이 더 즐겁겠습니까?"라고 하시자, 제 선왕이 "홀로 음악을 듣는 즐거움은 남들과 더불어 음악을 듣는 즐거움만 못하겠지요"라고 하였다. 맹자께서 "소수의 사람과 더불어 음악을 듣는 즐거움, 대중과 더불어 음악을 듣는 즐거움, 이중에 어느 것이 즐겁겠습니까?"라고 하시자, 제 선왕이 "소수의 사람과 더불어 음악을 듣는 즐거움은 대중과 더불어 음악을 듣는 즐거움만 못하겠지요"라고 하였다.

맹자께서 "신이 왕을 위하여 음악에 대해 말씀드리겠습니다. 지금 왕께서 이곳에서 음악을 연주할 경우 백성이 왕이 연주하는 종소리와 북소리, 생황소리와 피리소리를 듣고서 모두 골머리를 앓고 이맛살을 찌푸리며 서로 '우리 왕은 음악 연주를 좋아하시네. 어찌하여 우리로 하여금 이런 극한 상황에 이르게 하여 부자간에 서로 만나지 못하고 형제와 처자가 뿔뿔이 흩어지게 한단 말인가'라고 하며, 지금 왕께서 이곳에서 사냥을 할 경우 백성이 왕의 수레와 말이 달리는 소리를 듣고 아름다운 깃발을 보고서 모두 골머리를 앓고 이맛살을 찌푸리며 서로 '우리 왕은 사냥을 좋아하시네. 어찌하여 우리로 하여금 이런 극한 상황에 이르게 하여 부자간에 서로 만나지 못하고 형제와 처자가 뿔뿔이 흩어지게 한단 말인가'라고 한다면, 이는 다른 이유가 없습니다. 왕께서 백성과 즐거움을 함께하시지 않기 때문입니다. 지금 왕이 이곳에서 음악을 연주할 경우 백성이 왕이 연주하는 종소리와 북소리, 생황소리와 피리소리를 듣고서 모두 환히 기쁜 표정을 지으며 서로 '우리 왕께서 질병이 거의 없으신가보다. 질병이 있으면 어찌 능히 음악 연주를 들으실 수 있겠는가'라고 하며, 지금 왕께서 이곳에서 사냥을 할 경우 백성이 왕의 수레와 말이 달리는 소리를 듣고 아름다운 깃발을 보고서 모두 환히 기쁜 표정을 지으며 서로 '우리 왕께서 질병이 거의 없으신가보다. 질병이 있으면 어찌 능히 사냥을 하시겠는가'라고 한다면, 이는 다른 이유가 없습니다. 왕께서 백성과 즐거움을 함께하시기 때문입니다. 지금 왕께서 백성과 즐거움을 함께하시면 왕도정치를 펼 수 있습니다"라고 하셨다.

(전략) 曰 "獨樂樂 與人樂樂 孰樂" 曰 "不若與人" 曰 "與少樂樂 與衆樂樂 孰樂" 曰 "不若與衆" 〈曰〉 "臣請爲王言樂 今王鼓樂於此 百姓聞王鐘鼓之聲 管籥之音 擧疾首蹙頞而相告曰 '吾王之好鼓樂 夫何使我至於此極也 父子不相見 兄弟妻子離散' 今王田獵於此 百姓聞王車馬之音 見羽旄之美 擧疾首蹙

頌而相告曰 '吾王之好田獵 夫何使我至於此極也 父子不相見 兄弟妻子離散' 此無他 不與民同樂也 今王鼓樂於此 百姓聞王鐘鼓之聲 管籥之音 舉欣欣然 有喜色而相告曰 '吾王庶幾無疾病與 何以能鼓樂也' 今王田獵於此 百姓聞王 車馬之音 見羽旄之美 舉欣欣然有喜色而相告曰 '吾王庶幾無疾病與 何以能 田獵也' 此無他 與民同樂也 今王與百姓同樂 則王矣."「양혜왕 하」제1장

● 원문의 독악락獨樂樂은 '독락악'으로 읽어야 옳지 않은가 하는 의문이 들지만, 전해 내려오는 설에 따르면 '홀로 음악을 듣는 즐거움[獨聽樂之樂]'을 줄여놓은 말이다. 여인악락與人樂樂도 마찬가지다. 이 장의 주제는 백성과 즐거움을 함께한다는 여민동락與民同樂이다. 맹자는 제선왕이 음악을 좋아한다는 말을 듣고서 음악을 화제로 삼아 여민동락으로 이야기를 끌고 갔다. 앞서 살펴본「양혜왕 상」제2장에서 맹자는 양 혜왕에게도 이와 유사한 여민해락與民偕樂을 말하였다. 나 혼자만 잘 먹고 잘 사는 삶이 아니라, 백성과 더불어 즐거움을 함께하는 삶을 왕에게 요구한 것이다. 이처럼『맹자』에는 맨 앞에 개인의 이익이 아닌 사회적 정의를 말하고 바로 여민동락을 말하여 정의로운 사회, 더불어 사는 세상의 깃발을 높이 세우고 있다. 예나 지금이나 상위 1퍼센트가 부귀영화를 독점하고 있다. 양극화된 현실을 개혁하고 공정한 분배가 이루어지는 정의로운 사회를 만들어 민중과 즐거움을 함께하는 지도자를 우리는 원한다.

백성이 즐기는 것을 즐거워하라

제 선왕이 설궁雪宮에서 맹자를 만났다. 제 선왕이 "현자도 이런 즐거움이 있나요?"라고 하여, 맹자께서 "있습니다. 그런데 사람들이 그런 즐거움을 얻지 못하면 윗사람을 비방합니다. 그런 즐거움을 얻지 못하여 윗사람을 비방하는 것도 잘못이고, 백성의 윗사람이 되어 백성과 더불어 즐거움을 함께하지 않는 것도 잘못입니다. 백성의 즐거움을 즐거워하는 사람은 백성도 그분의 즐거움을 즐거워하고, 백성의 근심을 걱정하는 사람은 백성도 그분의 근심을 걱정합니다. 천하 사람들의 즐거움을 즐거워하고, 천하 사람들의 근심을 근심하면서도 왕도정치를 하지 못한 사람은 아직까지 없었습니다." (하략)

齊宣王見孟子於雪宮 王曰 "賢者 亦有此樂乎" 孟子對曰 "有 人不得 則非其上矣 不得而非其上者 非也 爲民上而不與民同樂者 亦非也 樂民之樂者 民亦樂其樂 憂民之憂者 民亦憂其憂 樂以天下 憂以天下 然而不王者 未之有也." (하략) 「양혜왕 하」 제4장

● 설궁은 제나라 왕의 별궁이다. 제 선왕이 호화로운 별장으로 맹자를 초청하였다. 양 혜왕이 원유苑囿에서 '현자도 이런 것을 즐거워하는가?'라고 질문한 것과 유사한 질문을 제 선왕도 한 것이다. 부귀한 사람들은 이처럼 으스대고 싶은 마음이 있나보다. 맹자는 제 선왕과 많은 대화를 나누었기에 비유를 들어 곧장 핵심을 거론하였다. 백성과 더불어 즐거움을 함께하지 않는 것은 임금의 잘못이라고. 그러면서 군주는 천하 사람들이 즐거워하는 것을 즐거워하고, 천하 사람

들이 걱정하는 것을 걱정해야 한다고 직언하였다. 그것이 군주의 역할이라는 점을 천명한 것이다. 통치자의 독단적인 생각에 의해 여론이 분열되고 민심이 이반되는 것을 우리는 여러 차례 경험하였다. 나라의 중대한 일을 추진할 때 전문가들이 반대하고 부정적 여론이 들끓으면 고집하지 말아야 하는데, 권력을 휘두르기라도 하듯 밀어붙여 엄청난 국고를 낭비하는 경우도 있다. 정치에 뜻을 둔 사람은 『맹자』를 꼭 읽어 여민동락의 의미를 마음에 새겨두어야 할 것이다.

군주가 인재를 등용하는 방법

맹자께서 제 선왕을 만나 "이른바 역사가 오래된 나라(故國)란 교목喬木이 있는 것을 말하는 것이 아니라, 세신世臣이 있는 것을 말하는 것입니다. (그런데) 왕께서는 친한 신하가 없으십니다. 옛날 등용했던 사람들이 오늘날에는 면직되어 그 자리에 없는 줄도 모르고 계십니다"라고 하시자, 선왕이 "내가 어떻게 그가 재능이 없는 사람인 줄 알아차리고 그를 등용하지 않는단 말입니까?"라고 하니, 맹자께서 "나라 임금이 현자를 등용할 때는 부득이한 듯이 해야 합니다. 신분이 낮은 사람으로 하여금 신분이 높은 사람을 넘어서게 하며, 관계가 소원한 사람으로 하여금 관계가 친밀한 친척들보다 위에 있게 하는 것이니, 신중히 하지 않을 수 있겠습니까? 좌우의 측근이 모두 '아무개는 어진 사람입니다'라고 해도 허락하지 않고, 여러 대부가 모두 '아무개는 어진 사람입니다'라고 해도 허락하지 않으며, 나라 사람들이 모두

'아무개는 어진 사람입니다'라고 한 뒤에 왕께서 직접 그를 살펴 어진 점을 확인한 뒤에 그를 등용해야 합니다. 좌우의 측근이 모두 '아무개는 불가합니다'라고 해도 듣지 말고, 여러 대부가 모두 '아무개는 불가합니다'라고 해도 듣지 말며, 나라 사람들이 모두 '아무개는 불가합니다'라고 한 뒤에 왕께서 그를 살펴 불가한 점을 직접 확인한 뒤에 그를 내쳐야 합니다. 좌우의 측근이 모두 '아무개는 죽일 만합니다'라고 해도 듣지 말고, 여러 대부가 모두 '아무개는 죽일 만합니다'라고 해도 듣지 말며, 나라 사람들이 모두 '아무개는 죽일 만합니다'라고 한 뒤에 왕께서 직접 그를 살펴 죽일 만한 점을 확인한 뒤에 그를 죽여야 합니다. 그러므로 '나라 사람들이 그를 죽였다'라고 하는 것입니다. 이와 같이 한 뒤에야 백성의 부모가 될 수 있습니다"라고 하셨나.

孟子見齊宣王 曰 "所謂故國者 非謂有喬木之謂也 有世臣之謂也 王無親臣矣 昔者所進 今日不知其亡也" 王曰 "吾何以識其不才而舍之" 曰 "國君進賢 如不得已 將使卑踰尊 疏踰戚 可不愼與 左右皆曰賢 未可也 諸大夫皆曰賢 未可也 國人皆曰賢 然後察之 見賢焉 然後用之 左右皆曰不可 勿聽 諸大夫皆曰不可 勿聽 國人皆曰不可 然後察之 見不可焉 然後去之 左右皆曰可殺 勿聽 諸大夫皆曰可殺 勿聽 國人皆曰可殺 然後察之 見可殺焉 然後殺之 故曰 國人殺之也 如此然後 可以爲民父母." 「양혜왕 하」 제7장

● 교목은 수령이 오래된 고목이고, 세신은 여러 대 동안 국가에 공훈이 있는 신하다. 최고 권력자 주위에는 그 권력을 등에 업고 호가호위하는 자들이 있다. 때로는 환관이 권력을 휘둘렀고, 때로는 친족들이 권력을 농단했으며, 어느 시대에는 대신이 왕보다 더 막강한 권력

을 행사하기도 했다. 맹자는 이러한 권력의 속성을 읽고 있었다. 그리하여 자신이 주장하는 왕도정치의 이상을 펴기 위해서는 백성의 지지를 전제하지 않을 수 없었고, 백성의 지지를 받기 위해서는 그들의 부모와 같은 역할을 하지 않을 수 없다고 생각했다. 인재를 등용하는 문제에서도 측근 한두 사람의 말만 듣지 말고 널리 여론을 들어본 뒤 직접 재능을 확인해보고서 등용할 것을 권하고 있다. 아울러 신하를 내칠 때나 죄인을 처형할 때도 마찬가지 방법으로 여론을 듣고 직접 확인한 뒤 결정할 것을 권하였다.

오늘날 우리 정부는 고관을 임용할 때마다 '자기 사람'만을 쓴다는 비판을 받는다. 흔히 말하는 '코드 인사'다. 자기 사람은 이념적 성향이나 사고 체계가 자기와 똑같은 사람이다. 자기 혼자 검증한 사람이고, 자기 말을 잘 듣는 사람이다. 그래서 뽑아준 사람에게 냉정하게 쓴소리를 하지 못한다.

적임자에게 일을 맡기고 간섭하지 마라

맹자께서 제 선왕을 만나 "왕께서 큰 집을 지으신다면 반드시 도목수로 하여금 큰 나무를 구하게 하실 것입니다. 도목수가 큰 나무를 구하면 왕께서 기뻐하여 그 임무를 잘 수행할 것이라고 생각하실 것입니다. 그런데 목수가 그 큰 나무를 깎아 작게 만들어놓으면 왕께서 노하시면서 큰 집을 지을 수 없을 것이라고 생각하실 것입니다. 사람이 어려서 배우는 것은 장성해서 그것을 행하려고 하는 것입니다. 그런데 왕께서 '우선 네가 배운 것을 버려두고 나의 명을 따르라'고 하시면 어찌 되겠습니까? 지금 이곳에 다듬지 않은 박옥璞玉이 있다고 합시다. 그것이 20만 냥이나 되더라도 반드시 옥을 가공하는 사람에게 내주고 다듬도록 해야 할 것입니다. 그런데 국가를 다스리는 데 있어서 '우선 네가 배운 것을 버려두고 나의 명령을 따르라'고 하시면 옥을 가공하는 사람을 가르쳐서 옥을 다듬게 하는 것과 무엇이 다르겠습니까?"라고 하셨다.

孟子見齊宣王 曰 "爲巨室 則必使工師求大木 工師得大木 則王喜 以爲能勝其任也 匠人斲而小之 則王怒 以爲不勝其任矣 夫人幼而學之 壯而欲行之 王曰姑舍女所學而從我 則何如 今有璞玉於此 雖萬鎰 必使玉人彫琢之 至於治國家 則曰姑舍女所學而從我 則何以異於敎玉人彫琢玉哉." 「양혜왕 하」 제9장

● 정치는 혼자서 할 수 없다. 그러므로 나라를 잘 다스리려면 공평무사한 마음으로 전문적인 지식과 경험이 풍부한 사람을 등용하여 분야별로 일을 맡겨야 한다. 교육부장관은 교육전문가 중에서 뽑아야 하고, 외교부장관은 외교전문가 중에서 뽑아야 한다. 그리고 임용한 뒤에는 그에게 권한과 책임을 맡기고 그 일에 전념하게 해야 한다. 어느 사회든 구성원 개개인이 자신의 능력을 마음껏 발휘하게 할 때 큰 성과를 낼 수 있다. 그렇지 않고 나를 따르라는 식으로 통솔하면 따르는 자보다 따르지 않고 눈치를 보는 사람이 많게 된다.

잘못의 원인을
자신에게서
찾아라

부동심不動心과 호연지기 기르기

공손추公孫丑가 "선생께서 제나라 경상卿相에 임명되어 도를 행할 수 있게 되면 이로 말미암아 작게는 패도정치, 크게는 왕도정치를 펴시더라도 이상할 것이 없습니다. 그렇게 되면 두렵거나 의혹하는 바가 있어서 마음이 동요할까요, 동요하지 않을까요?"라고 여쭙자, 맹자께서 "동요하지 않을 것이다. 나는 40세에 부동심不動心했다"라고 하셨다. (중략)

공손추가 "부동심하는 방도가 있습니까?"라고 여쭙자, 맹자께서 "방도가 있다. 북궁유北宮黝의 용기 기르는 방법은 다음과 같다. 그는 살갗이 찔려도 움츠러들지 않았고, 눈이 찔려도 피하지 않았으며, 털끝만큼이라도 남에게 모욕을 당하면 사람이 많은 시가지나 조정에서 종아리를 맞는 것처럼 생각하였다. 그리하여 헐렁한 갈옷〔褐寬博〕을 입은 천한 사람에게도 모욕을 받지 않고 만승萬乘의 임금에게도 모욕을 받지 않아, 만승의 임금을 찔러 죽이는 것을 마치 천한 사람을 찔러 죽이는 것과 똑같이 여겼다. 그는 제후를 두려워하지 않아 자신에게 나쁜 소리가 들려오면 반드시 되갚아주었다. 맹시사孟施舍가 용기를 기르는 방법은 이러하다. '이기지 못할 상대를 이길 수 있는 사람처럼 여기는 것이니, 적을 헤아려본 뒤 진격하고, 이길 것을 따져본 뒤에 교전하는 것은 삼군三軍을 두려워하는 태도다. 내가 어찌 반드시 승리하는 싸움만을 할 수 있겠는가. 나는 능히 두려움을 없앨 뿐이다.'

맹시사의 방법은 증자曾子와 유사하고, 북궁유의 방법은 자하子夏와 유사하다. 이 두 사람의 용기에 대해 나는 누가 더 나은지 모르겠지만, 맹시사의 용기 기르는 방법은 자신을 지키는 데 요령이 있어 보인다. 옛날 증자가 문인 자양子襄에게 '너는 용기를 좋아하느냐? 나는 공자께 대용大勇에 대해서 들은 적이 있으니, 자신을 돌이켜보아 정직하지 못하면 비록 갈옷을 입은 천한 사람일지라도 나는 그를 두려워할 것이지만, 자신을 돌이켜보아 정직하면 비록 천만 명의 대중일지라도 나는 당당히 나아가 맞설 것이다 하셨다'라고 하셨다. 맹시사가 자신을 지키는 것은 기氣인지라, 또한 증자가 자신을 지키는 데 요령을 얻은 것보다 못하다"라고 하셨다.

또 공손추가 "감히 여쭙건대, 선생의 부동심과 고자告子의 부동심에 대해 들려주실 수 있겠습니까?"라고 여쭙자, 맹자께서 "고자는 '말〔言〕에서 터득하지 못하면 마음에서 구하지 말며, 마음에서 터득하지 못하면 기氣에서 구하지 말라'고 했다. '마음에서 터득하지 못하면 기에서 구하지 말라'는 것은 괜찮지만, '말에서 터득하지 못하면 마음에서 구하지 말라'고 한 것은 불가하다. 지志는 기의 장수이고, 기는 몸에 충만한 (병졸과 같은) 것이다. 지가 가장 지극하고, 기는 그다음이다. 그러므로 나는 '그 지를 지키고 그 기를 어지럽히지 말라'고 말하는 것이다"라고 하셨다.

또 공손추가 "선생께서 이미 '지는 가장 지극하고, 기는 그다음이다'라고 하시고, 또 '그 지를 지키고 그 기를 어지럽히지 말라'고 말씀하신 것은 무엇 때문입니까?"라고 여쭙자, 맹자께서 "지가 한결같으면 기를 움직이고, 기가 한결같으면 지를 움직인다. 그러니 지금 자빠지거나 달려가는 것은 기지만, 도리어 그것이 그의 마음을 움직이게 된다"라고 하셨다. 다시 공손추가 "감히 여쭙건대, 선생께서는 어떤 장점이 있으십니까?"라고 하여, 맹자께서 "나는 남의 말을 잘 알아듣고[知言], 나는 나의 호연지기浩然之氣를 잘 기른다"라고 하셨다.

공손추가 "감히 여쭙건대, 무엇을 호연지기라고 합니까?"라고 하여, 맹자께서 "말로 설명하기 어렵다. 그 기가 지극히 크고 지극히 강하니, 정직함으로 기를 길러서 해침이 없으면 그 기가 천지간에 가득할 것이다. 그 기는 의義·도道와 배합되니, 이 의·도가 없으면 줄어들게 된다. 호연지기는 의가 안에서 모아져 생기는 것이지, 의가 밖에서 들어와 기를 취하는 것이 아니다. 어떤 일을 행하면서 마음에 만족스럽지 못한 점이 있으면 이 기는 줄어든다. 나는 그러므로 '고자는 의를 안 적이 없는 사람이다'라고 말하니, 그것은 그가 의를 외적인 것으로 보기 때문이다. 반드시 호연지기를 기르는 데 목표를 두되 그 효과를 꼭 이루려고 하지 말고 마음속으로 그 일을 잊지 말며 자라는 것을 인위적으로 돕지 말아야 한다. (다음에 언급한) 송宋나라 사람처럼 인위적으로 자라게 하지 말아야 한다. 송나라 사람 중에 자기 논의 곡식 싹이 자라지 않는 것을 걱정하여 싹을 뽑아 올린 자가 있었다. 그가 피곤한 모습으로 집에 돌아와 가족에게 '오늘 나는 피곤하구나. 나는 싹이 자라도록 도와주었다'라고 말하여, 그의 자식이 논으로 달려가보니 싹은 이미 말라버렸다. 이 세상에 싹이 자라는 것을 도와주지 않을 자가 얼마나 되겠는가. 싹을 무익하다고 여겨 버려두는 자는 김매지 않는 자이고, 싹이 자라는 것을 도와주는 자는 싹을 뽑아 올리는 자이니, 이는 무익할 뿐만 아니라 싹을 해치게 된다"라고 하셨다.

공손추가 "감히 여쭙건대, 무엇을 지언知言이라 합니까?"라고 하여, 맹자께서 "치우친 말을 들으면 그의 가려진 점을 알 수 있고, 분수에 넘치는 말을 들으면 그가 어디에 빠져 있는 것을 알 수 있으며, 사악한 말을 들으면 그가 도에서 벗어난 것을 알 수 있고, 회피하는 말을 들으면 그의 이치가 곤궁한 점을 알 수 있다. 그런 말은 그의 마음에서 생겨나 그의 정사政事를 해치고, 그의 정사를 해치면 그가 하는 일을 해친다. 그러니 성인이 다시 태어나더라도 반드시 나의 말을 따를 것이다"라고 하셨다. (하략)

公孫丑問曰 "夫子加齊之卿相 得行道焉 雖由此霸王 不異矣 如此 則動心否乎" 孟子曰 "否 我四十不動心" (중략) 曰 "不動心 有道乎" 曰 "有 北宮黝之養勇也 不膚撓 不目逃 思以一毫挫於人 若撻之於市朝 不受於褐寬博 亦不受於萬乘之君 視刺萬乘之君 若刺褐夫 無嚴諸侯 惡聲至 必反之 孟施舍之所養勇也 曰 '視不勝猶勝也 量敵而後進 慮勝而後會 是畏三軍者也 舍豈能爲必勝哉 能無懼而已矣' 孟施舍似曾子 北宮黝似子夏 夫二子之勇 未知其孰賢 然而孟施舍守約也 昔者 曾子謂子襄曰 '子 好勇乎 吾嘗聞大勇於夫子

矣 自反而不縮 雖褐寬博 吾不惴焉 自反而縮 雖千萬人 吾往矣' 孟施舍之守氣 又不如曾子之守約也" 曰 "敢問夫子之不動心與告子之不動心 可得聞與"〈曰〉"告子曰 '不得於言 勿求於心 不得於心 勿求於氣' 不得於心 勿求於氣 可 不得於言 勿求於心 不可 夫志 氣之帥也 氣 體之充也 夫志至焉 氣次焉 故曰 '持其志 無暴其氣'"〈曰〉"既曰 '志至焉 氣次焉' 又曰 '持其志 無暴其氣' 者 何也" 曰 "志壹 則動氣 氣壹 則動志也 今夫蹶者趨者 是氣也 而反動其心"〈曰〉"敢問夫子惡乎長" 曰 "我知言 我善養吾浩然之氣"〈曰〉"敢問何謂浩然之氣" 曰 "難言也 其爲氣也 至大至剛 以直養而無害 則塞于天地之間 其爲氣也 配義與道 無是 餒也 是集義所生者 非義襲而取之也 行有不慊於心 則餒矣 我故曰 '告子未嘗知義 以其外之也' 必有事焉而勿正 心勿忘 勿助長也 無若宋人然 宋人有閔其苗之不長而揠之者 芒芒然歸 謂其人曰 '今日病矣 予助苗長矣' 其子趨而往視之 苗則槁矣 天下之不助苗長者 寡矣 以爲無益而舍之者 不耘苗者也 助之長者 揠苗者也 非徒無益 而又害之"〈曰〉"何謂知言" 曰 "詖辭 知其所蔽 淫辭 知其所陷 邪辭 知其所離 遁辭 知其所窮 生於其心 害於其政 發於其政 害於其事 聖人復起 必從吾言矣." (하략) 「공손추 상」 제2장

● 공손추는 맹자의 제자로 제나라 사람이다. 공손추가 마음이 흔들리지 않는 부동심의 방법을 묻자, 맹자는 북궁유와 맹시사의 부동심 방법을 먼저 말해주었다. 북궁유는 제나라의 자객이었는데, 필승을 위하여 부동심한 사람이다. 그는 남을 대적하는 데 주안점을 두고서 부동심하여, 외적인 면을 중시하였다. 맹시사는 있는 힘을 다해 싸우는 전사로 마음속에 두려움을 없애는 방법으로 부동심하여 내적인 면을 중시하였다. 맹자가 이 두 사람의 부동심하는 방법을 공자의 제

자 증삼^{曾參}·복상^{卜商:子夏}에 비유한 것은, 증삼은 자신에게서 원인을 찾는 방법으로 내면을 중시했고, 복상은 성인을 독실하게 믿는 방법으로 외면을 중시했기 때문이다.

공손추가 다시 맹자와 고자의 부동심을 묻자, 맹자는 고자의 부동심 방법이 내적인 것을 주로 하지 않는 점에 대해 지적하면서, 내적인 심^心·지^志와 외적인 언^言·기^氣를 거론하여 지^志를 지키면서 기^氣를 어지럽히지 말아야 함을 강조하였다. 내적인 것과 외적인 것 어느 한쪽에 치중하면 상대 쪽에 영향을 미치기 때문이다. 이는 심지^{心志}를 먼저 안정시키고 외적인 것을 주재하여 절제할 수 있도록 해야 한다는 견해다. 맹자는 내면을 수양해 부동심을 했고, 고자는 외면으로 부동심을 했기 때문에 변별해 보인 것이다.

공손추의 질문에 맹자는 지언^{知言}(남의 말을 잘 알아듣는 것)과 양기^{養氣}(기를 잘 기르는 것) 두 가지를 거론했는데, 이 언^言·기^氣는 모두 심성^{心性}과 불가분의 관계에 있다. 그러므로 호연지기는 의^義가 외부로부터 안으로 들어와 생기는 것이 아니라 내적으로 의가 모아져 생기는 것이라 하고, 공정하지 못한 네 가지 말(치우친 말, 분수에 넘치는 말, 사악한 말, 회피하는 말)도 내면의 마음에서 생겨나 외면의 정사에 드러난다고 한 것이다.

이 장을 부동심장, 또는 호연지기장이라고 하는데 부동심과 호연지기는 별개의 것이 아니라 하나를 다르게 말한 것일 따름이다. 의를 마음속에 가득 채워야 호연지기가 생기고, 그것이 내면에 충만해야 부동심할 수 있다. 우리는 높은 산에 오르는 것을 호연지기를 기르는 것으로 생각한다. 그러나 호연지기는 기상을 드높게 한다고 길러지는 것이 아니다. 내면에 본성의 덕을 축적해나가야 호연지기가 생긴다.

호연지기의 호연^{浩然}은 '드넓다'는 뜻인데, 이는 마음의 공명정대한 기상을 말한 것이지, 외적으로 드러나는 기분이나 감정을 말한 것이 아니다.

측은지심이 인仁으로 나아가는 단초다

맹자께서 말씀하셨다. "사람은 모두 남에게 차마 함부로 하지 못하는 마음을 가지고 있다. 옛날 훌륭했던 임금들은 남에게 차마 함부로 하지 못하는 마음이 있어서 남에게 차마 함부로 하지 못하는 정사政事가 있었다. 남에게 차마 함부로 하지 못하는 마음으로 남에게 차마 함부로 하지 못하는 정사를 행하면 천하를 다스리는 것은 손바닥 위에 물건을 올려놓고 움직이는 것처럼 쉬울 것이다. 내가 '사람은 모두 남에게 차마 함부로 하지 못하는 마음을 가지고 있다'고 하는 이유는 이렇다. 지금 사람들이 어린아이가 우물 속으로 기어들어가는 것을 본다면 모두 안타깝고 측은한 마음이 들 것인데, 이것은 어린아이의 부모와 인연을 맺기 위해서가 아니고, 고을의 벗들에게 칭찬을 받기 위해서가 아니고, 그런 딱한 상황을 보고서도 모른 척하는 불인不仁한 사람이라는 소리를 듣기 싫어서 그런 것도 아니다. 이런 점으로 미루어 보건대, 측은지심惻隱之心이 없으면 사람이 아니며, 수오지심羞惡之心이 없으면 사람이 아니며, 사양지심辭讓之心이 없으면 사람이 아니며, 시비지심是非之心이 없으면 사람이 아니다. 측은지심은 인仁으로 나아가는 단초이고, 수오지심은 의義로 나아가는 단초이고, 사양지심은 예禮로 나아가는 단초이고, 시비지심은 지^智로 나아가는 단초이다. 사람이 이 사단^{四端}을 가지고 있는 것은 사지^{四肢}를 가지고 있는 것과 같다. 이 사단을 가지고 있는데도 스스로 '나는 이런 것을 할 수 없다'고 말하는 자는 자신을 해치는 자이고, '우리 임금은 이런 일을 할 수 없다'고 말하는 자는 자기 임금을 해치는 자다. 무릇 자신에게 사단이 있다는 것을 알고 모두가 이것을 확장해 충만하게 하면, 마치 불이 처음 타오르는 것이나 샘물이 처음 솟아나는 것과 같을 것이다. 그러니 진실로 그것을 능히 확충하면 온 세상 사람들을 충분히 보호할 수 있으며, 그것을 확충하지 못하면 자기 부모를 섬기기에도 부족할 것이다."

孟子曰 "人皆有不忍人之心 先王有不忍人之心 斯有不忍人之政矣 以不忍人之心 行不忍人之政 治天下 可運之掌上 所以謂人皆有不忍人之心者 今人乍見孺子將入於井 皆有怵惕惻隱之心 非所以內交於孺子之父母也 非所以要譽於鄕黨朋友也 非惡其聲而然也 由是觀之 無惻隱之心 非人也 無羞惡之心 非人也 無辭讓之心 非人也 無是非之心 非人也 惻隱之心 仁之端也 羞惡之心 義之端也 辭讓之心 禮之端也 是非之心 知(智)之端也 人之有是四端也 猶其有四體也 有是四端而自謂不能者 自賊者也 謂其君不能者 賊其君者也 凡有四端於我者 知皆擴而充之矣 若火之始然 泉之始達 苟能充之 足以保四海 苟不充之 不足以事父母." 「공손추 상」 제6장

● 이 장에는 불인인지심^{不忍人之心}(차마 함부로 하지 못하는 마음), 사단^{四端}(측은지심, 수오지심, 사양지심, 시비지심) 등 맹자 사상의 핵심어가 등장한다. 맹자는 인의예지의 본성에 도달하는 방법을 불인인지심을 통해 드러내고, 그 목표에 이르는 과정의 단초로 네 가지 마음을 끌어냈다. 측은^{惻隱}

은 '슬퍼하고 아파하다'라는 뜻이다. 은隱이라는 글자에는 '아프다'는 뜻이 있다. 나와 아무 상관이 없는데도 그의 딱한 처지를 보면 눈물이 나고 슬픈 감정이 일어나는 점을 맹자가 포착하여 인으로 가는 출발점으로 삼은 것이다. 수오羞惡는 '부끄러워하고 미워하다'라는 뜻으로, 나의 불선을 부끄럽게 여기고 남의 불선을 미워한다는 말이다. 군자라고 호오가 없는 것이 아니다. 군자도 남을 미워한다. 그런데 사적으로 미워하지 않고 공적으로 미워한다. 공공의 적을 미워해야 정의를 세울 수 있으니, 군자가 불선을 미워하는 것은 당연한 일이다. 사양辭讓의 사辭는 자신이 취하지 않고 남이 취하도록 놔두는 것이고, 양讓은 자신의 것을 남에게 넘겨주어 양보하는 것이다. 시비是非는 옳고 그름이다.

맹자는 사단을 거론한 뒤 지선至善의 경지에 도달하는 방법까지 언급하였다. 바로 확이충지擴而充之다. 확擴은 그 사단의 마음을 넓혀나가는 것이고, 충充은 내 마음에 꽉 채우는 것이다. 불을 처음 붙이기는 어렵지만 일단 불이 섶에 붙고 나면 불길이 번져 타오르는 것은 어렵지 않다. 샘물도 처음 솟아나기 시작하면 쉬지 않고 솟아오른다. 사단을 확충하는 것도 그렇게 해야 한다는 말이다. 측은지심, 수오지심, 사양지심, 시비지심이 싹트면 그것을 계기로 계속 계발하여 내면에 꽉 채워야 그 덕이 겉으로 흘러나와 남들에게 영향을 미칠 수 있다.

잘못의 원인을 자신에게서 찾아라

맹자께서 말씀하셨다. "화살 만드는 사람이 어찌 방패 만드는 사람보다 불인不仁하겠는가. 그러나 화살 만드는 사람은 오직 사람을 상하게 하는 것만을 생각하고, 방패 만드는 사람은 오직 사람을 상하지 않게 하는 것만을 생각한다. 무당과 목수도 그렇다. 그러므로 직업이나 기술은 신중히 선택하지 않을 수 없다. 공자께서 '인후한 풍습이 있는 마을이 아름답다. 그러니 인후한 마을을 가려 인후한 마을에 살지 않는다면 어찌 지혜로운 사람일 수 있겠는가'라고 하셨다. 인仁은 하늘이 내린 존귀한 벼슬이자 사람이 편안하게 살 집과 같다. 아무도 막지 않는데도 인을 행하지 않으니, 이것이 지혜롭지 못한 것이다. 어질지도 않고 지혜롭지도 않으며, 예의도 없고 의리도 없으면 남들에게 사역을 당한다. 남들에게 사역을 당하면서 사역당하는 것을 부끄러이 여기는 것은, 활 만드는 사람으로서 활 만드는 일을 부끄러이 여기는 것이나 화살 만드는 사람으로서 화살 만드는 일을 부끄러이 여기는 것과 같다. 만약 그 점을 부끄러이 여긴다면 인을 행하는 것만 못하다. 어진 자〔仁者〕는 활쏘기를 할 때처럼 자신에게서 원인을 찾는다. 사수는 자신의 자세를 바르게 한 뒤에 화살을 쏘는데, 과녁에 적중하지 않아도 자기를 이긴 사람을 원망하지 않고 돌이켜 자신에게서 그(화살이 빗나간) 원인을 찾을 따름이다."

孟子曰 "矢人 豈不仁於函人哉 矢人 惟恐不傷人 函人 惟恐傷人 巫匠亦然 故 術不可不愼也 孔子曰 '里仁爲美 擇不處仁 焉得智' 夫仁 天之尊爵也 人之安宅也 莫之禦而不仁 是不智也 不仁不智 無禮無義 人役也 人役而耻爲役

由弓人而恥爲弓 矢人而恥爲矢也 如恥之 莫如爲仁 仁者如射 射者 正己而後 發 發而不中 不怨勝己者 反求諸己而已矣." **「공손추 상」 제7장**

● 작爵은 벼슬이니 '존귀하다'는 뜻이다. 맹자는 인仁을 하늘이 내린 존귀한 벼슬이라 하였다. 인은 사람에게서 가장 존귀한 가치라는 말이다. 또한 인을 사람이 살아갈 가장 편안한 집에 비유하였다. 인자무적仁者無敵(어진 자에게는 대적할 것이 없다)이라는 말이 있듯이 마음을 인에 두고 인을 실천하면 누구도 겁날 것이 없다. 왜? 내가 당당하고 떳떳하기 때문이다. 죄를 짓고서는 편히 잠을 잘 수 없다고 하니, 인이야말로 사람이 행복해질 수 있는 가장 좋은 묘약으로 편안하게 쉴 수 있는 집과 같다. 맹자는 이 인을 실천하는 방법을 활쏘기에 비유해, 명중하지 못하면 그 원인을 외적인 데서 찾지 말고 부단히 자신을 돌이켜보며 마음의 움직임을 성찰하는 데서 찾을 것을 권하고 있다. 『논어』「안연」에 보이는 극기복례克己復禮를 염두에 둔 말이다.

남들에게서 선을 취하여 자신의 선으로 삼아라

맹자께서 말씀하셨다. "자로子路는 남이 그에게 잘못이 있다고 말해주면 기뻐하였다. 우禹임금은 선한 말(善言)을 들으면 상대방에게 절하였다. 위대한 순舜임금은 이들보다 더 훌륭한 점이 있다. 그분은 선을 남과 함께 행하여 자신의 주장을 버리고 남의 좋은 점을 따랐으며, 남에게서 장점을 취하여 자신의 선으로 삼기를 즐거워하셨다. 순임금은 농사를 짓고 옹기를 굽고 물고기를 잡던 시절부터 황제가 되어서까지 남에게서 선을 취하지 않은 적이 없으셨다. 남에게서 선을 취하여 자신의 선으로 삼는 것, 이것은 남이 선을 행하도록 도와주는 것이다. 그러므로 군자에게는 남이 선을 행하도록 도와주는 것보다 더 위대한 것은 없다."

孟子曰 "子路 人告之以有過 則喜 禹聞善言 則拜 大舜有大焉 善與人同 舍(捨)己從人 樂取於人以爲善 自耕稼陶漁 以至爲帝 無非取於人者 取諸人以爲善 是與人爲善者也 故君子莫大乎與人爲善." 「공손추 상」 제8장

● 자로는 잘못을 듣고 고치는 데 용감하였고, 우임금은 선언善言을 듣기를 좋아하였다. 그런데 맹자는 그들보다 순임금이 더 위대한 점은 남들에게서 선을 취하여 자신의 선으로 삼은 것이라 하였다. 순임금과 공자는 모든 사람에게서 장점을 취하여 집대성하였다. 맹자는 순임금이 미천한 시절부터 천자가 되어서까지 조금도 변치 않고 이런 자세를 취한 것에 주목하고, 남에게서 선을 취한 것이 결국에는 그로 하여금 더욱 분발하여 선을 행하도록 도와주는 효과가 있다고 하였다. 그것이 바로 여인위선與人爲善이다. 이 말은 남과 더불어 선을 행한다는 뜻이 아니고, 내가 그의 선을 취함으로써 그가 더 부지런히 선을 행하도록 도와주는 역할을 한다는 뜻이다. 순임금이 세상을 떠난 지 약 2천 년 뒤 맹자가 순임금에게서 이런 점을 찾아 세상에 드러냈으니, 맹자의 위대함이 새삼 돋보인다.

백성이
굶주리는 것은
군주의 잘못이다

도와주는 이가 많으면 천하 사람들이 순종한다

　맹자께서 말씀하셨다. "천시天時는 지리地利만 못하고, 지리는 인화人和만 못하다. 3리의 내성內城과 7리의 외곽外郭을 포위하여 공격해도 승리하지 못하는 경우가 있다. (그런 성곽을) 포위하여 공격할 때 반드시 천시를 얻었음에도 불구하고 승리하지 못하는 것은 천시가 지리만 못하기 때문이다. 성곽이 높지 않은 것도 아니고, 해자가 깊지 않은 것도 아니며, 무기가 견고하고 날카롭지 않은 것도 아니고, 군량미가 많지 않은 것도 아니지만, 그 성을 버리고 도망가는 경우가 있는데, 이것은 지리가 인화만 못하기 때문이다. 그러므로 나는 '백성의 거처를 정하되 주거지의 경계를 한정 짓지 않으며, 나라의 방어책을 견고하게 하되 산골짜기의 험한 형세로 하지 않으며, 천하에 위엄을 보이되 예리한 무기로 하지 않는다'고 주장한다. 도를 얻은 사람에게는 도와주는 자가 많고, 도를 잃은 사람에게는 도와주는 자가 적다. 도와주는 이가 지극히 적을 때는 친척도 그를 배반하고, 도와주는 이가 지극히 많을 때는 천하 사람들이 그에게 순종한다. 천하 사람들이 순응하는 분위기를 타고서 친척조차도 배반하는 자를 공격하기 때문에 군자는 전쟁을 하지 않을지언정, 전쟁을 하면 반드시 승리한다."

孟子曰 "天時不如地利 地利不如人和 三里之城 七里之郭 環而攻之而不勝 夫環而攻之 必有得天時者矣 然而不勝者 是天時不如地利也 城非不高也 池非不深也 兵革非不堅利也 米粟非不多也 委而去之 是地利不如人和也 故曰 '域民不以封疆之界 固國不以山谿之險 威天下不以兵革之利' 得道者多助 失道者寡助 寡助之至 親戚畔之 多助之至 天下順之 以天下之所順 攻親戚之所畔 故君子有不戰 戰必勝矣." **「공손추 하」 제1장**

● 천시는 날씨·기후 등이 좋은 시점을 말하고, 지리는 지형·지세에 따른 이로움을 말하고, 인화는 대중이 화합하는 것을 말한다. 전쟁의 세 가지 요소를 거론하면서 인화의 중요성을 언급한 뒤, 인화를 이룩하는 방법으로 인정을 펴서 대중의 지지를 얻는 데로 귀결시켰다. 도와주는 이가 많은 것은 민심을 얻은 것이고, 도와주는 이가 적은 것은 민심을 잃은 것이다. 민심을 잃은 것이 극에 달하면 아무도 지지해주는 사람이 없어 망할 수밖에 없다. 그러니 정치하는 사람들은 평소 민심이 얼마나 두려운 것인지를 늘 두려워해야 한다.

제나라에는 임금에게 인의仁義를 말하는 자가 없다

맹자께서 제齊나라 왕에게 조회하러 가려 하셨는데, 왕이 사람을 보내와 "과인이 선생을 찾아가 만나려고 했으나, 감기에 걸려서 바람을 쏘일 수 없게 되었습니다. 내일 아침 조회를 보려고 하는데, 과인이 (그 자리에서) 선생을 만날 수 있으면 좋겠는데 어떻겠습니까?"라고 하여, 맹자께서 "저 또한 불행히도 병이 나서 조회에 나아갈 수 없습니다"라고 대답하셨다.

다음 날 맹자께서 (제나라 대부) 동곽씨東郭氏에게 조문을 가기 위해 외출하려고 하자, 공손추公孫丑가 "어제 병이 들었다고 사양하시고 오늘 조문을 가시는 것은 불가한 듯합니다"라고 하니, 맹자께서 "오늘은 어제의 병이 나았으니, 어찌 조문을 하러 가지 않겠는가"라고 하셨다.

왕이 사람을 보내 병문안하고 의원을 보내왔다. 맹중자孟仲子가 사신에게 "어제는 왕명이 있었는데, 맹자께서 몸이 좀 불편하여 조회에 나아갈 수 없었습니다. 지금은 병이 조금 나아 서둘러 조정으로 가셨습니다. 저는 선생께서 조정에 도착하셨는지, 아직 도착하지 않으셨는지 잘 모르겠습니다"라고 하고서, 몇 사람으로 하여금 길목에서 맹자를 기다리다가 "선생께서는 제발 집으로 돌아오지 말고 조정으로 나가십시오"라고 아뢰게 하였다.

맹자께서 부득이 경추씨景丑氏의 집으로 가서 묵으셨다. 경자景子가 "안으로는 부자지간, 밖으로는 군신지간이 인간사회의 큰 윤리입니다. 부자지간에는 은혜를 주로 하고, 군신지간에는 공경을 주로 합니다. 저는 우리 왕이 선생을 공경하는 것은 보았지만, 선생이 우리 왕을 공경하는 것은 보지 못하였습니다"라고 하자, 맹자께서 "아, 이 무슨 말입니까! 제나라 사람 중에 인의仁義를 가지고 왕에게 말하는 사람이 없는 것은 어찌 인의를 아름답지 않다고 여겨서이겠습니까. 그들의 마음에 '이 왕이 어찌 인의를 더불어 말할 만한 사람이겠는가'라고 생각한다면, 이보다 더 큰 불경이 없습니다. 나는 요임금·순임금의 도가 아니면 감히 왕 앞에서 말씀드리지 않습니다. 그러므로 제나라 사람 중에 나보다 왕을 공경하는 사람은 없는 것 같습니다."라고 하셨다.

경자가 "아닙니다. 그런 것을 말하는 것이 아닙니다. 『예기』에 '아버지가 부르면 느리게 대답하지 않고 곧바로 대답하며, 군주가 왕명으로 부르면 말에 멍에 메우기를 기다리지 않고 곧장 달려간다'고 하였습니다. 선생께서 조회에 나가려고 하시다가 왕명을 듣고서 마침내 그만두고 말았으니, 저 『예기』의 내용과는 맞지 않는 듯합니다"라고 하자, 맹자께서 "내가 어찌 이것을 말하는 것이겠습니까. 옛날 증자曾子가 '진晉나라와 초楚나라의 부유함은 내가 따라갈 수 없지만, 저 군주가 자기의 부유함을 가지고 나를 대하면 나는 나의 인仁으로써 대할 것이며, 저 군주가 자기의 관작官爵을 가지고 나를 대하면 나는 나의 의義로써 대할 것이다. 그러니 내가 무엇이 부족하겠는가'라고 하였으니, 의롭지 않은 일이라면 어찌 증자가 그것을 말씀하셨겠습니까. 이것도 사士가 군주를 대하는 한 가지 방법입니다. 천하에 두루 통용되는 존귀한 가치가 세 가지 있으니, 관작이 하나이고, 나이가 하나이고, 덕이 하나입니다. 조정에서는 관작만 한 것이 없고, 고을에서는 나이만 한 것이 없고, 세도世道를 돕고 백성을 기르는 데에는 덕만 한 것이 없습니다. 어찌 이 셋 중에 하나를 가지고서 나머지 둘을 가진 사람을 업신여기겠습니까. 그러므로 장차 큰일을 하려고 하는 군주에게는 반드시 함부로 부르지 않는 신하가 있는 것입니다. 그와 어떤 일을 상의하고자 하면 자기가 그를 찾아갑니다. 덕을 높이고 도를 즐거워하는 것이 이와 같지 않다면 함께 큰일을 할 수가 없습니다. 그러므로 탕湯임금은 이윤伊尹에게 배운 뒤 그를 신하로 삼았기에 수고하지 않고서도 왕도정치를 행하였으며, 제 환공齊桓公은 관중管仲에게 배운 뒤 그를 신하로 삼았기에 수고하지 않고서도 패도정치를 행하였습니다. 지금 천하의 열국은 영토도 비슷하고 군주의 덕도 비슷해서 상대적으로 나은 임금이 없는 것은 다른 이유가 없습니다. 자기가 가르친 사람을 신하로 삼기를 좋아하고, 자기가 가르침을 받은 사람을 신하로 삼기를 좋아하지 않기 때문입니다. 탕임금은 이윤을, 제 환공은 관중을 감히 부르지 못하였습니다. 관중도 감히 부를 수 없었는데, 하물며 관중을 본받지 않는 나 같은 사람을 함부로 부를 수 있겠습니까"라고 하셨다.

孟子將朝王 王使人來曰 "寡人如就見者也 有寒疾 不可以風 朝將視朝 不識 可使寡人得見乎" 對曰 "不幸而有疾 不能造朝" 明日 出弔於東郭氏 公孫丑曰 "昔者 辭以病 今日弔 或者不可乎" 曰 "昔者疾 今日愈 如之何不弔" 王使人問疾 醫來 孟仲子對曰 "昔者 有王命 有采薪之憂 不能造朝 今病小愈 趨造於朝 我不識 能至否乎" 使數人要於路曰 "請必無歸 而造於朝" 不得已而之景丑氏 宿焉 景子曰 "內則父子 外則君臣 人之大倫也 父子主恩 君臣主敬 丑見王之敬子也 未見所以敬王也" 曰 "惡 是何言也 齊人 無以仁義與王言者 豈以仁義爲不美也 其心曰 '是何足與言仁義也云爾' 則不敬莫大乎是 我非堯舜之道 不敢以陳於王前 故 齊人莫如我敬王也" 景子曰 "否 非此之謂也 禮曰 '父召 無諾 君命召 不俟駕' 固將朝也 聞王命而遂不果 宜與夫禮若不相似然" 曰

"豈謂是與 曾子曰 '晉楚之富 不可及也 彼以其富 我以吾仁 彼以其爵 我以吾
義 吾何慊乎哉' 夫豈不義而曾子言之 是或一道也 天下有達尊三 爵一齒一德
一 朝廷莫如爵 鄕黨莫如齒 輔世長民莫如德 惡得有其一 以慢其二哉 故 將
大有爲之君 必有所不召之臣 欲有謀焉 則就之 其尊德樂道 不如是 不足與
有爲也 故 湯之於伊尹 學焉而後臣之 故不勞而王 桓公之於管仲 學焉而後
臣之 故不勞而霸 今天下地醜德齊 莫能相尙 無他 好臣其所敎而不好臣其所
受敎 湯之於伊尹 桓公之於管仲 則不敢召 管仲且猶不可召 而況不爲管仲者
乎."「공손추 하」제2장

● 이는 맹자가 제나라에서 벼슬하기 전의 일인 듯하다. 맹자는 사
士가 군주를 찾아가 만나는 일을 매우 신중하게 생각하였다. 그리하여
군주가 찾아와 도와주길 청해야 세상에 나아갈 수 있다고 하였다. 이
는 사의 자존심을 드러낸 것이다. 증삼의 말을 인용하여 자신의 마음
을 나타낸 것이다. 인의仁義를 가진 사람이 부귀富貴를 가진 사람에게
굽실거릴 하등의 이유가 없다고 본 것이다. 아쉬운 쪽이 먼저 찾아가
상의를 하거나 협조를 구해야지, 사가 먼저 찾아가면 녹을 구하는 형
세가 되기 때문이다. 인의의 덕을 가진 사람이 부귀를 가진 사람에게
당당한 자존감을 드러낸 대목이다.

백성이 굶주리는 것은 군주의 잘못이다

맹자께서 평륙平陸 지방으로 가 그곳을 다스리는 대부에게 "창을 든

그대의 병사가 하루에 세 번 대오를 이탈하면 그자를 죽이겠습니까, 그대로 두겠습니까?"라고 하시자, 평륙 대부가 "나는 세 번까지 이탈하기를 기다리지 않고 그를 죽일 것입니다"라고 하였다. 다시 맹자께서 "그렇다면 그대가 대오를 이탈한 경우가 또한 많습니다. 흉년과 기근이 들면 그대의 백성 중 노약자들은 굶어 죽어 시신이 구렁텅이에 나뒹굴고, 건장한 사람들은 흩어져 사방으로 떠나는 자들이 몇천 명이나 됩니다"라고 하자, 평륙 대부가 "그것은 제가 할 수 있는 일이 아닙니다"라고 하였다. 맹자께서 "지금 남의 소와 양을 받아 대신 길러주는 자가 있다고 하면, 반드시 그 소와 양을 위해 목장과 꼴을 구할 것입니다. 목장과 꼴을 구하다가 구할 수 없으면 그것들을 주인에게 되돌려주어야 합니까, 아니면 그것들이 굶어 죽는 것을 우두커니 서서 바라보고만 있겠습니까?"라고 하니, 그가 "이는 저의 잘못입니다"라고 하였다.

훗날 맹자께서 왕을 만나 뵙고 "왕의 큰 도시를 다스리는 수령 중에 신이 다섯 사람을 알고 있습니다. 그런데 자신의 죄를 아는 자는 오직 공거심孔距心뿐이었습니다"라고 하고서, 왕에게 그 사실을 말씀드리자, 왕이 "이는 과인의 잘못입니다"라고 하였다.

孟子之平陸 謂其大夫曰 "子之持戟之士 一日而三失伍 則去之否乎" 曰 "不待三" 〈曰〉 "然則子之失伍也 亦多矣 凶年饑歲 子之民 老羸轉於溝壑 壯者散而之四方者 幾千人矣" 曰 "此非距心之所得爲也" 曰 "今有受人之牛羊而爲之牧之者 則必爲之求牧與芻矣 求牧與芻而不得 則反諸其人乎 抑亦立而視其死與" 曰 "此則距心之罪也" 他日 見於王曰 "王之爲都者 臣知五人焉 知其罪者 惟孔距心" 爲王誦之 王曰 "此則寡人之罪也." **「공손추 하」 제4장**

● 평륙은 제나라 고을이다. 맹자가 제나라에서 객경客卿(다른 나라에 가서 공경公卿의 높은 지위에 있는 사람)으로 있을 때의 일인 듯하다. 평륙 대부의 이름은 공거심이다. 수령을 목민관牧民官이라 하는데, 그것은 백성을 잘 기르는 사람이라는 뜻이다. 목牧은 '기르다'는 뜻이니, 수령이 고을의 백성을 기르는 것을 사람이 소와 양을 기르는 것에 비유한 것이다. 지방의 수령과 제나라 왕이 모두 흉년에 백성을 잘 길러주지 못한 것을 자신의 책임으로 여기고 있기 때문에 맹자는 제나라에서 왕도정치를 펴보고자 한 것인데, 결국에는 그런 꿈을 이루지 못하고 제나라를 떠나고 말았다.

세상을 평치할 수 없어 우울하다

맹자께서 제나라를 떠나실 때 제자 충우充虞가 길을 가다가 "선생께서는 기쁘지 않은 기색이 있으신 듯합니다. 옛날 제가 선생께 들었는데 '군자는 하늘을 원망하지 않으며, 남을 탓하지 않는다'라고 하셨습니다"라고 하자, 맹자께서 "그때 내가 그런 말을 한 것은 그때의 마음에서 우러나온 말이고, 지금 내가 이런 기색이 있는 것은 지금의 상황에서 느끼는 기분이다. 500년 간격으로 반드시 왕도정치를 펴는 분이 나왔고, 그와 더불어 반드시 덕망으로 세상에 이름을 떨칠 사람이 나왔다. 주周나라 초기부터 지금까지 700여 년이나 되었으니, 연수年數로 따져보면 그런 사람이 나올 시기가 지났다. 하지만 시대 상황으로 고

찰해보면 지금이 바로 그런 사람이 나올 때다. 하늘은 아직도 천하를 평치하고자 하지 않으니, 만일 하늘이 천하를 평치하고자 한다면 지금 세상에 나 말고 누가 그런 일을 할 수 있단 말인가. 내가 무엇 때문에 기쁘지 않은 기색을 하고 있겠는가?"

孟子去齊 充虞路問曰 "夫子若有不豫色然 前日虞聞諸夫子曰 '君子 不怨天 不尤人'" 曰 "彼一時 此一時也 五百年必有王者興 其間必有名世者 由周而來 七百有餘世矣 以其數 則過矣 以其時考之 則可矣 夫天未欲平治天下也如欲平治天下 當今之世 舍我其誰也 吾何爲不豫哉." 「공손추 하」 제13장

● 원문에서 예豫는 '기뻐하다'는 뜻으로, 불예不豫는 마음이 편치 않아 울적하다는 의미다. 맹자는 제 선왕을 만나 자신의 사상을 다 펼치며 왕도정치를 유도했지만, 제 선왕은 왕도정치를 하는 데 뜻이 없었다. 이를 알고서 맹자는 제나라를 떠난 것이다. 그러니 제나라를 떠날 때의 심정이 어떠했겠는가? 기분이 좋았을 리 없다. 그런데 남들은 맹자의 울적함을 이해하지 못하고 벼슬자리를 구하다가 얻지 못하여 언짢아하는 것으로 곡해하였다. 그러므로 맹자는 제자의 질문에 답하면서 자신의 속내를 드러낸 것이다. 이 글에는 맹자가 도를 스스로 책임지는 의식이 뚜렷하게 보인다. 도를 스스로 책임지는 의식이 있어야 시대를 구제할 수 있다. 그것이 시대를 외면하지 않는 지식인의 참여 정신이다.

성인을 본받으면
좋은 나라를
만들 수 있다

성인聖人을 본받으면 좋은 나라를 만들 수 있다

등 문공滕文公이 세자였을 때 초楚나라로 가기 위해 송宋나라를 지나다가 맹자를 만나보았다. 맹자께서 인성의 선함[性善]을 말씀하셨는데 말끝마다 반드시 요堯·순舜을 일컬으셨다. 세자가 초나라에서 돌아오다가 다시 맹자를 만나보자, 맹자께서 "세자께서는 내 말을 의심하십니까? 도는 하나일 뿐입니다. 성간成覵이 제 경공齊景公에게 '성인聖人도 장부이며 저도 장부이니, 제가 어찌 저 성인들을 두려워하겠습니까'라고 말하였으며, 안연顏淵은 '순임금은 어떠한 사람이고, 나는 어떠한 사람인가. 큰일을 하려는 자는 또한 순임금처럼 해야 한다'라고 하였으며, 공명의公明儀는 '주공周公이 문왕은 나의 스승이다 하셨으니, 주공이 어찌 나를 속이겠는가'라고 하였습니다. 지금 등나라는 길쭉한 곳을 잘라 짧은 곳에 채우면 거의 사방 50리는 될 것입니다. 그렇지만 이 정도의 땅으로도 선한 나라를 만들 수 있습니다.『서경』에 '약이 독하여 정신을 어지럽게 하지 않으면 병은 낫지 않는다'라고 하였습니다"라고 하셨다.

滕文公爲世子 將之楚 過宋而見孟子 孟子道性善 言必稱堯舜 世子自楚反復見孟子 孟子曰 "世子 疑吾言乎 夫道 一而已矣 成覸 謂齊景公曰 '彼丈夫也 我丈夫也 吾何畏彼哉' 顔淵曰 '舜何人也 予何人也 有爲者 亦若是' 公明儀曰 '〈周公曰〉文王 我師也 周公 豈欺我哉' 今滕 絶長補短 將五十里也 猶可以爲善國 書曰 '若藥 不瞑眩 厥疾 不瘳'." **「등문공 상」 제1장**

● 등나라는 맹자가 태어난 추鄒나라 남쪽에 있던 작은 나라였다. 북쪽에는 제나라, 남쪽에는 송나라·초나라 같은 강국이 있어 나라의 운명이 풍전등화였다. 맹자는 이런 나라의 세자를 만나자마자 그에게 성선설性善說을 말하며 성인의 도를 배워 왕도정치를 펴라고 역설하였다. 맹자가 세자를 다시 만났을 때 '세자께서는 내 말을 의심하십니까?'라고 한 것을 보면, 등나라 세자는 맹자의 말을 반신반의했던 듯하다. 그리하여 맹자는 성간·안연·공명의 등이 성인을 배우고자 한 고사를 들어 이해시킨 뒤, 인정仁政을 펴 선한 나라를 만들기 위해 강도 높은 개혁을 주문하였다. 등나라는 기원전 300년경 송나라에 의해 멸망하였으니, 등나라가 왕도정치를 펴 문화강국이 되기에는 시간이 너무 없었다.

등나라를 유신維新하는 방법

등 문공滕文公이 나라 다스리는 것을 묻자, 맹자께서 아래와 같이 답하셨다. "농사는 느슨히 할 수 없습니다. 『시경』에 '낮에는 너희가 띠풀을 베어 오고, 밤에는 너희가 새끼를 꼬아, 빨리 지붕에 올라가 새 지붕을 이어야, 내년 봄에 비로소 온갖 곡식을 파종할 수 있다'라고 하였습니다. 백성의 도리를 보면, 일정한 산업(恒産)이 있는 자는 떳떳한 마음(恒心)이 있고, 일정한 산업이 없는 자는 떳떳한 마음도 없습니다. 진실로 떳떳한 마음이 없으면 방탕하고 편벽하고 사악하고 사치한 짓을 하지 않음이 없습니다. 백성이 죄를 지은 뒤에 그에 따라 그들을 처벌하면 이는 (백성이 죄 짓기를 기다렸다가) 그들을 그물질하는 것입니다. 어진 사람이 임금 자리에 있으면서 백성을 그물질하는 일인데 그런 짓을 할 수 있는 사람이 어디 있겠습니까. 이러므로 현군賢君은 반드시 공손하고 검소하여 아랫사람을 예우하며, 백성에게 세금을 걷는 일도 일정한 제도에 따라 합니다. 양호陽虎가 말하기를 '부를 추구하면 어질지 못하고, 어진 일을 하면 부유하지 못하다'라고 하였습니다.

하夏나라에서는 50무畝에 공법貢法을 시행하였고, 은殷나라에서는 70무에 조법助法을 시행하였고, 주周나라에서는 100무에 철법徹法을 시행하였는데, 실제로는 모두 10분의 1의 세금을 거둔 것입니다. 철徹은 힘을 통합한다는 뜻이고, 조助는 힘을 빌린다는 뜻입니다. 용자龍子는 '토지를 다스리는 제도는 조법보다 좋은 것이 없고, 공법보다 나쁜 것이 없다'고 하였습니다. 공법은 몇 년 동안의 수확량을 평균 내어 일정한 수치의 세금을 거두는 것입니다. 풍년에는 곡식이 남아돌아 세금을 많이 거두어도 포악한 정사라고 하지 않는데 오히려 적게 거두고, 흉년에는 땅에 거름을 주어 농사를 부지런히 지어도 곡식이 부족한 형편인데 반드시 정해진 수치의 세금을 다 거둡니다. 백성의 부모가 되어 백성이 한스러운 눈길로 바라보며 1년 동안 부지런히 농사를 지어도 부모를 봉양할 수 없게 만들고, 또 빚을 내어 세금을 채워 내게 해서 노약자들이 굶어 죽어 시신이 구렁텅이에 나뒹굴게 되면, 무엇으로 백성의 부모라 하겠습니까?

대대로 녹봉을 세습하는 세록世祿은 등나라에서 시행하고 있습니다. 『시경』에 '우리 공전公田에 비를 내려 마침내 우리 사전私田까지 미치네'라고 하였으니, 오직 조법에만 공전이 있게 됩니다. 이런 점으로 보면 주나라도 조법을 쓴 것을 알 수 있습니다.

또한 옛날에는 상庠·서序·학學·교校를 설치하여 백성을 가르쳤으니, 상庠은 노인을 봉양한다는 뜻이고, 교校는 학생을 가르친다는 뜻이고, 서序는 활쏘기를 익힌다는 뜻입니다. 하나라에서는 교校라 하였고, 은나라에서는 서序라 하였고, 주나라에서는 상庠이라 하였으며, 학學은 삼대三代(하·은·주)가 같이 썼습니다. 이런 학교는 모두 인륜을 밝히는 것을 목표로 하였으니, 위에서 인륜이 밝아지면 아래에서 서민들이 친해집니다.

왕도정치를 펼 분이 세상에 태어나면 반드시 등나라에 와서 법도를 본받을 것이니, 이는 왕도를 펴는 성왕의 스승이 되는 것입니다. 『시경』에 '주나라가 비록 오래된 나라이나, 그 천명이 새로워졌네'라고 하였으니, 바로 문왕文王을 두고 한 말입니다. 세자께서 힘껏 이를 행하시면 또한 세자의 나라를 새롭게 만들 수 있을 것입니다." (하략)

滕文公問爲國 孟子曰 "民事不可緩也 詩云 '晝爾于茅 宵爾索綯 亟其乘屋 其始播百穀' 民之爲道也 有恒産者 有恒心 無恒産者 無恒心 苟無恒心 放辟 邪侈 無不爲已 及陷乎罪 然後從而刑之 是罔民也 焉有仁人在位罔民而可爲 也 是故 賢君必恭儉禮下 取於民有制 陽虎曰 '爲富不仁矣 爲仁不富矣' 夏后 氏五十而貢 殷人七十而助 周人百畝而徹 其實皆什一也 徹者 徹也 助者 藉 也 龍子曰 '治地莫善於助 莫不善於貢' 貢者 校數歲之中以爲常 樂歲 粒米狼 戾 多取之而不爲虐 則寡取之 凶年 糞其田而不足 則必取盈焉 爲民父母 使 民盻盻然 將終歲勤動 不得以養其父母 又稱貸而益之 使老稚轉乎溝壑 惡在 其爲民父母也 夫世祿 滕固行之矣 詩云 '雨我公田 遂及我私' 惟助爲有公田 由此觀之 雖周亦助也 設爲庠序學校以敎之 庠者養也 校者敎也 序者射也 夏 曰校 殷曰序 周曰庠 學則三代共之 皆所以明人倫也 人倫明於上 小民親於下 有王者起 必來取法 是爲王者師也 詩云 '周雖舊邦 其命維新' 文王之謂也 子 力行之 亦以新子之國." (하략) 「등문공 상」 제3장

● 맹자는 「양혜왕 하」에서 제 선왕에게 왕도정치를 말하면서 문왕 이 기岐를 다스릴 적에 인정仁政을 편 사례를 들며 그것을 본받고 따르 기를 권하였다. 그중에 농부에게는 9분의 1의 세금을 거두고, 선대 국 가에 공적이 있는 사람의 후손은 대대로 녹봉을 주는 제도에 대해 말 하였다. 맹자는 등 문공에게도 문왕의 고사를 빌려 토지제도와 세금, 그리고 교육문제를 집중적으로 말하였다. 이 장 후반부는 정전법井田法 을 소개하는 내용인데, 분량이 너무 많아 생략하였다.

이 장에는 항산恒産(살아갈 수 있는 일정한 재산이나 생업)과 항심恒心(늘 지니고 있 는 변하지 않는 마음)이라는 말이 보이는데, 「양혜왕 상」에도 같은 내용이 있

다. 백성은 의식주가 안정되어야 항심을 갖게 되니, 먹고사는 문제를 먼저 해결해주어야 한다는 것이다. 이것이 인정의 시작이다. 이를 위해 토지와 세금을 어떻게 제도화할 것인가가 중요한 문제로 부상한다. 맹자는 하·은·주 시대의 제도를 소개한 뒤, 공법貢法의 폐단을 논하고 조법助法을 좋은 제도로 보았다. 공법은 몇 년 동안 수확량의 평균치를 정하여 10분의 1의 세금을 농사의 흉풍에 관계없이 거두는 것이고, 조법은 백성의 힘을 빌려 공전公田을 농사지어 그 수확을 세금으로 내는 것이고, 철법徹法은 백성의 힘을 통합하여 함께 농사를 지어 분배하는 것이다. 정전법은 정井 자로 땅을 나누어 공전·사전을 정한 뒤 공전의 일부를 농막으로 사용하고 그 나머지 땅을 공동 경작하여 국가에 세금으로 내는 제도다.

의식주를 해결한 다음에 해야 할 일은 교육이다. 그러므로 역대의 교육제도를 언급하면서 인륜을 밝히는 것이 중요하다는 점을 말한 것이다. 이는 등나라가 왕도정치를 시행하여 민심을 안정시키고 문화를 융성하게 하여 훗날을 기약하는 것이 나라를 유지하는 방법임을 역설한 것이다.

제도가
불합리하면
당장 고쳐야 한다

도를 굽히면서 이익을 추구할 수는 없다

진대陳代가 "선생께서 제후를 만나지 않는 것은 작은 절개인 듯합니다. 지금 한 번 제후를 만나시면 크게는 왕도정치를, 작게는 패도정치를 이룩할 것입니다. 또 옛날 기록에 '한 자를 굽혀 여덟 자를 편다'고 하였으니, 선생께서도 제후를 만나볼 만한 듯합니다"라고 하자, 맹자께서 아래와 같이 말씀하셨다.

"옛날 제 경공齊景公이 사냥할 적에 정旌(깃발)을 흔들어서 우인虞人을 불렀는데 다가오지 않자, 그를 죽이려 했다. 그런데 공자께서는 이 일을 두고 우인을 칭찬하여 '지사志士는 자기 몸이 구렁텅이에 나뒹굴 각오를 늘 잊지 않고, 용사勇士는 싸우다가 자기 머리를 잃을 각오를 늘 잊지 않는다'라고 하셨다. 공자께서는 여기서 무엇을 취하신 것일까? 자기의 신분에 맞는 것으로써 부르지 않으면 죽더라도 가지 않는다는 점을 취하신 것이다. 만일 자기의 신분에 맞는 것으로써 부르기를 기다리지 않고 달려가면 어찌 되겠는가? 또 '한 자를 굽혀 여덟 자를 편다'는 것은 이익을 두고 말한 것이니, 만일 이익을 따진다면 여덟 자를 굽혀 한 자를 이롭게 하더라도 또한 그 일을 하겠는가?

　옛날 조간자趙簡子가 왕량王良으로 하여금 폐해嬖奚를 위하여 수레를 몰게 하였는데, 종일 한 마리 짐승도 잡지 못하였다. 폐해가 돌아와 조간자에게 보고하기를 '왕량은 천하에 형편없는 마부입니다'라고 하였다. 혹자가 그 말을 왕량에게 전하자, 왕량이 '다시 사냥하자고 청할 것입니다'라고 하고서, 억지로 청한 뒤에 승낙을 받았다. 이번에는 사냥을 가서 하루아침에 열 마리의 짐승을 잡았다. 폐해가 돌아와 조간자에게 보고하기를 '왕량은 천하에 훌륭한 마부입니다'라고 하였다. 조간자가 '내가 왕량으로 하여금 너를 위해 수레 모는 일을 담당하게 하겠다'라고 하고서 왕량에게 말하자, 왕량이 따르지 않으면서 '제가 그를 위해 말 모는 방법을 법도대로 하였더니 종일 한 마리의 짐승도 잡지 못하였고, 그를 위해 법도를 따르지 않고 부당한 방법으로 짐승을 만나게 하였더니 하루아침에 열 마리의 짐승을 잡았습니다. 『시경』에도, 마부가 말 모는 법도를 잃지 않자, 사수射手가 활을 쏘아 격파하듯 명중하네, 하였습니다. 저는 소인을 위해 말 모는 일에 익숙하지 않으니, 사양하겠습니다'라고 하였다. 마부도 사수를 위해 아부하는 것을 부끄러이 여겨, 아부하면 산더미만큼 짐승을 많이 잡을 수 있는데도 그 일을 하지 않았다. 만일 내가 도를 굽혀 제후를 따른다면 무슨 꼴이 되겠는가. 또한 자네도 잘못 생각하였다. 자신을 굽힌 자가 남을 곧게 해주는 경우는 없다.'"

陳代曰 "不見諸侯 宜若小然 今一見之 大則以王 小則以霸 且志曰 '枉尺而直尋' 宜若可爲也" 孟子曰 "昔齊景公田 招虞人以旌 不至 將殺之 志士不忘在溝壑 勇士不忘喪其元 孔子奚取焉 取非其招不往也 如不待其招而往 何哉 且夫枉尺而直尋者 以利言也 如以利 則枉尋直尺而利 亦可爲與 昔者 趙簡子使王良與嬖奚乘 終日而不獲一禽 嬖奚反命曰 '天下之賤工也' 或以告王良 良曰 '請復之' 彊强而後可 一朝而獲十禽 嬖奚反命曰 '天下之良工也' 簡子曰 '我使掌與女乘' 謂王良 良不可 曰 '吾爲之範我馳驅 終日不獲一 爲之詭遇 一朝而獲十 詩云 不失其馳 舍矢如破 我不貫與小人乘 請辭' 御者 且羞與射者比 比而得禽獸 雖若丘陵 弗爲也 如枉道而從彼 何也 且子過矣 枉己者 未有能直人者也." **「등문공 하」 제1장**

● 진대는 맹자의 제자다. 진대는 맹자가 한 번 굽혀 제후를 만나면 왕도나 패도를 이룩할 수 있는데 자존심을 내세워 찾아가지 않는 것에 대해 이해할 수 없었던 듯하다. 그리하여 맹자가 제나라 우인^{虞人}의 고사와 진^晉나라 왕량의 고사를 인용해 그 불가함을 깨우쳐준 것이다. 우인은 원유^{苑囿}를 관리하는 하급 관료다. 당시 제도에 따르면 대부를 부를 때는 정^旌(깃발)으로써 하고, 우인을 부를 때는 피관^{皮冠}(가죽모자)으로써 하는 것이 예였다고 한다. 우인은 자신을 부르는 것으로 부르지 않았기 때문에 달려가지 않은 것이다. 공자는 이를 두고 자기의 직분을 원칙대로 행한 것이라 논평하였다. 조간자는 진나라 대부이고, 폐해는 그의 총애하는 가신이며, 왕량은 말을 잘 모는 마부다. 왕량 역시 원칙을 지키는 마부로, 범아치구^{範我馳驅}(말을 모는 것을 법도대로 한다)라는 사자성어의 주인공이다. 우인이나 왕량은 천한 신분의 사람이지만 자기

원칙에 충실했던 인물이다. 맹자는 이 두 사람의 행실을 통해 자기 원칙을 지키는 점을 재천명한 것이다. 원칙을 지키는 것, 그것이 목숨보다 더 중요한 것임을 새삼 깨닫게 한다.

사士는 먼저 군주에게 찾아가지 않는다

공손추公孫丑가 여쭙기를 "사士가 제후를 만나지 않는 것은 무슨 의리입니까?"라고 하자, 맹자께서 "옛날에는 신하가 아니라면 군주를 만나지 않았다. 군주가 만나기를 원하자, 단간목段干木은 담장을 넘어 피하였고, 설류泄柳는 문을 닫고 받아들이지 않았다. 이들은 모두 너무 심했다. 군주가 (사를) 만나고자 함이 절박하면 만날 수 있다. 양화陽貨가 공자를 만나고자 하였으나 (공자를 오라 하면) 무례하다는 비난을 받을까봐 꺼려하였다. 그리하여 대부大夫가 사士에게 물건을 하사할 경우, 사가 자기 집에서 그 물건을 직접 받을 수 없을 경우에는 대부의 집 문 앞에 가서 절하는 것이 예였기 때문에, 양화가 이 예를 따라 공자께서 집에 없을 때를 엿보아 삶은 돼지고기를 보내드렸다. 그러자 공자께서도 그가 집에 없을 때를 엿보아 찾아가서 절을 하였다. 이때에 양화가 먼저 공자를 찾아왔다면, 공자께서 어찌 그를 만나지 않았겠는가. 증자曾子는 '어깨를 치켜세우고 아첨하며 웃는 것이 여름날 밭에서 일하는 것보다 더 괴롭다'고 하였으며, 자로子路는 '지향을 같이 하지 않는데 억지로 비위를 맞추어 말하는 자의 안색을 살펴보면 부끄러워 얼굴빛이 빨개져 있으니, 이런 사람은 내 알 바가 아니다'라고 하였다. 이런 점으로 살펴보면, 군자가 기르는 것이 무엇인지를 알 수 있다"라고 하셨다.

公孫丑問曰 "不見諸侯何義" 孟子曰 "古者 不爲臣不見 段干木踰垣而辟避 之 泄柳閉門而不內(納) 是皆已甚 迫 斯可以見矣 陽貨欲見孔子而惡無禮 大夫有賜於士 不得受於其家 則往拜其門 陽貨矙孔子之亡也 而饋孔子蒸豚 孔子亦矙其亡也 而往拜之 當是時 陽貨先 豈得不見 曾子曰 '脅肩諂笑 病于夏畦' 子路曰 '未同而言 觀其色赧赧然 非由之所知也' 由是觀之 則君子之所養 可知已矣." **「등문공 하」 제7장**

● 다른 사람들은 제후에게 유세하여 벼슬자리를 얻으려 하는데, 맹자는 제후가 자신을 불러주길 기다린 뒤에 나아가려 했다. 그러므로 당시 맹자 문하에 있던 제자들은 이 점에 대해 불만이었고, 심지어 그것이 의리에 맞는가 하는 논쟁도 있었던 듯하다. 단간목은 위나라 문후文侯 때 사람이고, 설류는 노나라 목공穆公 때 사람이다. 양화陽貨는 노나라 대부 계씨季氏의 가신이었는데 반란을 일으켜 잠시 정권을 잡은 사람이다. 양화의 고사는 『논어』「양화」 제1장에 나온다. 증자와 자로는 공자의 제자 증삼曾參과 중유仲由다. 이들이 한 말은 권력자의 시녀가 되어 비위나 맞추고 굽실거리는 짓을 하지 않겠다는 것으로, 사士의 자존심을 드러낸 말이다. 마지막의 '군자가 기르는 것이 무엇인지를 알 수 있다'고 한 것은 증삼과 중유가 평소 수양한 바를 알 수 있다는 말이다.

제도가 불합리하면 당장 고쳐야 한다

대영지戴盈之가 "10분의 1의 세금만 받고 관문·시장의 세금을 없애는 일을 금년에 당장 시행할 수는 없습니다. 금년에는 관문·시장의 세금을 경감하여 시행하고 내년부터 폐지할까 하는데, 어떻습니까?"라고 하자, 맹자께서 "지금 어떤 사람이 날마다 이웃집 닭을 한 마리씩 훔치고 있는데, 혹자가 그에게 '이는 군자의 도리가 아니다'라고 하자, 그가 '그 숫자를 줄여 한 달에 닭 한 마리씩 훔치다가 내년에 가서 그만두겠습니다'라고 하는 것과 마찬가지입니다. 만일 그것이 의리가 아닌 줄 알면 당장 그만두어야지, 어찌 내년까지 기다렸다가 그만두겠습니까"라고 하셨다.

戴盈之曰 "什一 去關市之征 今玆未能 請輕之 以待來年然後已 何如" 孟子曰 "今有人日攘其鄰之鷄者 或告之曰 '是非君子之道' 曰 '請損之 月攘一鷄 以待來年然後已' 如知其非義 斯速已矣 何待來年." 「등문공 하」 제8장

● 대영지는 송宋나라 대부다. 관문關門에서는 통행세를 받고 시장에서는 유통세를 받았는데, 이 조세제도에 대해 맹자가 당장 없애기를 요구하자, 대영지가 차츰 경감시켜나가겠다고 하여 맹자가 비유를 들어 깨우친 것이다. 이 장에도 맹자의 비유가 돋보인다. 맹자는 통행세와 유통세를 남의 재물을 훔치는 일에 비유하여 의리에 맞지 않음을 지적하고 있다.

나는 변론을 좋아하는 사람이 아니다

공도자公都子가 "외부 사람들은 모두 선생을 호변가好辯家라 하니, 감히 여쭙건대 어째서입니까?"라고 묻자, 맹자께서 다음과 같이 답변하셨다.

"내가 어찌 변론하기를 좋아하겠는가. 나는 부득이해서 그러는 것이다. 세상에 인류가 살아온 지 오래되었는데, 한 번 다스려지면 한 번 어지러워졌다. 요임금 때를 당하여 물이 역류해 나라 안에 범람하여 뱀·용이 득실거려 사람들이 안정할 곳이 없어서 낮은 지역에 사는 사람들은 (나무 위에) 새둥지 같은 집을 만들고, 높은 지역에 사는 사람들은 굴을 파고 살았다. (중략)

다시 세상이 쇠퇴하고 도가 미미해져서 사악한 설說과 포악한 행위가 생겨났으니, 신하로서 임금을 시해하는 자가 있고, 자식으로서 아버지를 시해하는 자가 있었다. 공자께서 이를 두려워하여 『춘추春秋』를 지으시니, 『춘추』의 미언대의微言大義는 천자만이 할 수 있는 일이다. 그러므로 공자께서는 '나를 알아주는 것도 오직 『춘추』 때문이고, 내 죄를 묻는 것도 오직 『춘추』 때문일 것이다'라고 하신 것이다.

성왕이 나오지 않아 제후가 방자해지고, 처사들이 멋대로 정치를 의논하여 양주楊朱·묵적墨翟의 말이 세상에 가득해져 천하 사람들의 말이 양주의 설에 의거하지 않으면 묵적의 설에 의거한다. 양씨의 설은 자신만을 위하니 이는 임금을 무시하는 것이고, 묵씨의 설은 모든 사람을 똑같이 사랑하니 이는 아비를 무시하는 것이다. 아비를 무시하고 임금을 무시하는 것은 금수가 되는 것이다. (중략) 양주·묵적의 도가 없어지지 않으면 공자의 도가 드러나지 못할 것이니, 이는 사악한 설이 백성을 속여 인의仁義를 꽉 막는 것이다. 인의가 꽉 막히면 짐승을 거느리고 사람을 잡아먹다가 나중에는 사람들이 서로 잡아먹게 될 것이다. 내가 이를 두려워하여 선성先聖의 도를 보호해 양주·묵적을 막고 방탕한 설을 추방하여 사악한 설이 일어나지 못하게 하려는 것이다. 사악한 설이 그들의 마음속에서 나와 그들의 일을 해치고, 그들이 하는 일에서 그런 마음이 일어나 그들의 정치를 해치니, 성인이 다시 태어나더라도 나의 말을 바꾸지 않을 것이다. (중략)

나 또한 인심을 바로잡아 사악한 설을 종식시키며 편벽된 행실을 막고 방탕한 말을 추방하여 앞의 세 성인을 계승하려고 하는 것이다. 그러니 내 어찌 변론을 좋아해서 그러는 것이겠는가. 부득이해서 이러는 것이다. 양주·묵적의 설을 막는 것을 능히 말하는 자는 성인의 무리다."

公都子曰 "外人皆稱夫子好辯 敢問何也" 孟子曰 "予豈好辯哉 予不得已也 天下之生久矣 一治一亂 當堯之時 水逆行 氾濫於中國 蛇龍居之 民無所定 下者爲巢 上者爲營窟 (중략) 世衰道微 邪說暴行有作 臣弑其君者有之 子弑其父者有之 孔子懼作春秋 春秋 天子之事也 是故 孔子曰 '知我者 其惟春秋乎 罪我者 其惟春秋乎' 聖王不作 諸侯放恣 處士橫議 楊朱墨翟之言 盈天下 天下之言 不歸楊 則歸墨 楊氏爲我 是無君也 墨氏兼愛 是無父也 無父無君 是禽獸也 (중략) 楊墨之道不息 孔子之道不著 是邪說誣民 充塞仁義也 仁義充塞 則率獸食人 人將相食 吾爲此懼 閑先聖之道 距楊墨 放淫辭 邪說者不得作 作於其心 害於其事 作於其事 害於其政 聖人復起 不易吾言矣 (중략) 我亦欲正人心 息邪說 距詖行 放淫辭 以承三聖者 豈好辯哉 予不得已也 能言

距楊墨者 聖人之徒也." 「등문공 하」 제9장

● 이 장을 호변장好辯章이라 한다. 맹자는 이 장에서 일치일란一治一亂 (세상은 한 번 다스려지면 한 번 혼란이 온다는 뜻)의 역사를 개괄하면서 난세를 극복하는 책임이 자신에게 있다고 하였다. 맹자는 자기 시대의 혼란은 사악한 설의 횡행에서 비롯되었다고 보았다. 특히 당시 성행하던 양주와 묵적의 설이 인륜을 무시하는 무부無父·무군無君이라는 점을 지적, 비판하여 공자의 도를 지키려 하였다. 후대 유학자들은 양주의 극단적 이기주의와 묵적의 극단적 겸애주의를 비판할 때 흔히 맹자가 말한 '아비를 무시한다' 또는 '임금을 무시한다'는 점을 강조한다. 이는 이들의 설이 유교의 핵심인 부자유친父子有親·군신유의君臣有義의 인仁·의義를 무시한다고 보기 때문이다.

제7편

천리를
거역하는 자는
망한다

인정仁政을 행하지 않으면 천하를 다스릴 수 없다

맹자께서 말씀하셨다. "이루離婁 같은 밝은 눈과 공수자公輸子 같은 솜씨를 가지고도 규구規矩(컴퍼스·곡척)를 쓰지 않으면 네모와 동그라미를 그릴 수 없으며, 사광師曠 같은 밝은 귀를 가지고도 육률六律을 쓰지 않으면 오음五音을 바로잡을 수 없으며, 요·순의 도를 따르고도 인정仁政을 행하지 않으면 천하를 평치할 수 없다. 오늘날의 군주에게 인심仁心과 인문仁聞이 있는데도 백성이 그 은택을 입지 못하여 후세의 법도가 될 수 없는 것은 선왕의 도를 행하지 않기 때문이다. 그러므로 나는 '한갓 선善만으로는 정사를 행하기에 부족하고, 한갓 법만으로는 저절로 행해질 수 없다'고 하는 것이다.

『시경』에 '잘못을 저지르지 않고 선왕의 도를 잊지 않는 것은 예전의 법도를 따르기 때문이다'라고 하였으니, 선왕의 법도를 따르는데

도 잘못되는 경우는 아직까지 없다. 성인은 시력을 다 쓰고서 규구준
승規矩準繩(컴퍼스·곡척·수평기·먹줄)의 법도를 추가하였으니 네모·동그라미·
수평·수직을 만드는 데 그 도를 이루 다 쓸 수 없었으며, 성인은 청력
을 다 쓰고서 육률六律을 추가하였으니 오음五音을 바로잡는 데 그 도를
이루 다 쓸 수 없었으며, 성인은 심사心思를 다하고서 남에게 차마 함부
로 하지 못하는 정사政事를 추가하였으니 인仁이 온 천하를 뒤덮었다.

그러므로 옛말에 '높은 것을 만들되 반드시 구릉丘陵을 따르고, 낮
은 것을 만들되 반드시 천택川澤(내와 못)을 따르라'라고 하였으니, 정사
를 하면서 선왕의 도를 따르지 않으면 지혜롭다고 말할 수 있겠는가."
(하략)

孟子曰 "離婁之明 公輸子之巧 不以規矩 不能成方員(圓) 師曠之聰 不以
六律 不能正五音 堯舜之道 不以仁政 不能平治天下 今有仁心仁聞 而民不被
其澤 不可法於後世者 不行先王之道也 故曰 '徒善不足以爲政 徒法不能以自
行' 詩云 '不愆不忘 率由舊章' 遵先王之法而過者 未之有也 聖人旣竭目力焉
繼之以規矩準繩 以爲方員平直 不可勝用也 旣竭耳力焉 繼之以六律正五音
不可勝用也 旣竭心思焉 繼之以不忍人之政 而仁覆天下矣 故曰 '爲高必因丘
陵 爲下必因川澤' 爲政不因先王之道 可謂智乎." (하략) 「이루 상」 제1장

● 이루는 황제黃帝 때 사람으로 100보 밖에서도 미세한 새털을 구분
할 정도로 시력이 좋았다. 공수자는 이름이 공수반公輸班 또는 공수반
公輸般으로, 노나라의 솜씨 좋은 목수다. 규구規矩는 컴퍼스와 곡척曲尺으
로 동그라미와 직각을 그리는 도구다. 규구를 쓰지 않으면 네모와 동
그라미를 그릴 수 없다는 것은, 아무리 타고난 재주가 빼어나더라도

법도를 따르지 않으면 일을 제대로 할 수 없다는 뜻이다. 사광은 진晉나라 때 악사樂師로 절대음감을 가졌던 인물이다. 이 역시 음악을 할 때도 타고난 재주만으로 되는 것이 아니라 율려律呂라는 법도가 필요하다는 것이다. 마찬가지로 요·순의 도를 가지고서도 인정仁政을 펴지 않으면 천하를 평치할 수 없다는 것으로, 인정의 중요성을 강조한 것이다. 이 장은 타고난 자질만으로는 천하를 평치할 수 없으니 선왕의 도를 따라야 하는데, 선왕의 도는 남에게 차마 함부로 하지 못하는 마음으로 인정을 펴는 것이 핵심임을 말한 것이다.

요堯·순舜 같은 성인이 인륜의 표준이다

맹자께서 말씀하셨다. "규規·구矩는 네모와 동그라미를 만드는 지극한 표준이고, 성인은 인륜의 지극한 표준이다. 군주가 되고자 하면 군주의 도리를 극진히 해야 하고, 신하가 되고자 하면 신하의 도리를 극진히 해야 한다. 이 두 가지 모두 요임금·순임금을 본받을 따름이다. 순임금이 요임금을 섬기던 것으로써 군주를 섬기지 않으면 군주를 공경하지 않는 것이고, 요임금이 백성을 다스리던 도로써 백성을 다스리지 않으면 백성을 해치는 것이다. 공자께서 '길은 두 가지니, 인仁과 불인不仁뿐이다'라고 하셨다. 임금이 백성에게 포학하게 함이 심하면 그 몸은 시해를 당하고 그 나라는 망하며, 포학하게 함이 심하지 않으면 그 몸은 위태롭고 그 국토는 줄어든다. 그리하여 죽은 뒤에 시호를 유幽 또는 여厲라 붙이면 비록 효자와 자애로운 후손이 나오더라도 백세토록 그 나쁜 시호를 고칠 수 없다. 『시경』에 '은殷나라 주왕紂王이 거울로 삼아야 할 것은 멀리 있지 않다. 바로 하夏나라 걸왕桀王의 시대에 있다'라고 하였으니, 바로 이런 것을 말한 것이다."

孟子曰 "規矩 方員(圓)之至也 聖人 人倫之至也 欲爲君 盡君道 欲爲臣 盡臣道 二者 皆法堯舜而已矣 不以舜之所以事堯事君 不敬其君者也 不以堯之所以治民治民 賊其民者也 孔子曰 '道二 仁與不仁而已矣' 暴其民甚 則身弑國亡 不甚 則身危國削 名之曰幽厲 雖孝子慈孫 百世不能改也 詩云 '殷鑒不遠 在夏后之世' 此之謂也." 「이루 상」 제2장

● 네모와 동그라미를 그리는 데 컴퍼스와 곡척曲尺을 표준으로 삼듯이, 정치를 하려면 요임금·순임금 같은 성인을 표준으로 삼아야 한다는 말이다. 그래서 인정을 펴지 않으면 불인한 정치를 하여 백성을 해치게 되고, 그런 정치가는 죽은 뒤에 유幽·여厲와 같은 나쁜 시호로 일컬어지게 되어 영원히 모욕을 당한다는 것이다. 유幽는 사회의 분위기를 꽉 막히게 하여 불통하게 한 경우, 제사를 바꾸고 정상적인 도리를 어지럽힌 경우에 붙이는 시호다. 여厲는 무고한 사람을 많이 죽였을 때 붙이는 시호다. 주나라 중엽의 왕 중에 유왕幽王과 여왕厲王이 있다. 참고로 은나라 마지막 왕의 시호는 주紂인데, 이는 말의 항문 밑을 지나가는 고삐라는 뜻으로 오물이 떨어져 가장 더러운 곳을 상징한다. 물론 주나라 사람들이 그의 사후에 붙인 시호인데, '똥 묻은 말고삐처럼 더러운 놈'이라는 뜻이다. 이런 오명은 역사에 영원히 전해지니, 이보다 더 부끄러운 일은 없을 것이다. 그의 후손들은 무슨 면목으로 얼굴을 들고 세상을 살아가겠는가.

불인不仁하면 천하를 잃고 자신을 잃는다

맹자께서 말씀하셨다. "삼대의 왕조가 천하를 얻을 적에는 인정仁政을 폈기 때문이고, 천하를 잃을 적에는 인정을 펴지 않았기 때문이다. 제후의 나라가 없어지고 일어나고 보존되고 망하는 것도 이와 같다. 천자가 불인하면 온 세상을 보전하지 못하고, 제후가 불인하면 사직社稷을 보전하지 못하고, 경·대부가 불인하면 종묘宗廟를 보전하지 못하고, 사士·서인庶人이 불인하면 자기 몸을 보전하지 못한다. 오늘날에는 죽거나 망하는 것을 싫어하면서도 불인을 좋아하니, 이는 취하는 것을 싫어하면서도 술을 억지로 마시는 것과 같다."

孟子曰 "三代之得天下也 以仁 其失天下也 以不仁 國之所以廢興存亡者 亦然 天子不仁 不保四海 諸侯不仁 不保社稷 卿大夫不仁 不保宗廟 士庶人 不仁 不保四體 今惡死亡而樂不仁 是猶惡醉而强酒." 「이루 상」 제3장

● 삼대三代는 하나라·은나라·주나라를 가리킨다. 이 나라가 건국할 때는 인정을 펴서 천하를 얻었고, 망할 때는 불인하여 망했다는 것이다. 사람이 불인하면 자기 몸도 보전할 수 없다는 말은 인이 사람에게 그 무엇보다 중요함을 깨닫게 한다.

남이 나를 친애하지 않으면 나의 인仁을 돌아보라

맹자께서 말씀하셨다. "내가 남을 사랑하는데 그가 나를 친애하지 않으면 나의 인仁을 돌아보고, 내가 남을 다스리는데 다스려지지 않으면 나의 지智를 돌아보고, 내가 남을 예우하는데 그가 답례하지 않으면 나의 경敬을 돌아보아야 한다. 어떤 일을 행하고서 원하는 바를 얻지 못하면 모두 돌이켜 나에게서 그 원인을 찾아야 한다. 자기 자신이 바르면 천하 사람들이 자기에게 귀의할 것이다. 『시경』에 '영원히 천명에 합하기를 생각하는 것이 스스로 많은 복을 구하는 길이네'라고 하였다."

孟子曰 "愛人不親 反其仁 治人不治 反其智 禮人不答 反其敬 行有不得者 皆反求諸己 其身正而天下歸之 詩云 '永言配命 自求多福.'" 「이루 상」 제4장

● 이 장의 주제어는 반구저기反求諸己다. 자기 자신에게서 원인을 찾는다는 뜻이다. 나와 남의 관계에서 우리는 남을 탓하고 남을 비난하기 쉽다. 그러면서도 정작 자신에게 문제점이 있는지를 돌아보지 않는다. 맹자는 이런 마음을 정확히 읽고 있었다. 그리하여 이와 같은 세 가지를 들어 말한 것이다. 우리는 흔히 내가 상대에게 잘 대해주는데 그가 나를 시큰둥하게 대하면, 서운한 마음을 갖고 그를 욕한다. 자신에게 무슨 문제가 있기에 그가 나에게 그런 태도를 취하는지에 대해서는 생각이 미치지 못한다. 그러나 이럴 때 나를 향상시키기 위해서는 '왜 그럴까?'를 돌이켜 생각해야 한다. 이것이 마음을 다스리는 공부법이다.

천리를 거역하는 자는 망한다

맹자께서 말씀하셨다. "천하에 도가 있을 때는 덕이 작은 자가 덕이 큰 자에게 사역을 당하고, 조금 어진 이가 크게 어진 이에게 사역을 당한다. 천하에 도가 없을 때는 작은 자가 큰 자에게 사역을 당하고, 약한 자가 강한 자에게 사역을 당한다. 이 두 가지는 자연의 형세이니, 천리에 순응하는 자는 생존하고, 천리를 거역하는 자는 망한다." (하략)

孟子曰 "天下有道 小德役大德 小賢役大賢 天下無道 小役大 弱役强 斯二者 天也 順天者存 逆天者亡." (하략) 「이루 상」 제7장

● 이 장에 나오는 '순천자존 역천자망順天者存 逆天者亡'은 『명심보감』 첫머리에도 있는 명구다. '천리에 순응하는 자는 살아남고, 천리를 거역하는 자는 망한다'는 이 말은 지금도 우리에게 뭉클한 감동을 준다. 힘의 논리가 지배하는 오늘날에는 약한 자가 강한 자에게 먹히는 먹이사슬 속에서 살아가지만, 약한 자가 강한 자를 인정하고 옹립하는 것은 아니다. 그러나 도덕과 윤리가 살아 있던 시대에는 자신보다 학식이 많고 덕망이 높은 사람을 존중하고 친애하였다.

모욕을 받을 만한 짓을 한 뒤에 남이 나를 업신여긴다

맹자께서 말씀하셨다. "불인^{不仁}한 자가 충직한 말을 해줄 수 있겠는가. 불인한 자는 위태로운 것을 편안히 여기고 재앙이 될 일을 이롭게 여기며 나라를 망하게 할 일을 즐겁게 여긴다. 불인한데도 충직한 말을 해줄 수 있다면 어찌 나라를 망하게 하고 가문을 멸하게 하는 일이 있겠는가. 어린아이들이 '창랑^{滄浪}의 물이 맑으면 나의 갓끈을 씻고, 창랑의 물이 흐리면 나의 발을 씻으리'라고 노래하자, 공자께서 '얘들아, 저 노래를 들어보아라. 물이 맑으면 갓끈을 씻고 물이 흐리면 발을 씻는다고 하니, 이것은 물이 스스로 초래한 것이다'라고 하셨다. 사람도 반드시 스스로 업신여길 만한 짓을 한 뒤에야 남이 그를 업신여기며, 가문도 반드시 스스로 무너질 만한 일을 한 뒤에야 남이 무너뜨리는 것이며, 나라도 반드시 스스로 공격을 받을 만한 짓을 한 뒤에야 남이 공격하는 것이다. 『서경』「태갑^{太甲}」에 '하늘이 내린 재앙은 그래도 피할 수 있지만, 스스로 만든 재앙은 피할 길이 없어 살아남을 수 없네'라고 하였으니, 바로 이런 것을 말한 것이다."

孟子曰 "不仁者 可與言哉 安其危而利其菑 樂其所以亡者 不仁而可與言 則何亡國敗家之有 有孺子歌曰 '滄浪之水淸兮 可以濯我纓 滄浪之水濁兮 可以濯我足' 孔子曰 '小子聽之 淸斯濯纓 濁斯濯足矣 自取之也' 夫人必自侮 然後人侮之 家必自毁 而後人毁之 國必自伐 而後人伐之 太甲曰 '天作孽 猶可違 自作孽 不可活' 此之謂也." 「이루 상」제8장

● 이 장에 인용된 어린아이들이 부른 노래를 창랑가^{滄浪歌}라 한다.

창랑은 강물의 명칭으로 한수漢水 동쪽의 지류다. 물의 맑고 흐림에 따라 사람이 대하는 것이 다르다는 점을 인식하고, 공자는 '스스로 그것을 취한 것이다〔自取之〕'라고 하였다. 다시 맹자는 이를 풀이하여, 사람의 경우도, 국가의 경우도 남들에게 업신여길 만한 짓을 스스로 한 뒤에 남들이 업신여긴다는 점을 역설하여, 문제의 발단이 자신에게 있음을 돌아보게 하였다. 기실 모든 일의 발단은 자신에게 있다. 집안이 망하고 나라가 망하는 것도 마찬가지다. 우리는 역사 속에서 그런 경우를 얼마든지 확인할 수 있다. 그러니 정치하는 사람은 남들이 우리나라를 업신여길 만한 일을 하고 있지나 않은지 늘 돌아보아야 한다.

자포자기하는 자와 함께할 일은 아무것도 없다

맹자께서 말씀하셨다. "스스로 자신을 해치는 자〔自暴者〕와는 더불어 어떤 일을 말할 수 없고, 스스로 자신을 버리는 자〔自棄者〕와는 더불어 어떤 일을 할 수 없다. 하는 말이 예禮·의義를 비방하는 자를 자포자라 하고, 자기 자신은 인仁에 거처하고 의義를 따를 수 없다고 말하는 자를 자기자라 한다. 인은 사람이 편안하게 살 집〔安宅〕이고, 의는 사람이 걸어갈 바른길〔正路〕이다. 사람들이 편안한 집을 비워두고 거처하지 않으며, 바른길을 버려두고 경유하지 않으니, 애처롭구나!"

孟子曰 "自暴者 不可與有言也 自棄者 不可與有爲也 言非禮義 謂之自暴也 吾身不能居仁由義也 謂之自棄也 仁 人之安宅也 義 人之正路也 曠安宅而弗居 舍正路而不由 哀哉." 「이루 상」 제10장

● 이 장에는 명구가 두 번 등장한다. 하나는 자포자기自暴自棄이고, 하나는 인·의를 안택安宅·정로正路에 비유한 구절이다. 맹자가 말한 대로 자신을 해치는 자포자自暴者는 인간의 본성을 무시하고 헐뜯는 자로, 결국 자신의 본성을 해쳐 악행을 일삼는 사람이다. 자신을 버리는 자기자自棄者는 소극적이고 자신감이 없어 인·의를 따르려는 의욕을 상실한 사람이다. 맹자는 인仁을 안택에, 의義를 정로에 비유하여 실생활 속에서 그 가치를 인식하게 했다. 이 말을 곱씹어보면 맛이 더해진다. 내가 일생을 편안히 살 집은 호화로운 저택이 아니고 바로 인으로 지은 집이다. 인욕人欲이 정화되고 천리天理가 보존된 집에서 공명정대한 마음으로 일생을 살면 그보다 더한 행복은 없을 것이다. 그리고 세상을 살면서 내가 실천해야 할 일은 바른길을 따라가는 것이다. 바른길은 합리적 사유의 길이고, 사회적 정의를 이룩하는 길이다.

다시 맹자가 살던 시대를 돌아보니, 맹자는 약육강식의 소용돌이 속에 살면서도 안택·정로를 인생의 지표로 내세우며 흔들리지 않았다. 그래서 우리가 택해야 할 집과 길은 안택·정로임을 다시 확신하게 된다.

도는 가까이 있는데 멀리서 구하고 있다

맹자께서 말씀하셨다. "도는 가까운 곳에 있는데 먼 곳에서 구하고, 일은 쉬운 데 있는데 어려운 데서 찾는다. 사람마다 각기 자기 어버이를 친애하고 자기 어른을 섬기면 천하가 평치될 것이다."

孟子曰 "道在爾(邇)而求諸遠 事在易而求諸難 人人親其親 長其長而天下
平." 「이루 상」 제11장

● 도는 길이다. 그 길은 인간의 길이다. 인간이 걸어온 길이고, 인
간이 걸어갈 길이다. 그래서 도는 우리의 일상 속에 있다. 나는 젊은
시절 '도는 어묵동정語默動靜(말과 침묵과 움직임과 고요함)에 있다'고 하는 문구
를 보면 도무지 이해할 수가 없었다. 그런데 맹자의 이 말을 접하고 나
서부터는 그 말이 귀에 순하게 들린다. '도는 사람에게서 멀리 떨어져
있지 않다(道不遠人)'는 말은 『중용』에 보이는데, 그것은 도가 자신의
마음속에 있기 때문이다. 사람이 사람답게 사는 것, 그것이 도다. 사람
이 사람답게 사는 것 중에서 부모를 친애하고 어른을 공경하는 것보
다 더 소중한 것은 없다. 이것이 행복하게 사는 방법이고, 이것이 사람
의 도리다. 도인은 산속에 있지 않다. 바로 사람답게 사는 길을 따라가
는 사람이 도인이다. 그런데 우리는 도인을 청학동 같은 곳에서 찾고
있다.

남의 스승이 되기를 좋아하는 것이 병폐다

맹자께서 말씀하셨다. "사람들의 병통은 남의 스승이 되기를 좋아
하는 데 있다."

孟子曰 "人之患在好爲人師." 「이루 상」 제23장

● 참으로 인간의 속성을 꼭 집어내 말한 명언 중의 명언이다. 대체로 50~60대가 되면 말이 많아지고 자기주장이 강해진다. 그 전에는 어른이나 상관의 눈치를 보기 때문에 함부로 나서서 말을 하지 않다가, 이 나이가 되면 어느 정도 지위에 올라 아랫사람이 많기 때문에 남을 가르치고 싶어 한다. 그런 마음이 생기면 공부를 게을리하고 가르치기를 좋아한다. 여기서 공자의 말을 돌아보지 않을 수 없다. "배우기를 싫증내지 않고, 가르치기를 게을리하지 않는다〔學不厭 敎不倦〕." 배움과 가르침, 이중에 언제나 배움이 먼저다. 배우지 않고 가르치기만 하면 오래지 않아 밑천이 떨어지게 된다. 그래서 '가르침과 배움은 서로 길러준다〔敎學相長〕'고 하는 것이다. 특히 교육자는 교육만 하는 사람이 아니라, 학문을 하면서 교육을 하는 사람이다. 학문을 하지 않고 교육만 하면 진정한 교육자가 될 수 없다. 오늘날에도 진정한 교육자가 없는 것은 아니다. 그러나 남의 스승이 되고 싶어 하기 때문에 진정한 스승을 만나지 못하는 것이다.

대인은
어린아이의 순수한 마음을
잃지 않는다

신하가 군주 보기를 원수처럼 하는 경우

　맹자께서 제 선왕齊宣王에게 "군주가 신하 보기를 수족手足같이 하면 신하가 군주 보기를 복심腹心같이 하고, 군주가 신하 보기를 개·말같이 하면 신하가 군주 보기를 등한한 사람[國人]같이 하고, 군주가 신하 보기를 흙·풀같이 하면 신하가 군주 보기를 원수[寇讎]같이 합니다"라고 하시자, 제 선왕이 "예에 따르면 신하는 옛 군주를 위해 상복을 입게 되어 있는데, 어떠해야 신하가 옛 군주를 위해 상복을 입을 수 있습니까?"라고 하여, 맹자께서 "신하의 간언이 행해지고 진언이 받아들여져 은택이 백성에게 내려지고, 그가 연유가 있어 나라를 떠나게 되면 군주는 사람을 보내 그를 인도해 국경을 넘어가게 하고, 또 그가 가는 나라에 먼저 연락하여 그의 훌륭한 점을 알리며, 그가 떠난 지 3년이 되어도 돌아오지 않으면 그의 토지와 주택을 환수합니다. 이를 일러

세 가지 예우함이 있다고 하는 것입니다. 이와 같이 하면 그가 옛 군주를 위해 상복을 입습니다. 오늘날에는 신하가 되어 간언하면 행해지지 않으며 진언을 하면 받아들이지 않아 은택이 백성에게 미치지 못하고, 연유가 있어 나라를 떠나가면 군주가 그의 가족을 잡아들이고, 또 그가 가는 나라에 연락하여 그를 곤궁하게 하며, 그가 떠나는 날 바로 그의 토지와 주택을 환수합니다. 이를 원수라고 합니다. 그러니 원수를 위해 상복을 입는 일이 있겠습니까?"라고 하셨다.

孟子告齊宣王曰 "君之視臣如手足 則臣視君如腹心 君之視臣如犬馬 則臣視君如國人 君之視臣如土芥 則臣視君如寇讐" 王曰 "禮 爲舊君有服 何如 斯可爲服矣" 曰 "諫行言聽 膏澤下於民 有故而去 則君使人導之出疆 又先於其所往 去三年不反 然後收其田里 此之謂三有禮焉 如此則爲之服矣 今也 爲臣諫則不行 言則不聽 膏澤不下於民 有故而去 則君搏執之 又極之於其所往 去之日 遂收其田里 此之謂寇讐 寇讐 何服之有." 「이루 하」 제3장

● 수족手足과 복심腹心은 내외의 구분이 있어 더 깊은 의미가 있다. '개·말같이 한다'는 것은 먹여주기만 하고 함부로 부린다는 뜻이다. '등한한 사람같이 한다'는 것은 나와 아무 상관이 없는 사람처럼 등한히 대한다는 뜻이다. 흙·풀은 천하게 여겨 함부로 밟고 베는 것이니, '흙·풀같이 한다'는 것은 함부로 짓밟고 죽이는 것을 말한다. 맹자는 군주와 신하의 관계를 이처럼 세 가지로 나누어 군신관계가 어떻게 맺어져야 하는지를 직설적으로 말했다.

대인은 어린아이의 순수한 마음을 잃지 않는다

맹자께서 말씀하셨다. "대인大人은 어린아이[赤子]의 마음을 잃지 않는 사람이다."

孟子曰 "大人者 不失其赤子之心者也." 「이루 하」 제12장

● 맹자는 대인大人을 자주 말하였다. 대인은 일반적으로 지위가 높은 사람을 일컫지만, 맹자가 자주 말한 대인은 대체大體를 기르고 대체를 따르는 도덕군자를 말한다. 맹자는 「진심 하」 제25장에서 문인 악정자樂正子를 평하면서 사람이 할 만한 선善, 선을 자신에게 소유하는 신信, 그것을 자신에게 가득 채우는 미美, 가득 채워 빛이 발휘되는 대大, 대大의 단계를 지나 자연스럽게 자신을 변화시키는 성聖, 성聖하지만 아무도 그것을 모르는 신神 등 여섯 단계로 말하였다. 맹자는 자신이 아직 성聖의 단계에는 미치지 못했지만 대大의 경지에는 도달한 것으로 자부한 듯하다. 이 장에서 말하는 대인도 이런 의미의 대인인데, 마음이 순일純一하다는 점에 초점을 맞추어 그 순수성을 말한 것이다. 마음이 순수하고 한결같아 조금의 거짓도 없는 사람이 바로 대인이라는 것이다.

군자는 자득自得을 추구한다

맹자께서 말씀하셨다. "군자가 도리에 맞게 어느 경지로 깊이 나아

가는 것은 그 이치를 스스로 터득하고자 해서다. 이치를 스스로 터득하면 마음가짐이 편안해지고, 마음가짐이 편안해지면 그 이치에 의지함이 깊어지고, 그 이치에 의지함이 깊어지면 일상에서 어떤 일을 할 때 그 근원을 만나게 된다. 그러므로 군자는 스스로 그 이치를 터득하고자 하는 것이다."

孟子曰 "君子深造之以道 欲其自得之也 自得之 則居之安 居之安 則資之深 資之深 則取之左右 逢其原 故 君子欲其自得之也." 「이루 하」제14장

● 이 장의 요지는 자득自得이다. 스스로 깨달아 얻는다는 뜻인 자득은 조선시대 학자들이 매우 강조한 공부법이다. 특히 실천을 중시한 조식曹植, 경세치용經世致用을 강조한 이익李瀷과 같은 학자들은 이 자득을 공부의 근본으로 삼았다. 어떤 이치를 스스로 터득하고 나면, 일상생활 속에서 어떤 일을 조처할 때 모두 그 이치에 따라 행하게 된다. 이치에 따라 행하기 때문에 그 근원을 알게 되고, 나아가 그 결과까지도 예측할 수 있게 된다. 사물에는 반드시 본말이 있다. 마치 물이 샘으로부터 솟아나 부단히 흘러 바다에 이르는 것처럼, 어떤 일이 있을 경우에 그 본원이 무엇인지, 지금의 상태가 어떤지, 앞으로 어떻게 전개될 것인지를 미루어 알게 된다. 그래서 자득은 본체를 밝혀 쓰임에 적합하게 하는 근본이 되는 것이다.

근원이 있는 물은 마르지 않고 밤낮으로 흐른다

서자徐子가 묻기를 "중니仲尼께서 자주 물을 일컬으시어 '물이여, 물이여!'라고 하셨으니, 물에서 무엇을 취하신 것입니까?"라고 하자, 맹자께서 "근원이 있는 물은 부단히 솟아나와 밤낮을 쉬지 않고 흘러 웅덩이를 만나면 웅덩이를 가득 채운 뒤에야 드디어 바다에 이르니, 근본이 있는 것은 이와 같다. 바로 이 점을 취하신 것이다. 만일 근본이 없게 되면, 7, 8월 사이에 비가 내려 도랑에 물이 가득 차더라도 그 물이 말라 없어지는 것은 서서도 기다릴 수 있다. 그러므로 명성이 실정보다 지나치는 것을 군자는 부끄러워한다"라고 하셨다.

徐子曰 "仲尼亟稱於水 曰 '水哉 水哉' 何取於水也" 孟子曰 "原泉混混 不舍晝夜 盈科而後進 放乎四海 有本者如是 是之取爾 苟爲無本 七八月之閒雨集溝澮皆盈 其涸也 可立而待也 故 聲聞過情 君子恥之." 「이루 하」 제18장

● 서자는 맹자의 제자인 서벽徐辟이다. 『논어』 「자한」 제16장에 "공자께서 시냇가에 서 계시면서 '흘러가는 것은 저와 같구나. 밤낮으로 쉬지 않는구나'라고 하셨다"라고 한 말이 있는데, 공자는 시냇물을 보면 자주 탄식을 하였다고 한다. 그런데 그런 공자의 마음을 세상 사람들은 잘 이해하지 못했다. 서벽도 공자가 왜 물을 보고 자주 탄식했는지를 이해할 수 없어 맹자에게 질문했는데, 맹자가 그 의미를 이와 같이 설명해준 것이다. 맹자의 말에는 두 가지 의미가 있다. 하나는 우리가 눈으로 보는 냇물은 근원이 있다는 것이고, 또 하나는 물은 높은 데서 낮은 데로 부단히 흘러가는 이치가 있다는 것이다. 전자는 근본을

말하고, 후자는 이치를 말한다. 우리의 삶에도 근본이 있고 이치가 있다. 삶의 근본은 하늘이 본성을 부여한 것이고, 삶의 이치는 그 본성을 따르며 사는 것이다. 맹자는 여기서 특히 근본을 강조했는데, 그것은 우리가 살아가면서 근본을 자주 잊기 때문이다. 물을 보고 물의 근원을 생각하듯, 하늘을 우러러 나의 근본을 돌아보면, 인생은 절로 자연의 이치를 따르며 살게 될 것이다.

우임금은 맛난 술을 싫어하고 선한 말을 좋아했다

맹자께서 말씀하셨다. "우禹임금은 맛난 술을 싫어하고 선한 말을 좋아하셨다. 탕湯임금은 중도中道를 잡으시고, 현자를 등용하되 신분의 유형을 따짐이 없으셨다. 문왕文王은 백성 보기를 상처 난 사람을 돌보듯 하셨으며, 도를 바라보기를 미처 보지 못한 듯이 하셨다. 무왕武王은 가까운 자를 함부로 대하지 않으시고, 멀리 있는 자를 잊지 않으셨다. 주공周公은 위의 세 왕조의 네 왕이 한 일을 겸하고자 생각하여 네 가지 일을 시행하되 마음에 합하지 않는 점이 있으면 우러러 생각하여 밤새도록 고민해서 다행히 그 본지를 터득하면 자리에 눕지 않고 그대로 앉아 날이 새기를 기다리셨다."

孟子曰 "禹 惡旨酒而好善言 湯 執中 立賢無方 文王 視民如傷 望道而未之見 武王 不泄邇 不忘遠 周公 思兼三王 以施四事 其有不合者 仰而思之 夜以繼日 幸而得之 坐以待旦." 「이루 하」 제20장

● 삼왕三王은 하나라의 우임금, 은나라의 탕임금, 주나라의 문왕·무왕을 말하고, 사사四事는 이 네 임금이 한 일을 말한다. 이 장은 요·순 이후 역대 성인들의 행적을 거론하여 그들이 노심초사하며 부지런히 민생을 돌봄으로써 태평시대를 연 원인을 말한 것이다. 주공은 천자의 지위에 오르지 못했지만, 부친 문왕과 형 무왕을 도와 주나라의 문물제도를 완비한 인물이다. 그는 역대 성왕이 한 일을 현실에 시행하면서 그 본래의 취지를 이해하지 못할 경우 밤을 새워가면서 터득하려 고심했고, 그 본지를 터득하면 얼른 시행하려고 자지 않고 앉아서 아침이 오기를 기다렸다. 이런 주공의 마음으로 일을 하면 세상에 성취하지 못할 일이 없을 것이다. 그러나 사람들은 무사안일에 빠져 이렇게 하지 못한다. 패망은 아무 일이 일어나지 않는다고 편안히 여겨 마음가짐이 나태해진 사람에게 찾아온다.

죽지 않아도 될 경우에 죽으면 용기를 손상한다

맹자께서 말씀하셨다. "얼핏 보면 취取해도 되는데 깊이 살피면 취하지 말아야 되는 경우에 취해서 청렴을 손상시키며, 얼핏 보면 주어도 되는데 깊이 살피면 주지 말아야 되는 경우에 주어서 은혜를 손상시키며, 얼핏 보면 죽어도 되는데 깊이 살피면 죽지 말아야 되는 경우에 죽어서 용맹을 손상시킨다."

孟子曰 "可以取 可以無取 取傷廉 可以與 可以無與 與傷惠 可以死 可以無死 死傷勇."「이루 하」제23장

● 어떤 물건을 내가 취하거나 남에게 줄 때 깊이 살펴 중도에 맞는지를 생각해야 한다. 그렇지 않으면 자신의 청렴이나 은혜를 손상하게 된다. 목숨을 바칠 경우도 마찬가지다. 국가와 민족을 위해 목숨을 기꺼이 바치면 의로운 용사가 되지만, 작은 절개를 위해 목숨을 바치면 의미 없는 죽음이 될 수 있다.

군자가 일반인과 다른 점은 존심存心하기 때문이다

맹자께서 말씀하셨다. "군자가 일반인과 다른 점은 그가 마음을 보존하기 때문이다. 군자는 인仁을 마음에 보전하고 예禮를 마음에 보전한다. 인자仁者는 남을 사랑하고, 예가 있는 자는 남을 공경한다. 남을 사랑하는 자는 남이 항상 그를 사랑하고, 남을 공경하는 자는 남이 항상 그를 공경한다. 여기에 어떤 사람이 있다고 하자. 그가 사리에 맞지 않게 함부로 나를 대하면 군자는 스스로를 돌이켜 '내가 분명 어질지 못했고, 내가 분명 예가 없었는가? 이러한 일이 어찌 나에게 일어날까?'라고 반드시 생각한다. 스스로를 돌이켜보아도 어질고 스스로를 돌이켜보아도 예가 있었는데 그가 사리에 맞지 않게 함부로 나를 대하는 것이 여전하다면 군자는 스스로를 돌이켜 '내가 분명 진실하지 못했던가?'라고 반드시 생각한다. 스스로를 돌이켜보아 진실했는데도 그가 사리에 맞지 않게 함부로 나를 대하는 것이 여전하다면 군자는 '이 사람은 또한 망령된 사람일 뿐이다'라고 생각한다. 이와 같은 사람은 금수와 어찌 다르겠는가. 또한 금수에 대해 무엇을 힐난하겠는가. 그러므로 군자는 평생 동안의 근심은 있으나, 하루아침의 걱정은 없다. 그래서 근심하는 일로는 이런 것이 있으니, '순임금도 사람이며 나도 사람이다. 순임금은 천하에 모범이 되어 후세에 전할 만한데, 나는 아직 시골뜨기 신세를 면치 못하고 있다'라는 것이다. 이런 것이 근심할 만한 일이다. 그러면 근심을 어떻게 해야 할까? 순임금과 같이 되기를 근심할 따름이다. 군자는 하루아침의 걱정은 없으니, 인이 아니면 행하지 않으며, 예가 아니면 행하지 않는지라 하루아침의 걱정이 있더라도 군자는 걱정하지 않는다."

孟子曰 "君子所以異於人者 以其存心也 君子以仁存心 以禮存心 仁者愛人 有禮者敬人 愛人者 人恒愛之 敬人者 人恒敬之 有人於此 其待我以橫逆 則君子必自反也 '我必不仁也 必無禮也 此物奚宜至哉' 其自反而仁矣 自反而有禮矣 其橫逆由是也 君子必自反也 '我必不忠' 自反而忠矣 其橫逆由是也 君子曰 '此亦妄人也已矣' 如此則與禽獸奚擇哉 於禽獸 又何難焉 是故 君子有終身之憂 無一朝之患也 乃若所憂則有之 '舜 人也 我 亦人也 舜爲法於天下可傳於後世 我由未免爲鄕人也' 是則可憂也 憂之如何 如舜而已矣 若夫君子所患則亡矣 非仁無爲也 非禮無行也 如有一朝之患 則君子不患矣." 「이루 하」

제28장

● 이 글에서 우憂는 '평생 동안의 근심'으로, 환患은 '하루아침의 걱정'으로 쓰였다. 존심存心은 마음을 보존한다는 뜻으로, 마음에 인의예지의 본성을 늘 보존한다는 말이다. 그래서 마음을 보존하여 본성을 기른다고 한다. 이런 점에 조금의 부끄러움도 없으면 지극한 덕을

갖추게 된다. 그런 대표적인 인물이 여기서 말하는 순임금이다. 그래서 순임금처럼 되고자 하는 것이 공부의 목표다. 유학은 성인을 절대자로 보지 않는다. 인간의 도리를 갈고닦아 지극한 덕을 갖춘 인물이 성인인데, 어디까지나 인간으로 보지 신으로 보지 않는다. 그리고 사람은 심성을 수양하면 누구나 성인이 될 수 있다고 가르친다. 공자의 제자 안회가 그랬고, 이 글에서 '순임금도 사람이고 나도 사람이니, 나도 순임금처럼 될 수 있다'라고 한 것이 그런 말이다. 얼마나 대단한 희망의 메시지인가. 신라 말에 선종禪宗이 들어와 '누구나 깨달으면 부처가 될 수 있다'고 하자, 하천한 사람들이 구름처럼 모여들어 선사를 떠받들었다. 그전에는 부처가 왕인 줄 알았는데, 자신도 부처가 될 수 있다고 하니, 얼마나 매력이 있었겠는가. 유학은 그보다 훨씬 먼저 사람은 누구나 성인이 될 수 있다고 가르쳤다.

다섯 가지 불효

공도자公都子가 "광장匡章은 나라 안의 모든 사람들이 그를 불효자라고 일컫는데, 선생께서는 그와 교유를 하시고, 또 그를 예우하기까지 하시니, 감히 여쭙건대 무엇 때문입니까?"라고 하자, 맹자께서 "세속에서 이른바 불효라고 하는 것이 다섯 가지가 있다. 사지를 게을리하여 부모 봉양하는 일을 돌보지 않는 것이 첫 번째 불효이고, 장기와 바둑을 두며 술 마시기를 좋아하면서 부모 봉양하는 일을 돌보지 않는 것이 두 번째 불효이고, 재물을 좋아하고 처자식만을 사사로이 보

살피면서 부모 봉양하는 일을 돌보지 않는 것이 세 번째 불효이고, 귀와 눈의 욕망을 좇아 부모를 욕되게 하는 것이 네 번째 불효이고, 용맹스러움을 좋아하여 남과 싸우고 분노해서 부모를 위태롭게 하는 것이 다섯 번째 불효이다. 장자章子(광장)에게 이중 한 가지라도 해당되는 게 있던가? 장자는 부자지간에 선을 권하다가(責善) 마음이 서로 맞지 않은 경우다. 선을 권하는 것은 벗 사이의 도리이니, 부자지간에 선을 권하는 것은 은혜를 크게 해치는 것이다. 장자라고 해서 어찌 남편과 아내, 아들과 어머니 같은 가족관계를 갖기를 원하지 않았겠는가마는 아버지에게 죄를 얻어서 이들을 가까이할 수 없었다. 이 때문에 아내를 내보내고 자식들을 물리쳐서 종신토록 처자의 봉양을 받지 않은 것이다. 그의 마음에 '이와 같이 하지 않으면 이는 죄가 크다'고 생각한 것이니, 이런 사람이 장자다"라고 하셨다.

公都子曰 "匡章 通國皆稱不孝焉 夫子與之遊 又從而禮貌之 敢問何也" 孟子曰 "世俗所謂不孝者五 惰其四肢 不顧父母之養 一不孝也 博奕好飮酒 不顧父母之養 二不孝也 好貨財私妻子 不顧父母之養 三不孝也 從耳目之欲 以爲父母戮 四不孝也 好勇鬪狠 以危父母 五不孝也 章子有一於是乎 夫章子 子父責善而不相遇也 責善 朋友之道也 父子責善 賊恩之大者 夫章子 豈不欲有夫妻子母之屬哉 爲得罪於父 不得近 出妻屛子 終身不養焉 其設心以爲不若是 是則罪之大者 是則章子已矣." 「이루 하」 제30장

● 공도자는 맹자의 제자이고, 광장(장자)은 제나라 사람이다. 이 장에서는 두 가지를 눈여겨볼 만하다. 하나는 다섯 가지 불효다. 맹자가 비록 세속의 다섯 가지 불효라고 하였지만 오늘날에도 여전히 유효하

다. 효는 인간사회의 윤활유와 같다. 이 효가 없으면 그 사회는 삭막해져서 더이상 인정을 찾을 수 없게 된다. 어른에 대한 공경심(悌)은 이미 우리 사회에서 없어졌지만, 효는 아직 완전히 없어지지는 않았다. 이 효마저 사라지면 우리 사회는 어떻게 될까? 또 하나 눈여겨볼 것은 대중적인 비난을 받더라도 당사자의 진정성을 다시 확인해볼 공평무사한 마음이 있어야 한다는 점이다. 사람은 여론에 부화뇌동하기가 쉬워 당사자의 진정성이 무엇인지 직접 확인하지 않고 남의 말을 그냥 믿어버리는 경우가 많다. 그럴 경우 진정성이 왜곡될 소지가 있으니, 진실이 무엇인지를 반드시 따져보아야 한다.

부당하게 부귀영달을 구하는 자는 아내도 부끄러워한다

맹자께서 말씀하셨다. "제나라 사람 중 일처(妻)·일첩(妾)을 두고 한 집에 사는 자가 있었다. 남편이 밖으로 나가면 반드시 술과 고기를 배불리 먹은 뒤에 돌아왔다. 아내가 '오늘은 누구와 음식을 드셨소?'라고 물으면, 남편의 대답은 모두 부귀한 사람들이었다. 아내가 첩에게 '남편이 외출하면 반드시 술과 고기를 배불리 드신 뒤 돌아오기에 내가 누구와 음식을 드셨는지 물었더니, 모두 부귀한 사람들이라고 했네. 그런데 이름난 사람이 우리 집에 찾아온 적이 없으니, 내 남편이 가는 곳을 몰래 미행해야겠네'라고 하고서, 아침 일찍 일어나 남편이 가는 곳을 미행하였다. 남편이 도성 안을 두루 돌아다녀도 그와 서서 대화를 나누는 사람은 하나도 없었다. 남편은 마침내 동쪽 성곽의 공동묘지에서 제사를 지내는 자에게 다가가 남은 음식을 빌어먹고, 부족하면 또 돌아보고 다른 곳으로 가서 빌어먹었다. 이것이 남편이 술과 고기를 배불리 얻어먹는 방법이었다. 아내가 돌아와 첩에게 '남편은 우리가 우러러보면서 한평생 따라야 할 사람인데 지금 이와 같은 짓을 하고 있네'라고 하고서, 첩과 함께 남편을 원망하며 뜰에서 울고 있었다. 남편은 그것도 모르고 의기양양하게 밖에서 돌아와 처와 첩에게 교만을 떨었다. 군자의 입장에서 보건대, 사람들이 부귀·영달을 추구하는 방법을 그의 처첩이 안다면 부끄러워하지 않고 서로 더불어 울지 않을 자가 거의 드물 것이다."

〈孟子曰〉"齊人有一妻一妾而處室者 其良人出 則必饜酒肉而後反 其妻問所與飮食者 則盡富貴也 其妻告其妾曰 '良人出 則必饜酒肉而後反 問其與飮食者 盡富貴也 而未嘗有顯者來 吾將瞯良人之所之也' 蚤起 施從良人之所之 徧國中 無與立談者 卒之東郭墦閒 之祭者 乞其餘 不足 又顧而之他 此其爲饜足之道也 其妻歸 告其妾曰 '良人者 所仰望而終身也 今若此' 與其妾訕其良人 而相泣於中庭 而良人未之知也 施施從外來 驕其妻妾 由君子觀之 則人之所以求富貴利達者 其妻妾不羞也而不相泣者 幾希矣." 「이루 하」 제33장

● 아내는 나와 가장 가까운 사람인데, 그를 대하는 데 진정성이 없다면 그 나머지는 말할 필요도 없다. 진정성이 없는 사람은 아내도 부끄러워하고 자식도 부끄러워한다. 아내와 자식에게 부끄러운 사람이 되면, 살아가는 존재의 의미가 어디에 있겠는가?

천하의
백성이 따라야
천명을 받는다

하늘은 말하지 않고 행사行事로 보여줄 따름이다

만장萬章이 "요堯임금이 천하를 순舜에게 주셨다고 하니, 그런 일이 있었습니까?"라고 하자, 맹자께서 "아니다. 천자는 천하를 남에게 함부로 줄 수 없다"라고 하시니, 만장이 "그렇다면 순이 천하를 소유했는데 이는 누가 그분에게 준 것입니까?"라고 하여, 맹자께서 "하늘이 그분에게 천하를 주신 것이다"라고 하셨다. 다시 만장이 "하늘이 그분에게 천하를 주었다는 것은 상세하게 말하면서 명령한 것입니까?"라고 하여, 맹자께서 "아니다. 하늘은 말하지 않는다. 행사行事로써 보여줄 따름이다"라고 하셨다.

만장이 "행사로써 보여준다는 것은 어떻게 하는 것입니까?"라고 하여, 맹자께서 "천자는 하늘에 어떤 사람을 천거할 수는 있을지언정 하늘로 하여금 그에게 천하를 주게 할 수는 없으며, 제후는 천자에게 어떤 사람을 천거할 수는 있을지언정 천자로 하여금 그에게 제후 자리를 주게 할 수는 없으며, 대부는 제후에게 어떤 사람을 천거할 수는 있을지언정 제후로 하여금 그에게 대부 자리를 주게 할 수는 없다. 옛날 요임금이 하늘에 순을 천거하자 하늘이 그를 받아들였고, 백성에게 그를 드러내 보이자 백성이 그를 받아들였다. 그러므로 '하늘은 말하지 않는다. 행사로써 보여줄 따름이다'라고 말하는 것이다"라고 하셨다.

만장이 "감히 여쭙건대, '하늘에 그를 천거하자 하늘이 그를 받아들이고, 백성에게 그를 드러내자 백성이 그를 받아들였다'는 것은 어떻게 한 것을 말합니까?"라고 하자, 맹자께서 "요임금이 순으로 하여금 제사를 주관하게 하였는데 여러 신이 흠향하였으니 이는 하늘이 그를 받아들인 것이며, 정사를 주관하게 하였는데 정사가 잘 다스려져 백성이 편안하였으니 이는 백성이 그를 받아들인 것이다. 하늘이 그에게 주고 백성이 그에게 주었기 때문에 '천자는 천하를 남에게 줄 수 없다'고 말한 것이다. 순이 요임금을 28년 동안 도왔으니, 이는 인력으로 할 수 있는 일이 아니고, 하늘이 그렇게 한 것이다. 요임금이 붕어하자 삼년상을 마치고 순은 요임금의 아들을 피하여 남하南河의 남쪽으로 갔는데, 천자에게 조회하는 천하의 제후들은 요임금의 아들에게 가지 않고 순에게 갔으며, 소송하는 자들도 요임금의 아들에게 가지 않고 순에게 갔으며, 덕을 칭송하는 자들은 요임금의 아들을 칭송하지 않고 순을 칭송하였다. 그러므로 '하늘이 그렇게 한 것이다'라고 말한 것이다. 그런 뒤에 수도로 가서 천자의 지위에 오르셨다. 만일 순이 요임금의 궁궐에 거처하면서 요임금의 아들을 핍박하였다면 이는 찬탈이지, 하늘이 준 것이 아니다. 『서경』「태서太誓」에 '하늘이 보는 것은 우리 백성이 보는 것을 따르며, 하늘이 듣는 것은 우리 백성이 듣는 것을 따른다'라고 하였으니, 바로 이런 점을 말한 것이다"라고 하셨다.

萬章曰 "堯以天下與舜 有諸" 孟子曰 "否 天子 不能以天下與人"〈曰〉"然則舜有天下也 孰與之" 曰 "天與之"〈曰〉"天與之者 諄諄然命之乎" 曰 "否 天不言 以行與事示之而已矣" 曰 "以行與事示之者 如之何" 曰 "天子 能薦人於天 不能使天與之天下 諸侯 能薦人於天子 不能使天子與之諸侯 大夫 能薦人於諸侯 不能使諸侯與之大夫 昔者 堯薦舜於天 而天受之 暴之於民 而民受之 故曰 '天不言 以行與事示之而已矣'" 曰 "敢問薦之於天 而天受之 暴之於民 而民受之 如何" 曰 "使之主祭而百神享之 是天受之 使之主事而事治 百姓安之 是民受之也 天與之 人與之 故曰 '天子 不能以天下與人' 舜相堯二十有八載 非人之所能爲也 天也 堯崩 三年之喪畢 舜避堯之子於南河之南 天下諸侯朝覲者 不之堯之子而之舜 訟獄者 不之堯之子而之舜 謳歌者 不謳歌堯之子而謳歌舜 故曰 '天也' 夫然後之中國 踐天子位焉 而居堯之宮 逼堯之子 是簒也 非天與也 太誓曰 '天視自我民視 天聽自我民聽' 此之謂也." 「만장 상」제5장

● 이 장에서는 천명天命에 대해 구체적으로 말하고 있다. 하늘은 말이 없고 행사로써 보여줄 따름이라는 말은, 순에게 제사를 주관하게 한 행위와 정사를 섭정하게 한 일을 가리킨다. 행사는 현실세계의 일이다. 그런데 하늘은 입이 없고 귀가 없고 눈이 없다. 그러나 하늘은 백성의 눈과 귀와 입을 통해서 보고 듣고 의사표시를 한다. 그래서 세상 사람들에게 보여주어 백성의 지지를 받음으로써 천명을 받게 되는

것이다. 이 장의 마지막에 인용한 『서경』 「태서」의 문구는 맹자의 사상이 어디에서 근원하고 있는지를 보여준다. '하늘이 보고 듣는 것은 우리 백성이 보고 듣는 것을 따른다'는 말은, 민심은 천심이라고 한 말을 다시 돌아보게 한다. 정치적으로 천명을 받는 것은 곧 백성의 지지를 얻는 것이다.

천하의 백성이 따라야 천명을 받는다

만장이 "사람들이 '우禹임금에 이르러 덕이 쇠해서 현자에게 왕위를 물려주지 않고 아들에게 물려주었다'고 하니, 그런 일이 있었습니까?"라고 하여, 맹자께서 "아니다. 그렇지 않다. 하늘이 현자에게 주려 하면 현자에게 주고, 하늘이 아들에게 주려 하면 아들에게 주는 것이다. 옛날 순임금이 우를 하늘에 천거한 지 17년 만에 붕어하자, 삼년상을 마치고 우는 순임금의 아들을 피해서 양성陽城으로 갔는데, 천하의 백성이 따르기를 요임금이 붕어한 뒤 그의 아들을 따르지 않고 순을 따른 것처럼 하였다. 우임금이 익益을 하늘에 천거한 지 7년 만에 붕어하자, 삼년상을 마치고 익이 우임금의 아들 계啓를 피해서 기산箕山 북쪽으로 갔는데, 조회하고 소송하는 자들이 익에게 가지 않고 우임금의 아들 계에게 가면서 '우리 임금의 아들이다'라고 하였으며, 덕을 칭송하는 자들이 익을 칭송하지 않고 계를 칭송하면서 '우리 임금의 아들이다'라고 하였다. 요임금의 아들 단주丹朱가 불초했는데, 순임금의 아들도 불초했다. 순이 요임금을 도운 것과 우가 순임금을 도운 것은 햇수가 길어 백성에게 은택을 베푼 지 오래되었고, 계는 어질어 능히 우임금의 도를 공경히 계승하였으며, 또 익이 우임금을 도운 것은 햇수가 적어 백성에게 은택을 베푼 것이 오래되지 못했다. 순·우가 임금을 도운 기간은 길고 익이 임금을 도운 기간은 짧으며, 그의 아들들이 어질고 불초함은 모두 하늘의 뜻인지라, 인력으로 할 수 있는 바가 아니다. 의도하지 않았는데도 그렇게 되는 것은 하늘의 뜻이고, 부르지 않았는데도 스스로 오는 것은 천명이다. 필부로서 천하를 소유하는 자는 덕이 반드시 순임금·우임금과 같아야 하고, 또 천자의 천거가 있어야 한다. 그러므로 중니仲尼께서 천하를 소유하지 못하신 것이다. 대를 이어 천하를 소유하는 사람들에 대해 하늘이 버리는 경우는 반드시 걸桀·주紂와 같은 자들이 나왔을 때다. 그러므로 익益·이윤伊尹·주공周公이 천하를 소유하지 못하신 것이다." (하략)

萬章問曰 "人有言 '至於禹而德衰 不傳於賢而傳於子' 有諸" 孟子曰 "否 不然也 天與賢 則與賢 天與子 則與子 昔者 舜薦禹於天 十有七年 舜崩 三年之喪畢 禹避舜之子於陽城 天下之民從之 若堯崩之後 不從堯之子而從舜也 禹薦益於天 七年 禹崩 三年之喪畢 益避禹之子於箕山之陰 朝覲訟獄者 不之益而之啓曰'吾君之子也' 謳歌者 不謳歌益而謳歌啓曰'吾君之子也' 丹朱之不肖 舜之子亦不肖 舜之相堯 禹之相舜也 歷年多 施澤於民久 啓賢 能敬承繼禹之道 益之相禹也 歷年少 施澤於民未久 舜禹益 相去久遠 其子之賢不肖 皆天也 非人之所能爲也 莫之爲而爲者 天也 莫之致而至者 命也 匹夫而有天下者 德必若舜禹 而又有天子薦之者 故 仲尼不有天下 繼世以有天下 天之所廢 必若桀紂者也 故 益伊尹周公不有天下." (하략) 「만장 상」 제6장

● 요임금은 순에게 왕위를 물려주고, 순임금은 우에게 왕위를 물려주었는데, 우임금은 후계자인 익益에게 왕위를 물려주지 않고 아들 계啓에게 왕위를 물려주었으니, 누구나 의심을 품을 수 있다. 이에 대해 맹자는 백성의 지지에 따라 그렇게 되는 것이지, 인력으로 할 수 있는 일이 아니라고 하였다. 역시 천명은 백성의 마음에 의해 결정된다는 점을 밝힌 것이다.

이윤伊尹은 요·순의 도를 펴기 위해 탕임금에게 갔다

만장이 "사람들이 하는 말에 '이윤伊尹이 요리 솜씨로 탕湯임금에게 벼슬자리를 구하였다'고 하는데, 그러한 일이 있었습니까?"라고 하여, 맹자께서 "아니다. 그렇지 않다. 이윤은 유신씨有莘氏의 나라 초야에서 농사지으며 요·순의 도를 즐겼는데 의리가 아니고 도가 아니면 천하로써 녹을 주더라도 돌아보지 않고, 4,000필의 말을 매어놓아도 돌아보지 않았다. 또한 의리가 아니고 도가 아니면 지푸라기 하나도 남에게서 취하지 않았다. 탕임금이 사람을 보내 폐백을 올리고 그를 초빙하자, 이윤은 무심한 표정으로 '내가 탕임금의 폐백을 어디에 쓰겠는가. 내가 그에게 나아가는 것이 농촌에 살면서 이대로 요·순의 도를 즐기는 것과 어찌 같겠는가'라고 하였다. 탕임금이 세 번 사람을 보내 초빙하자, 이윤이 이윽고 돌연 마음을 고쳐먹고서 '내가 농촌에 살면서 이대로 요·순의 도를 즐기는 것이 내가 이 군주로 하여금 요·순과 같은 군주가 되게 하는 것과 어찌 같겠으며, 내가 이 백성으로 하여금 요·순 시대의 백성이 되게 하는 것과 어찌 같겠으며, 내가 내 몸에서 직접 요·순 시대의 정치를 보는 것과 어찌 같겠는가. 하늘이 이 백성을 태어나게 한 데에는 먼저 안 자로 하여금 늦게 아는 자를 깨우치며, 먼저 깨달은 자로 하여금 늦게 깨닫는 자를 깨우치게 하려는 의도가 있다. 나는 하늘이 낸 백성 중에 먼저 깨달은 자이니, 내가 도로써 백성을 깨우칠 것이다. 내가 이들을 깨우치지 않는다면 누가 하겠는가'라고 생각하였다. 그리고 이윤은 '이 세상 사람 일반인 중에 요·순의 은택을 입지 못한 자가 있다면 그것은 마치 자기가 그들을 구렁텅이에 밀쳐 넣은 것과 같다'고 생각하였으니, 그가 천하의 무거운 책임을 스스로 짊어진 것이 이와 같았다. 그러므로 탕임금에게 나아가 유세하여 하夏나라를 정벌해 백성을 구제한 것이다." (하략)

萬章問曰 "人有言 '伊尹以割烹要湯' 有諸" 孟子曰 "否 不然 伊尹耕於有莘之野 而樂堯舜之道焉 非其義也 非其道也 祿之以天下 弗顧也 繫馬千駟 弗視也 非其義也 非其道也 一介不以與人 一介不以取諸人 湯使人以幣聘之 囂囂然曰 '我何以湯之聘幣爲哉 我豈若處畎畝之中 由是以樂堯舜之道哉' 湯三使往聘之 旣而幡然改曰 '與我處畎畝之中 由是以樂堯舜之道 吾豈若使是君爲堯舜之君哉 吾豈若使是民爲堯舜之民哉 吾豈若於吾身親見之哉 天之生此民也 使先知覺後知 使先覺覺後覺也 予 天民之先覺者也 予 將以斯道覺斯民也 非予覺之而誰也' 思天下之民匹夫匹婦 有不被堯舜之澤者 若己推而内(納)之溝中 其自任以天下之重如此 故 就湯而說之以伐夏救民." (하략) 「만장상」 제7장

● 이윤은 세속에서 전하는 말처럼 요리 솜씨로 탕임금에게 벼슬

자리를 구한 것이 아니고, 탕임금의 삼고초려를 받고서 요·순의 정치를 당대에 펴기 위해 나아간 것이라고 맹자는 역설하고 있다. 그 실상은 알 수 없지만, 이윤은 역성혁명을 기획하고 실행한 인물이니, 요·순 시대의 정치를 당대에 구현하고자 하는 높은 이상이 있었을 것이다. 임금을 요·순 같은 임금으로 만들고, 백성을 요·순 시대의 백성으로 만들겠다는 말을 음미해볼 필요가 있다. 진정으로 도에 대한 책임을 지고 세상을 바꾸고자 한다면, 이런 책임의식이 있어야 한다. 세상의 선각자라고 하는 사람은 바로 이윤 같은 사람이 아니겠는가. 후대 새로운 세상을 만들고자 하는 사람들은 이윤을 롤모델로 삼았다. 예컨대 조선 중기 조식曺植은 세상에 나아가면 이윤처럼 해야 하고, 나아가지 않으면 안회顏回처럼 안빈낙도하는 것이 사士의 본분이라고 하였다. 조식도 새로운 세상을 만들고 싶어 하였다. 그러나 탕임금과 같은 군주를 만나지 못해 초야에서 한평생 안회의 길을 걸었다.

벗함이란
그의 덕을
벗하는 것이다

공자는 집대성한 분이다

맹자께서 말씀하셨다. "백이伯夷는 눈으로 나쁜 빛깔을 보지 않았고, 귀로 나쁜 소리를 듣지 않았으며, 섬길 만한 군주가 아니면 섬기지 않았고, 부릴 만한 백성이 아니면 부리지 않았다. 세상이 다스려지면 나아가고, 세상이 혼란스러우면 물러났다. 횡포한 정치가 나오는 곳과 횡포한 백성이 거주하는 곳에는 차마 거처하지 못하였으며, 무지한 사람들과 함께 사는 것을 마치 관복을 입고 관모를 쓰고서 더러운 흙덩이나 숯덩이 위에 앉는 것처럼 생각하였다. 은나라 주왕紂王 때는 북해 변경에 살면서 천하가 깨끗해지기를 기다렸다. 그러므로 백이의 풍도風度를 들은 사람은 성질이 모질고 사나운 자도 청렴해지고 의지가 나약한 자도 의지를 세우게 되었다.

이윤伊尹은 '어느 사람을 섬긴들 군주가 아니며, 어느 사람을 부린들 백성이 아니겠는가'라고 생각하여, 세상이 다스려져도 나아가고 혼란해도 나아갔다. 그는 '하늘이 이 백성을 태어나게 한 데에는 먼저 안 자로 하여금 늦게 아는 자를 깨우치며, 먼저 깨달은 자로 하여금 늦게 깨닫는 자를 깨우치게 한 것이다. 나는 하늘이 내린 사람 중 먼저 깨달은 자이니, 이 도로써 이 백성을 깨우치겠다'라고 생각하였으며, 이 세상 사람 일반인 중에 요·순의 은택을 입지 못한 자가 있다면 그것은 마치 자신이 그를 구렁텅이에 밀어 넣은 것과 같이 생각하였으니, 이는 천하의 무거운 책임을 스스로 짊어진 것이다.

유하혜柳下惠는 더러운 군주를 섬기는 것도 부끄러워하지 않았고, 낮은 벼슬이라도 사양하지 않았으며, 나아가면 자신의 어진 덕을 숨기지 않고 반드시 정도를 걸었다. 등용되지 않고 버려져도 원망하지 않았고, 곤궁해도 걱정하지 않았으며, 무지한 사람들과 함께 있을 적에도 느긋한 자세로 차마 떠나지 못하면서 '너는 너고 나는 나니, 네가 비록 내 옆에서 옷을 걷거나 벗는 등 무례한 짓을 하더라도 네가 어찌 나를 더럽힐 수 있겠는가'라고 생각하였다. 그러므로 유하혜의 풍도를 들은 사람은 비루한 자도 관대해지고, 야박한 자도 돈후해졌다.

공자께서 제나라를 떠나실 때는 밥을 지으려고 물에 담가놓은 쌀을 건져가지고 황급히 떠나셨다. 그런데 노나라를 떠나실 때는 '발걸음이 무거워 떨어지지 않는구나'라고 하셨으니, 이것이 부모의 나라를 떠나는 도리다. 속히 떠날 수 있으면 속히 떠나고, 오래 머물 수 있으면 오래 머물며, 초야에 물러나 있을 수 있으면 물러나 살고, 벼슬할 수 있으면 벼슬한 분이 바로 공자이시다."

맹자께서 또 말씀하셨다. "백이는 성인 중에 청자淸者고, 이윤은 성인 중에 임자^{任者}고, 유하혜는 성인 중에 화자^{和者}고, 공자는 성인 중에 시자^{時者}다. 공자를 집대성^{集大成}한 분이라 일컬으니, 집대성이란 음악을 연주할 때 금성^{金聲}인 종소리로 시작해서 옥성^{玉聲}인 경쇠소리로 끝맺는 것과 같다. 금성이란 조리^{條理}를 시작하는 것이고, 옥성이란 조리를 끝맺는 것이다. 조리를 시작하는 것은 지혜(智)의 일이고, 조리를 끝맺는 것은 성^聖의 일이다. 지혜는 비유하자면 솜씨와 같고, 성^聖은 비유하자면 힘과 같다. 이는 100보 밖에서 화살을 쏘는 것과 같으니, 화살이 과녁에 이르는 것은 그의 힘이지만, 화살이 과녁에 적중하는 것은 그의 힘이 아니고 지혜다."

孟子曰 "伯夷 目不視惡色 耳不聽惡聲 非其君不事 非其民不使 治則進 亂則退 橫政之所出 橫民之所止 不忍居也 思與鄕人處 如以朝衣朝冠坐於塗炭也 當紂之時 居北海之濱 以待天下之淸也 故 聞伯夷之風者 頑夫廉 懦夫有立志 伊尹曰 '何事非君 何使非民' 治亦進 亂亦進 曰 '天之生斯民也 使先知覺後知 使先覺覺後覺 予 天民之先覺者也 予 將以此道覺此民也' 思天下之民匹夫匹婦 有不與被堯舜之澤者 若己推而內(納)之溝中 其自任以天下之重也 柳下惠 不羞汚君 不辭小官 進不隱賢 必以其道 遺佚而不怨 阨窮而不憫 與鄕人處 由由然不忍去也 '爾爲爾 我爲我 雖袒裼裸裎於我側 爾焉能浼我哉' 故 聞柳下惠之風者 鄙夫寬 薄夫敦 孔子之去齊 接淅而行 去魯曰 '遲遲吾行也 去父母國之道也' 可以速而速 可以久而久 可以處而處 可以仕而仕 孔子也" 孟子曰 "伯夷 聖之淸者也 伊尹 聖之任者也 柳下惠 聖之和者也 孔子 聖之時者也 孔子之謂集大成 集大成也者 金聲而玉振之也 金聲也者 始條理也 玉振之也者 終條理也 始條理者 智之事也 終條理者 聖之事也 智譬則巧也 聖譬則力也 由射於百步之外也 其至爾力也 其中非爾力也." 「萬章 下」 제1장

● 백이·이윤·유하혜·공자는 모두 성인이다. 백이는 주나라 무왕^{武王}이 은나라 주왕^{紂王}을 정벌하러 갈 때 말고삐를 잡고 간언한 인물이고, 이윤은 은나라 탕^湯임금을 도와 태평시대를 연 인물이고, 유하혜는 춘추시대 노나라 대부다. 맹자는 이들을 모두 성인으로 보아 성지청자^{聖之淸者}(성인 가운데 청렴한 사람), 성지임자^{聖之任者}(성인 가운데 책임감이 강한 사람), 성지화자^{聖之和者}(성인 가운데 화합을 이룰 줄 아는 사람)로 그 특징을 드러냈다. 그리고 공자는 시중^{時中}을 한 분으로 그때그때의 상황에 따라 모두 중용의 도를 써서 적절하게 대응한 성지시자^{聖之時者}(성인 가운데 당시의 현실 사정에 알맞게 행동하는 사람)로 평했다. 맹자가 「공손추 상」 제9장에서 백이의 경우는 너무 좁고 유하혜의 경우는 공손하지 못하다고 하면서 군자가 그들의 도를 따르지 않는다고 평한 것은 그들의 단점을 꼬집어 지적한 것이지, 성인이 아니라고 한 말이 아니다.

맹자는 공자를 인류의 지혜를 집대성한 분으로 평하였다. 그리고 집대성을 음악에 비유하여 시조리^{始條理}(일이나 행동 따위를 시작하는 조리)와 종조리^{終條理}(일이나 행동 따위를 마무리 짓는 조리)를 다 갖춘 것으로 설명하였다. 마지막에 시조리를 지^智, 종조리를 성^聖의 일로 보면서 활쏘기에 비유하여 지^智를 교^巧, 성^聖을 역^力에 견주었는데, 이는 백이·이윤·유하혜는 화살이 과녁까지 도달할 정도로 성인의 경지에 이르렀지만 화살이 과녁에 적중하지는 못하여 이 두 측면을 겸비한 공자보다 온전하지 못하다는 점을 드러낸 것이다. 백이·이윤·유하혜가 비록 공자만 못하더라도 인류 역사상 영원히 기억될 행적을 보인 성인들이다. 백이의 청렴성, 이윤의 책임감, 유하혜의 참여정신은 어느 시대나 인류가 추구해야 할 이상이자 목표다. 이들 모두 우리 선현들의 롤모델이 된 인물들이다.

벗함이란 그의 덕을 벗하는 것이다

만장萬章이 "감히 벗에 대해 여쭙습니다"라고 하자, 맹자께서 "나이가 많은 것을 뻐기지 않고 벗해야 하고, 신분이 귀한 것을 뻐기지 않고 벗해야 하고, 형제가 많은 것을 뻐기지 않고 벗해야 한다. 벗함이란 그의 덕을 벗하는 것이니, 뻐기는 것이 있어서는 안 된다. 맹헌자孟獻子는 전차 100대를 출동할 수 있는 가문 사람이었다. 그에게 벗 다섯 사람이 있었는데, 악정구樂正裘·목중牧仲과 나머지 세 사람의 이름은 잊었다. 맹헌자가 이 다섯 사람과 벗할 적에 자신의 가문에 대해 의식하지 않았다. 이 다섯 사람이 맹헌자의 가문을 의식했다면 맹헌자는 이들과 벗하지 않았을 것이다."(하략)

萬章問曰 "敢問友" 孟子曰 "不挾長 不挾貴 不挾兄弟而友 友也者 友其德也 不可以有挾也 孟獻子 百乘之家也 有友五人焉 樂正裘牧仲 其三人 則予忘之矣 獻子之與此五人者 友也 無獻子之家者也 此五人者 亦有獻子之家 則不與之友矣." (하략) 「만장 하」 제3장

● 맹헌자는 노나라 대부 중손멸仲孫蔑이다. 벗이란 의리로 만나는 사이이기 때문에 그의 덕을 벗하는 것이라고 말한 것이다. 그래서 이외의 다른 것, 예컨대 나이가 많은 것, 신분이 귀한 것, 돈이 많은 것,

형제가 많은 것, 형제 중에 유명한 사람이 있는 것 등을 마음속에 두고서 벗하면 진정한 사귐이 아니라는 것이다. 조선 후기 박지원朴趾源이 「예덕선생전穢德先生傳」에서 당시의 허세적인 벗함을 신랄하게 풍자한 것도 진정한 벗함에 대한 자기반성이 있었기 때문이다. 누구에게나 이런저런 벗이 있기 마련인데, 평생의 지기는 만나기가 쉽지 않다. 세상을 살아가면서 누구나 한 번쯤은 벗에 대해 돌아볼 터인데, 진정한 벗은 나의 인성을 북돋아줄 수 있어야 한다.

사士가 제후에게 의탁하는 것은 예가 아니다

만장이 "사士가 제후에게 의탁하지 않는 것은 어째서입니까?"라고 하자, 맹자께서 "감히 그렇게 하지 못하는 것이다. 제후가 나라를 잃은 뒤 다른 제후에게 의탁하는 것은 예이지만, 사가 제후에게 의탁하는 것은 예가 아니다"라고 하셨다. 만장이 "군주가 곡식을 보내주면 사는 그것을 받습니까?"라고 하자, 맹자께서 "받는다"라고 하셨다. 만장이 다시 "받는 것은 무슨 의리입니까?"라고 하자, 맹자께서 "군주는 백성에 대해 참으로 구휼해줄 의무가 있다"라고 하셨다. 만장이 "군주가 구휼해주면 받고, 하사하면 받지 않는 것은 어째서입니까?"라고 하자, 맹자께서 "감히 받지 못하는 것이다"라고 하셨다. 다시 만장이 "여쭙건대 감히 받지 못하는 것은 어째서입니까?"라고 하자, 맹자께서 "관문을 지키거나 야경을 도는 자들은 모두 일정한 직업이 있어 위에서 녹을 받아먹고 산다. 그런데 일정한 직업도 없이 위에서 하사하는 것을 받아먹고 사는 것은 공손하지 않은 것이라고 생각하기 때문이다"
라고 하셨다. (하략)

萬章曰 "士之不託諸侯 何也" 孟子曰 "不敢也 諸侯失國而後託於諸侯 禮
也 士之託於諸侯 非禮也" 萬章曰 "君餽之粟 則受之乎" 曰 "受之" 〈曰〉 "受之
何義也" 曰 "君之於氓也 固周之" 曰 "周之則受 賜之則不受 何也" 曰 "不敢也"
曰 "敢問 其不敢 何也" 曰 "抱關擊柝者 皆有常職以食於上 無常職而賜於上
者 以爲不恭也." (하략) 「만장 하」 제6장

● 사士는 독서하여 도를 구하는 것을 본분으로 하는 사람이다. 이
들이 벼슬하지 않을 때, 국가의 지원을 받아야 할 것인가, 받는다면 어
떤 경우에 받는가, 또한 어느 정도까지 받을 것인가 하는 문제를 만장
의 질문에 따라 맹자가 답한 것이다. 요지는 사는 제후에게 의탁하지
않는다는 것이다. 선거철만 되면 권력을 가진 자에게 줄을 서는 오늘
날의 풍속도와는 사뭇 다르다. 사의 자존심은 어디로 간 것일까?

과거를 돌아보며 옛사람을 벗하다

맹자께서 만장에게 말씀하셨다. "한 고을의 선사善士여야 한 고을의
선사를 벗할 수 있고, 한 나라의 선사여야 한 나라의 선사를 벗할 수
있고, 천하의 선사여야 천하의 선사를 벗할 수 있다. 천하의 선사를 벗
하는 것으로도 만족하지 못하여 다시 위로 올라가 옛사람을 논하니,
옛사람의 시를 외우고 옛사람의 글을 읽으면서도 옛사람의 사람됨을

알지 못한다면 말이 되겠는가. 그러므로 옛사람이 당시 행한 일을 논하는 것이니, 이것이 바로 위로 올라가 옛사람을 벗하는 것이다.”

孟子謂萬章曰 “一鄕之善士 斯友一鄕之善士 一國之善士 斯友一國之善士 天下之善士 斯友天下之善士 以友天下之善士 爲未足 又尙論古之人 頌其詩 讀其書 不知其人 可乎 是以 論其世也 是尙友也.” 「만장 하」 제8장

● 이 장의 요지는 상우천고尙友千古다. 먼 옛날로 거슬러 올라가 옛사람과 벗을 삼는다는 뜻이다. 사士는 왜 자기 시대 살아 있는 사람을 벗하는 데 만족하지 못하고 옛사람을 벗하는 것일까? 공자와 맹자는 왜 자기 시대의 현인들에 만족하지 못하고 요·순시대의 사람을 들먹인 것일까? 당대 사람들의 행적은 다 드러나지 않을뿐더러 훌륭한 사람을 다 알 수도 없다. 반면에 역사 속의 훌륭한 인물은 후세에 더욱 알려지고 그의 훌륭한 행적도 널리 전파된다. 그래서 성인은 당대 사람 중에는 없고 반드시 옛사람 중에 있다. 역사 속의 옛사람을 벗하며 그의 행적을 논한다는 것은 공자·맹자가 순임금의 효를 재평가하여 인간사회의 보편적 진리로 해석한 것과 같은 것이다. 인문학자는 고전을 연구한다. 고전을 연구하는 사람은 옛사람을 벗하며 그의 학문과 사상을 논하여 현재의 삶을 진단하고 미래의 향방을 제시한다. 옛사람을 벗하면 짝사랑하는 경우가 많지만, 살아 있는 사람을 벗하는 것보다 좋은 점이 많다. 그중 하나가 절대로 실망하지 않고 알면 알수록 그리움만 더한다는 사실이다. 그래서 인문학은 깊이 들어갈수록 더욱 묘미가 있다.

나무는 기를 줄 알면서도
자신은 기를 줄
모른다

고자의 인내의외설仁內義外說은 맞지 않다

　고자告子가 "식욕과 성욕은 본성입니다. 그리고 인仁은 내면에서 생기는 것이지 외부로부터 말미암는 것이 아니고, 의義는 외부로부터 말미암는 것이지 내면에서 생기는 것이 아닙니다"라고 하였다. 맹자께서 "무엇 때문에 인은 내적이고 의는 외적이라고 말하는 것입니까?"라고 하시니, 고자가 "저 사람은 나보다 나이가 많기 때문에 내가 그를 어른으로 대접하는 것이지, 나에게 그를 어른으로 여기는 마음이 본래부터 있는 것이 아닙니다. 이는 저것이 백색이어서 내가 그것을 백색이라고 여기는 것과 같습니다. 그것이 백색이라고 느끼는 것은 외부에서 말미암기 때문에 의는 외부로부터 말미암는다고 하는 것입니다"라고 하였다. 맹자께서 "백마의 백색은 백인의 백색과 다름이 없지만, 나이 많은 말을 늙은 말로 여기는 것은 나이 많은 사람을 어른으로 여기는 점과 다름이 없다고 생각합니까? 또한 나이 많은 것을 의義라고 생각합니까? 그런 사람을 어른으로 대하는 것을 의라고 생각합니까?"라고 하시자, 고자가 "나의 아우는 사랑하고, 나와 상관없는 진秦나라 사람의 아우는 사랑하지 않으니, 이는 나를 위주로 하여 기쁘게 여기는 것이므로 내면에서 생기는 것이라고 합니다. 그런데 초楚나라 사람의 어른도 어른으로 대하고, 또 우리 집안의 어른도 어른으로 대하니, 이는 어른을 위주로 하여 기쁘게 여기는 것이므로 외면에서 말미암는다고 하는 것입니다"라고 하였다. 맹자께서 "우리가 진나라의 불고기를 좋아하는 것은 우리나라의 불고기를 좋아하는 것과 다를 바 없습니다. 사물 자체를 두고 보면 그대의 말과 같은 점이 있습니다. 그렇다면 우리가 불고기를 좋아하는 그 마음도 외부로부터 말미암는다고 생각합니까?"라고 하셨다.

告子曰 "食色性也 仁 內也 非外也 義 外也 非內也" 孟子曰 "何以謂仁內義外也" 曰 "彼長而我長之 非有長於我也 猶彼白而我白之 從其白於外也 故 謂之外也" 曰 "〈異於〉白馬之白也 無以異於白人之白也 不識 長馬之長也 無以異於長人之長與 且謂長者義乎 長之者義乎" 曰 "吾弟則愛之 秦人之弟則不愛也 是以我爲悅者也 故 謂之內 長楚人之長 亦長吾之長 是以長爲悅者也 故謂之外也" 曰 "耆秦人之炙 無以異於耆吾炙 夫物則亦有然者也 然則耆炙亦有外歟." 「고자 상」 제4장

● 고자는 고불해告不害로 맹자와 동시대 사상가다. 「고자 상」 제1장부터 제4장까지는 맹자와 고자의 성性 담론인데, 여기서는 제4장만 소개하였다. 제1장에서 고자는 인성人性을 버드나무에 비유하고, 인의仁

義는 버드나무를 인위적으로 구부려서 만든 바구니와 같다고 하여 후천적인 노력을 중시하였다. 이에 대해 맹자는 버드나무의 본성을 해쳐서 바구니를 만드는 것이라고 비판하였다. 제2장에서 고자는 인성을 웅덩이에 고인 물에 비유하여 어느 쪽으로 터서 흐르게 하느냐에 따라 달라지는 것처럼 선악으로 나누어지는 것은 후천적이라고 하자, 맹자는 인성의 선함은 물이 아래로 흐르는 본성과 같다는 논리로 후천적인 것이 아니라고 반박하였다. 제3장에서 고자는 사람의 타고난 지각능력을 인성이라고 하자, 맹자는 소의 본성과 사람의 본성이 같으냐고 질문하여 인성은 하늘이 명한 것으로 본래 선한 것임을 암시하였다.

고자가 식욕과 색욕을 본성이라 한 것은 그것이 내면에서 생기는 것이라고 생각했기 때문이고, 의義는 외부로부터 말미암는다고 한 것은 사물의 당연한 가치는 외부로부터 말미암는 것이라고 생각했기 때문이다. 고자는 인성은 선악이 없고 후천적으로 어떻게 하느냐에 따라 선악이 나누어진다는 사상을 가지고 있었다. 그러므로 성선설을 주장한 맹자와는 근본적으로 합치될 수 없는 논쟁이었다. 맹자와 고자의 성 담론은 인성을 학문의 명제로 등장시켰다는 점에서 의미가 크며, 인간의 심성에 대한 본격적인 탐구가 이루어지게 했다는 점에 의의가 있다.

다 같이 그렇게 여기는 마음이 의義고 이理다

맹자께서 말씀하셨다. "(전략) 우리의 입이 음식 맛에 있어서 다 같이 즐기는 것이 있으니, 역아易牙는 우리의 입이 즐기는 맛을 먼저 안 사람이다. 가령 입이 맛에 있어서 그의 입맛의 본성이 남과 다른 것이 마치 개·말이 인간과 동류同類가 아닌 것과 같다면, 천하 사람들 모두가 어찌 역아가 조리한 맛을 따라서 즐기겠는가. 맛에 있어서는 천하 사람들이 역아가 조리한 맛을 원하니, 이는 천하 사람들의 입맛이 서로 같기 때문이다. 귀도 그러하다. 소리에 대해서 천하 사람들은 사광師曠이 조화롭게 한 소리를 원하니, 이는 천하 사람들의 귀로 듣는 것이 서로 같기 때문이다. 눈도 그러하다. 자도子都에 대해서 천하 사람들이 그의 아름다움을 모르는 자가 없으니, 자도의 아름다움을 모르는 자는 눈이 없는 자다. 그러므로 나는 '입이 맛에 있어서 다 같이 즐기는 것이 있고, 귀가 소리에 있어서 다 같이 좋아하는 것이 있고, 눈이 빛깔에 있어서 다 같이 아름답게 여기는 것이 있다'고 하는 것이다. 그러니 어찌 마음에 대해서만 유독 다 같이 옳게 여기는 것이 없겠는가? 마음에 다 같이 옳게 여기는 것은 무엇일까? 바로 이理와 의義다. 성인은 우리 마음에 다 같이 옳게 여기는 바를 먼저 터득하신 분이다. 그러므로 이·의가 우리 마음을 기쁘게 하는 것은 불고기가 우리 입을 즐겁게 하는 것과 같다."

孟子曰 "(전략) 口之於味 有同耆也 易牙先得我口之所耆者也 如使口之於味也 其性與人殊 若犬馬之與我不同類也 則天下何耆皆從易牙之於味也 至於味 天下期於易牙 是天下之口相似也 惟耳亦然 至於聲 天下期於師曠 是天

下之耳相似也 惟目亦然 至於子都 天下莫不知其姣也 不知子都之姣者 無目
者也 故曰 '口之於味也 有同耆焉 耳之於聲也 有同聽焉 目之於色也 有同美
焉' 至於心 獨無所同然乎 心之所同然者 何也 謂理也 義也 聖人先得我心之
所同然耳 故 理義之悅我心 猶芻豢之悅我口." **「고자 상」 제7장**

　● 입·귀·눈 등 감각기관으로 인식하여 다 같이 느끼는 맛·소리·빛
깔이 있듯이, 사람의 마음에도 다 같이 옳다고 인식하는 것이 있는데
그것이 바로 의義·이理라는 것이다. 의·이는 곧 인성을 말한다. 인성이
악하다고 하면 그것을 통제하고 다스리기 위해 법과 제도가 엄격해질
수밖에 없다. 그러나 본성은 선하며 누구나 선한 본성을 타고난다고
하면, 사람의 동질성을 확인하고 그것을 적극 계발하여 자율적으로
공동체 사회를 지향할 수 있다. 법질서로만 통제하는 사회는 법질서
가 무너지면 걷잡을 수 없이 혼란스러워지지만, 각자 본성을 계발하
여 스스로 인간다움을 지향하면 법질서가 없이도 더불어 사는 세상을
만들 수 있다. 그래서 덕화가 입법보다 더 필요한 것이다. 그런데 오늘
날에는 이런 생각을 하지 않는다.

양심마저 보존하지 못하면 짐승과 다를 바 없다

　맹자께서 말씀하셨다. "우산牛山의 나무가 예전에는 아름다웠는데,
큰 나라 수도의 교외에 있기 때문에 도끼를 들고 가서 나무를 베어가
니, 산이 아름답게 될 수 있겠는가? 그 나무들이 밤사이에 자라나고

우로雨露가 적셔주는 바에 따라 싹이 돋아나지만, 낮에 소·양을 또 연이어 그 산에 방목하기 때문에 저와 같이 민둥산이 되었다. 사람들은 벌거숭이산의 민둥민둥한 것만 보고서 우산에 일찍이 목재가 없었다고 여기니, 이것이 어찌 산의 본성이겠는가. 사람의 몸에 보존되어 있는 것에도 어찌 인의仁義의 마음이 없겠는가마는, 그 양심을 잃어버린 것은 도끼가 우산의 나무를 매일 베어버린 것과 같으니, 어찌 아름답게 될 수 있겠는가? 밤중에 자라나는 양심과 이른 아침까지 쌓이는 맑은 기운에 있어서, 그가 그것을 좋아하고 싫어하는 것이 거의 다른 사람들과 근사하지 않은데, 또 낮에 하는 짓이 얼마 안 되는 그 양심마저 없애버린다. 없애버리기를 반복하면 밤중에 길러지는 양심과 기운이 보존될 수 없고, 밤중에 길러지는 양심과 기운이 보존될 수 없으면 금수와의 거리가 멀지 않게 될 것이다. 그러면 사람들이 그 금수와 같은 점을 보고서 일찍이 타고난 본성이 있지 않다고 여길 것이니, 이것이 어찌 사람의 실정이겠는가. 그러므로 그것을 기르는 이치를 알면 어떤 생물이든 기르지 못할 것이 없지만, 그것을 기르는 이치를 잃으면 어떤 생명체든 소멸해버릴 것이다. 공자께서 '잡으면 보존되고 놓으면 잃어버려 출입에 일정한 때가 없어서 그 방향을 알 수 없는 것은 오직 사람의 마음을 말한다'라고 하셨다."

孟子曰 "牛山之木嘗美矣 以其郊於大國也 斧斤伐之 可以爲美乎 是其日夜之所息 雨露之所潤 非無萌蘖之生焉 牛羊又從而牧之 是以 若彼濯濯也 人見其濯濯也 以爲未嘗有材焉 此豈山之性也哉 雖存乎人者 豈無仁義之心哉 其所以放其良心者 亦猶斧斤之於木也 旦旦而伐之 可以爲美乎 其日夜之所息 平旦之氣 其好惡與人相近也者幾希 則其旦晝之所爲 有梏亡之矣 梏之反

覆 則其夜氣不足以存 夜氣不足以存 則其違禽獸不遠矣 人見其禽獸也 而以

爲未嘗有才焉者 是豈人之情也哉 故苟得其養 無物不長 苟失其養 無物不消

孔子曰 '操則存 舍則亡 出入無時 莫知其鄕' 惟心之謂與." 「고자 상」제8장

● 이 장은 우산장牛山章이라고 하며, 맹자가 심성을 기르고 해치는 점을 우산의 나무에 비유한 것으로 널리 알려져 있다. 우산은 전국시대 제나라 수도였던 임치臨緇 동남쪽 교외에 있던 나지막한 산이다. 사람이 인·의의 양심을 보존하지 못하고 매일 인욕과 물욕에 가려져 양심을 해치기 때문에 양심이 거의 다 없어져 금수와 다를 바 없는 삶을 살고 있다는 것이다. 오늘날처럼 모든 가치를 돈에만 두는 현대인의 모습을 맹자가 본다면 무어라고 말할까?

하루만 햇볕을 쬐고 열흘 동안 춥게 하면 살아날 생물은 없다

맹자께서 말씀하셨다. "왕께서 지혜롭지 못한 것을 괴이하게 생각하지 마십시오. 천하에 쉽게 생장하는 생물이 있더라도 하루만 햇볕을 쬐고 열흘 동안 춥게 하면 살아날 생물은 없습니다. 제가 임금을 뵙는 시간은 드물고, 제가 물러나면 임금을 차갑게 하는 자들이 다가가니, 왕의 마음에 돋아난 싹을 제가 어떻게 키울 수 있단 말입니까. 지금 바둑의 기술은 하찮은 기예지만 마음을 오로지하고 의지를 극진히 하지 않으면 그 기술을 터득하지 못합니다. 혁추奕秋는 온 나라 사람 중에 바둑을 제일 잘 두는 자입니다. 혁추로 하여금 두 사람에게 바둑

을 가르치게 하였는데, 그중에 한 사람은 마음을 오로지하고 의지를 극진히 하여 오직 혁추가 가르치는 것을 잘 듣고, 한 사람은 비록 그의 말을 듣기는 하지만 마음 한편에 '기러기와 고니가 날아오면 내 활과 주살을 당겨 쏘아 맞힐 것이다'라고 생각한다면, 비록 그와 함께 배운 다고 하더라도 그 사람만 못할 것입니다. 이는 그의 지혜가 그 사람만 못해서이겠습니까? 그렇지 않습니다."

孟子曰 "無或乎王之不智也 雖有天下易生之物也 一日暴之 十日寒之 未有能生者也 吾見亦罕矣 吾退而寒之者至矣 吾如有萌焉何哉 今夫奕之爲數 小數也 不專心致志 則不得也 奕秋 通國之善奕者也 使奕秋誨二人奕 其一人 專心致志 惟奕秋之爲聽 一人雖聽之 一心以爲有鴻鵠將至 思援弓繳而射之 雖與之俱學 弗若之矣 爲是其智弗若與 曰 非然也." 「고자 상」 제9장

● 하루만 햇볕을 쪼이고 열흘 동안 춥게 한다는 것을 일폭십한一暴十寒이라 한다. 폭暴은 폭曝 자와 같은 뜻으로, 햇볕을 쬐어 따뜻하게 한다는 뜻이다. 이 장은 제 선왕에게 한 말로 추정된다. 맹자는 제 선왕에게 차마 함부로 하지 못하는 마음인 불인인지심不忍人之心을 누차 말하여 양심의 싹이 자라나게 하였는데, 제나라 신하들이 왕의 마음을 미혹시켜서 그 양심의 싹이 돋아난 것마저 없애버려 어떻게 할 수 없게 되었다는 탄식이다.

삶을 버리고 의를 취할 경우도 있다

맹자께서 말씀하셨다. "생선 요리도 내가 원하는 것이고, 곰발바닥 요리도 내가 원하는 것이지만, 이 두 가지를 겸하여 얻을 수 없다면 생선 요리를 버리고 곰발바닥 요리를 취한다. 삶도 내가 원하는 바고, 의^義도 내가 원하는 바지만, 이 두 가지를 겸하여 얻을 수 없다면 삶을 버리고 의를 취하기도 한다. 삶도 또한 내가 원하는 바지만, 원하는 바가 이 삶보다 더 간절한 경우가 있다. 그러므로 구차히 삶을 얻는 짓을 하지 않는다. 죽음도 또한 내가 싫어하는 바이지만, 싫어하는 바가 이 죽음보다 더 심한 경우가 있다. 그러므로 환난을 당했을 때 피하지 않는 바가 있다. 가령 사람들이 원하는 바가 삶보다 더 간절한 것이 없다면 삶을 얻을 수 있는 모든 방법을 어찌 쓰지 않겠는가. 가령 사람들이 싫어하는 바가 죽음보다 더 심한 것이 없다면 환난을 피할 수 있는 모든 방법을 어찌 쓰지 않겠는가. 그러나 사람은 양심을 따르는지라 살 수 있는데도 그 방법을 쓰지 않는 경우가 있으며, 양심을 따르는지라 환난을 피할 수 있는데도 피하지 않는 경우가 있다. 그러므로 원하는 것이 삶보다 더 간절한 경우가 있으며, 싫어하는 것이 죽음보다 더 심한 경우가 있다. 현자만이 이런 마음을 가지고 있는 것이 아니라, 사람은 모두 이런 마음을 가지고 있다. 그렇지만 현자는 이러한 마음을 능히 잃지 않는다." (하략)

孟子曰 "魚我所欲也 熊掌亦我所欲也 二者 不可得兼 舍魚而取熊掌者也 生亦我所欲也 義亦我所欲也 二者 不可得兼 舍生而取義者也 生亦我所欲 所欲有甚於生者 故 不爲苟得也 死亦我所惡 所惡有甚於死者 故 患有所不辟

(避)也 如使人之所欲 莫甚於生 則凡可以得生者 何不用也 使人之所惡 莫甚
於死者 則凡可以辟(避)患者 何不爲也 由是 則生而有不用也 由是 則可以辟
(避)患而有不爲也 是故 所欲有甚於生者 所惡有甚於死者 非獨賢者 有是心
也 人皆有之 賢者能勿喪耳." (하략) 「고자 상」 제10장

● 곰발바닥 요리는 중국에서 예전부터 매우 맛있고 귀한 요리로
알려져 있으며, 지금도 각광을 받고 있다. 생선 요리도 중국 내륙에서
는 귀하고 비싼 요리 가운데 하나다. 이 장의 주제는 사생취의^{捨生取義}
다. 목숨을 버리고 의를 취한다는 뜻이다. 원문의 사^舍는 사^捨 자와 같
은 뜻이다. 떳떳한 것을 지향하는 양심을 병이지성^{秉彝之性}이라고 한다.
이 장은 의^義를 주로 말하고 있기 때문에 수오지심^{羞惡之心}, 즉 자기의 옳
지 못함을 부끄러워하고 남의 옳지 못함을 미워하는 마음을 풀어서
말한 것이다.

학문의 길은 잃어버린 마음을 찾는 것이다

맹자께서 말씀하셨다. "인^仁은 사람의 마음이고, 의^義는 사람의 길이
다. 그 길을 버리고 경유하지 않고, 그 마음을 잃어버렸는데도 찾을 줄
모르니, 애처롭구나. 사람들은 닭이나 개가 달아나면 찾을 줄 알면서,
자기의 마음을 잃어버렸는데도 찾을 줄 모른다. 학문의 길은 다른 것
이 없다. 그 잃어버린 마음(放心)을 찾는 것일 뿐이다."
　孟子曰 "仁 人心也 義 人路也 舍(捨)其路而弗由 放其心而不知求 哀哉 人

有鷄犬放則知求之 有放心而不知求 學問之道無他 求其放心而已矣."「고자 상」
제11장

● 인仁이 인심人心이라는 것은 인이 마음의 덕이고 마음속에 내재한
본성임을 말한 것이다. 의義는 사람이 마땅히 걸어야 할 길이다. 이 길
을 경유하지 않으면 자동차가 도로를 이탈한 것처럼 사고가 난다. 학
문은 글공부만을 가리키는 것이 아니다. 오히려 글공부보다 우선적으
로 해야 할 것이 마음공부다. 그래서 학문의 길은 다른 것이 없고 오
직 방심放心을 구하는 길뿐이라고 한 것이다. 마음이 안정되어야 지향
하는 바를 성취할 수 있다. 마음공부는 제일 먼저 마음이 달아나지 않
게 붙잡고 보존해 지키는 것이 중요하다. 그래서 예전의 학자들은 달
아난 마음을 찾는 구방심求放心 또는 흐트러진 마음을 거두는 수방심收
放心을 강조하였다. 마음은 내버려두면 송아지처럼 자꾸 달아나 사욕·
물욕·탐욕으로 치달린다. 그래서 붙잡아 매어두고 단속해야 한다. 방
放 자는 풀어놓는다는 뜻이니, 이와 상대적으로 약約 자는 붙잡아 묶는
다는 의미다. 마음을 단속해 다스리지 못하면 할 일이 아무것도 없다.

나무는 기르면서도 자신은 기를 줄 모른다

맹자께서 말씀하셨다. "두 움큼 또는 한 움큼의 어린 오동나무나 가
래나무를 사람들이 잘 키우고자 하면 그것을 잘 기르는 방법에 대해
서는 누구나 안다. 그런데 자신을 잘 기르는 방법에 대해서는 알지 못

한다. 어찌 자신을 사랑하는 것이 오동나무나 가래나무를 기르는 것만 못하단 말인가. 이런 점을 생각하지 않는 정도가 심하도다.”

孟子曰 “拱把之桐梓 人苟欲生之 皆知所以養之者 至於身 而不知所以養之者 豈愛身不若桐梓哉 弗思甚也.”「고자 상」제13장

● 맹자는 고자告子와 심성心性에 대해 논쟁한 뒤 마음을 보존하고 기르는 양심養心의 문제를 많이 언급하였다. 성리학에서는 마음을 달아나지 않도록 붙잡고 보존하면서 마음속에 내재한 본성을 길러나가는 공부를 존심양성存心養性이라 하고, 이를 줄여 존양存養이라 한다. 마음을 보존하고 길러야 덕이 생긴다.

대체人體를 길러야 대인이 된다

공도자公都子가 “똑같은 사람인데 어떤 사람은 대인이 되고, 어떤 사람은 소인이 되는 것은 어째서입니까?”라고 여쭙자, 맹자께서 “대체大體를 따르는 사람은 대인이 되고, 소체小體를 따르는 사람은 소인이 된다”라고 하셨다. 다시 공도자가 “똑같은 사람인데 어떤 사람은 대체를 따르고, 어떤 사람은 소체를 따르는 것은 어째서입니까?”라고 여쭙자, 맹자께서 “귀·눈 같은 감각기관은 스스로 사유하지 못하여 외물에 가려진다. 외물이 귀·눈의 감각기관에 접하면 귀·눈은 그 외물에 끌려갈 따름이다. 그런데 마음(心)이라는 기관은 스스로 사유를 한다. 사유하면 그 이치를 터득하고, 사유하지 못하면 그 이치를 터득하지 못한

다. 이런 것들은 모두 하늘이 우리 인간에게 부여해준 것이다. 그 대체를 먼저 세우면 귀·눈 같은 소체가 마음을 빼앗을 수 없으니, 이것이 대인이 되는 방법이다"라고 하셨다.

公都子問曰"鈞是人也 或爲大人 或爲小人 何也"孟子曰"從其大體 爲大人 從其小體 爲小人"曰"鈞是人也 或從其大體 或從其小體 何也"曰"耳目之官不思而蔽於物 物交物 則引之而已矣 心之官則思 思則得之 不思則不得也 此天之所與我者 先立乎其大者 則其小者不能奪也 此爲大人而已矣."「고자 상」

제15장

● 인성을 함양하기 위해서는 마음에 주체를 세워 감각기관의 욕구에 끌려가지 않도록 해야 한다. 도덕적 주체를 세우지 않으면 마음이 눈·귀·입 등 감각기관에 끌려가게 된다. 감각기관으로 지각하는 것은 악으로 빠질 수도 있는 감정이므로 본연의 순수하고 깨끗한 본성이 아니다. 여기서 말하는 '대체'는 이치를 아는 사유 능력이 있는 심心을 말하고, '소체'는 지각 능력만 있는 귀·눈·입 등을 가리킨다. 심에는 성性과 정情이 있는데, 본성을 함양해야 도덕적 주체가 생겨 감각기관에 끌려가지 않게 된다. 인성은 바로 이렇게 해서 길러진 덕성을 말한다.

옛사람은 천작天爵을 먼저 닦았다

맹자께서 말씀하셨다. "천작天爵이 있고, 인작人爵이 있다. 인의仁義·충신忠信과 선을 좋아하여 게을리하지 않는 것이 천작이고, 공公·경卿

과 대부大夫는 인작이다. 옛사람은 천작을 닦으면 인작이 따라왔다. 요즘 사람들은 천작을 닦아 인작을 구하고, 인작을 얻고 나면 천작을 버리니, 미혹됨이 심한 것이다. 끝내는 반드시 인작마저 잃게 된다."

孟子曰 "有天爵者 有人爵者 仁義忠信 樂善不倦 此天爵也 公卿大夫 此人爵也 古之人 修其天爵 而人爵從之 今之人 修其天爵 以要人爵 旣得人爵而棄其天爵 則或之甚者也 終亦必亡而已矣."「고자 상」제16장

● 천작은 하늘이 부여한 자연적으로 존귀한 가치를 말하고, 인작은 사람이 인위적으로 귀하게 해준 것을 말한다. 천작은 마음속에 있는 본성의 인의예지신, 진실성, 선함 등을 말한다. 인작은 다른 사람이 귀하게 해준 것으로 제후〔公〕·경·대부 등의 벼슬을 말한다. 예전 사람들은 천작을 더 귀하게 여겨 인작과 바꾸지 않았는데, 지금 사람들은 천작을 닦을 생각은 않고 인작을 구하는 데 급급해하고 있다. 천작이 있고 인작이 있으면 괜찮지만, 인작만 있고 천작이 없으면 해악을 끼칠 수 있다.

자신에게 있는 귀한 것을 생각하지 않는다

맹자께서 말씀하셨다. "귀한 것을 바라는 것은 사람들의 똑같은 마음이다. 사람마다 자기에게 귀한 것이 있지만 그것을 생각하지 않는다. 남이 귀하게 해준 것은 참으로 귀한 것이 아니다. 예컨대 (진나라 대부) 조맹趙孟이 귀하게 해준 것은 조맹이 천하게 해줄 수도 있다. 『시

경』에 '이미 술로 취하고, 이미 덕으로 배부르네'라고 하였으니, 이는 인의仁義에 배가 부르기 때문에 남의 고량진미를 원하지 않고, 아름다운 명성과 널리 알려지는 명예가 몸에 베풀어졌기 때문에 남의 화려한 옷을 바라지 않는다는 것을 말한 것이다."

孟子曰 "欲貴者 人之同心也 人人有貴於己者 弗思耳 人之所貴者 非良貴也 趙孟之所貴 趙孟能賤之 詩云 '旣醉以酒 旣飽以德' 言飽乎仁義也 所以不願人之膏粱之味也 令聞廣譽施於身 所以不願人之文繡也." **「고자 상」 제17장**

● 조맹은 진晉나라의 권력을 쥔 대부 조순趙循이다. 권력자가 귀하게 해준 것은 인작人爵을 준 것이다. 지기에게 있는 귀한 것은 마음속에 있는 인의예지신의 본성이다. 이것이 무엇보다 소중한 것인 줄 알고 이를 계발해 자신에게 확충해야 인격이 생긴다. 이것을 모르고 살면 금수와 다를 바 없는 삶을 살게 된다. 진정한 인격이 형성되면 세속적인 영화를 하찮게 여기게 된다.

거절하는 것도
가르침의
하나다

오늘날 대부는 오늘날 제후의 죄인이다

맹자께서 말씀하셨다. "오패五霸는 삼왕三王의 죄인이고, 오늘날의 제후들은 오패의 죄인이고, 오늘날의 대부들은 오늘날 제후들의 죄인이다. (중략) 군주의 악을 조장하는 것은 그 죄가 작고, 군주의 악을 유발하는 것은 그 죄가 크다. 오늘날 대부들은 모두 군주의 악을 유발한다. 그러므로 나는 '오늘날의 대부들은 오늘날 제후들의 죄인이다'라고 말하는 것이다."

孟子曰 "五霸者 三王之罪人也 今之諸侯 五霸之罪人也 今之大夫 今之諸侯之罪人也 (중략) 長君之惡 其罪小 逢君之惡 其罪大 今之大夫 皆逢君之惡 故曰 '今之大夫 今之諸侯之罪人也.'" 「고자 하」 제7장

● 오패는 주周나라 춘추시대 다섯 명의 패자霸者를 가리킨다. 주나

라는 기원전 1046년부터 기원전 256년까지 지속된 나라다. 주나라는 기원전 770년 평왕^{平王}이 동쪽으로 수도를 옮긴 때를 기점으로 앞 시대를 서주^{西周}, 뒤 시대를 동주^{東周}라 한다. 서주시대는 말기에 좀 혼란스러웠으나 천자가 천하를 다스린 시기였다. 동주시대는 진^晉나라 대부들이 나라를 분할하여 한^韓·위^魏·조^趙 세 제후국으로 독립하는 기원전 475년을 기점으로 춘추시대와 전국시대로 나눈다. 춘추시대는 천자의 권력이 약해져 제후 중에 패자가 주나라 왕실을 보위하고 오랑캐를 물리친다는 명분하에 세계를 지배하던 시기이고, 전국시대는 천자국인 주나라의 권위와 지배력을 잃고 제후들이 약육강식을 일삼아 패권 경쟁을 하던 시기다. 결국 기원전 221년 진시황^{秦始皇}이 천하를 통일하여 15년 동안 진나라 세상이 되었다가, 기원전 206년 유방^{劉邦}의 한^漢나라로 바뀌었다.

오패는 제 환공^{齊桓公}, 진 문공^{晉文公}, 진 목공^{秦穆公}, 송 양공^{宋襄公}, 초 장공^{楚莊公}이다. 삼왕^{三王}은 하^夏나라 우^禹임금, 은^殷나라 탕^湯임금, 주^周나라 문왕^{文王}·무왕^{武王}이다. 이들은 혼란스러운 세상을 다시 안정시킨 성왕으로 일컬어진다. 중간 생략한 부분에 천자만이 제후를 토벌할 수 있는데 춘추시대의 패자들이 제후를 토벌하였기 때문에 오패는 삼왕의 죄인이라 하였고, 맹자 시대의 제후들은 춘추시대의 오패가 제시한 금령^{禁令}조차 어기고 있기 때문에 오패의 죄인이라고 한 내용이 있다. 맹자는 군주의 악이 자라도록 도와주는 것보다, 군주의 악이 싹트기 전에 먼저 유발하여 악으로 인도하는 것을 더 나쁜 것으로 말하고 있다.

선을 좋아하는 사람은 천하를 다스리기에 넉넉하다

노魯나라에서 악정자樂正子로 하여금 정사를 하게 하였는데, 맹자께서 "내가 이 소식을 듣고 기뻐서 잠을 이루지 못했다"라고 하셨다. 공손추公孫丑가 "악정자는 의지가 강합니까?"라고 여쭙자, 맹자께서 "아니다"라고 하셨다. 다시 공손추가 "그는 지혜가 있고 사려가 깊습니까?"라고 하자, 맹자께서 "아니다"라고 하셨다. 또 공손추가 "그는 견문과 지식이 많습니까?"라고 하자, 맹자께서 "아니다"라고 하셨다. 공손추가 "그렇다면 선생께서는 어찌하여 기뻐 잠을 이루지 못하셨습니까?"라고 하자, 맹자께서 "그의 사람됨이 선을 좋아하기 때문이다"라고 하셨다. 공손추가 "선을 좋아하면 정사를 하기에 충분합니까?"라고 하자, 맹자께서 "선을 좋아하는 사람은 천하를 다스리기에도 충분한데, 하물며 노나라를 다스리는 데 있어서랴. 위정자가 선을 좋아하면 온 세상 사람들이 모두 천릿길을 가볍게 여기고 찾아와 선을 말해줄 것이지만, 위정자가 선을 좋아하지 않으면 사람들이 '잘난 체하는 것을 우리는 이미 알고 있다'라고 할 것이다. 위정자의 잘난 체하는 음성과 안색이 천리 밖에서 사람을 막는다. 사士가 천리 밖에서 발걸음을 멈추게 되면 참소하고 아첨하고 면전에서 비위나 맞추는 자들이 위정자에게 다가갈 것이다. 위정자가 참소하고 아첨하고 면전에서 비위나 맞추는 자들과 함께하면 나라가 잘 다스려지기를 바란들 그렇게 될 수 있겠는가"라고 하셨다.

魯欲使樂正子爲政 孟子曰 "吾聞之 喜而不寐" 公孫丑曰 "樂正子强乎" 曰

"否"〈曰〉"有知慮乎" 曰 "否" 〈曰〉"多聞識乎" 曰 "否" 〈曰〉"然則奚爲喜而不寐" 曰 "其爲人也 好善" 〈曰〉"好善 足乎" 曰 "好善 優於天下 而況魯國乎 夫苟好善 則四海之內 皆將輕千里而來 告之以善 夫苟不好善 則人將曰'訑訑 予旣已知之矣' 訑訑之聲音顏色 距人於千里之外 士止於千里之外 則讒諂面諛之人 至矣 與讒諂面諛之人居 國欲治 可得乎." 「고자 하」 제13장

● 악정자는 증삼^{曾參}의 제자 악정자춘^{樂正子春}이다. 악정^{樂正}은 관직명이고, 자춘^{子春}은 이름이다. 이름이 춘^春이라는 설도 있다. 정치는 한 사람의 장점을 쓰는 데 있지 않고, 온 세상 사람들의 선을 불러 모으는 데 있다. 그래서 선을 좋아하는 사람은 온 세상의 선을 불러들일 수 있지만, 자신의 정치철학만을 내세우게 되면 천하의 인재들이 나아가려 하지 않는다는 것이다. 천하의 인재를 불러 모아야 세상을 평치할 수 있다.

군자가 벼슬길에 나아가는 세 가지 경우

진자^{陳子}가 "옛날 군자들은 어떤 경우에 벼슬을 하였습니까?"라고 여쭙자, 맹자께서 "옛날 군자는 벼슬길에 나아가는 경우가 세 가지였고, 벼슬에서 물러나는 경우가 세 가지였다. 군주가 그를 맞이할 때 공경을 극진히 하여 예의가 있고 간언을 할 경우 받아들이면 벼슬길에 나아가고, 예모^{禮貌}가 쇠하지는 않았지만 간언을 받아들이지 않으면 물러났다. 그다음은 그의 간언을 받아들이지는 않지만 그를 맞이

할 때 공경을 극진히 하여 예의가 있으면 나아가고, 예모가 쇠하면 물러났다. 마지막으로는 사士가 아침밥을 먹지 못하고 저녁밥도 먹지 못하여 굶주려 문밖으로 나갈 수 없을 경우, 군주가 그 소문을 듣고 '나는 크게는 그의 도를 행할 수가 없고, 또 그의 간언을 따를 수도 없지만 나의 땅에서 굶주리게 하는 것을 나는 부끄러이 여긴다'라고 하고서 그를 구제해주면 또한 그 곡식을 받을 수 있지만 죽음을 면할 정도만 받을 따름이다"라고 하셨다.

陳子曰 "古之君子 何如則仕" 孟子曰 "所就三 所去三 迎之 致敬以有禮 言將行其言也 則就之 禮貌未衰 言弗行也 則去之 其次 雖未行其言也 迎之 致敬以有禮 則就之 禮貌衰 則去之 其下 朝不食 夕不食 飢餓 不能出門戶 君聞之 曰 '吾 大者 不能行其道 又不能從其言也 使飢餓於我土地 吾恥之' 周之亦可受也 免死而已矣." **「고자 하」 제14장**

● 진자는 맹자의 제자 진진陳臻이다. 사士가 벼슬길에 나아가는 세 가지 경우, 벼슬에서 물러나는 세 가지 경우를 함께 거론하고 있다. 「만장 하」 제4장에 공자가 벼슬길에 나아간 세 가지 경우를 제시하고 있는데, 첫째는 도가 행할 만한 점을 보고 벼슬한 경우이고, 둘째는 교제가 가능한 것을 보고 벼슬한 경우이고, 셋째는 군주가 봉양해주는 것을 보고서 벼슬한 경우다. 첫째는 공자가 노나라 계환자季桓子가 집권하고 있을 때 나아간 것이고, 둘째는 공자가 위 영공衛靈公과 교제한 경우이고, 셋째는 공자가 위 출공衛出公이 보내준 곡식을 받은 경우다. 셋째는 벼슬길에 나아간 것은 아니지만 군주의 도움을 받는 것이기 때문에 함께 거론한 것이다. 사는 독서를 하여 도를 구하는 사람이기

때문에 자신의 지조와 절개를 명확히 하였다. 특히 벼슬길에 나아가고 물러나는 문제를 매우 중시하여 자신의 지절志節에 관한 중대한 문제로 인식하였다.

긴장하고 분발하게 하여 성질을 인내하게 한다

맹자께서 말씀하셨다. "순舜은 농촌에서 일어나 왕위에 올랐고, 부열傳說은 담을 쌓는 공사장에서 등용되었고, 교격膠鬲은 어물·소금을 파는 시장에서 등용되었고, 관이오管夷吾는 옥에 갇혀 있다가 등용되었고, 손숙오孫叔敖는 바닷가에서 등용되었고, 백리해百里奚는 시장에서 등용되었다. 그러므로 하늘이 이런 사람에게 큰 임무를 내리려 할 때는 반드시 먼저 그들의 마음과 뜻을 괴롭게 하고, 그들의 육체를 수고롭게 하고, 그들의 몸을 굶주리게 하고, 그들의 삶을 궁핍하게 하여 그들이 어떤 일을 행할 때 그들이 하는 일을 혼란스럽게 하니, 이는 마음을 긴장하고 분발하게 하여 성질을 참게 해서 그들이 능하지 못한 점을 증진시켜주려는 것이다. 사람은 항상 잘못을 저지른 뒤에야 고친다. 마음속에서 곤궁하고 생각이 막힌 뒤에야 분발하며, 남들의 안색에서 확인하고 남들의 목소리에 드러난 뒤에야 깨닫는다. 안으로는 법도를 지키는 세신世臣과 보필하는 현사賢士가 없고, 밖으로는 적국과 외환이 없는 경우는 항상 나라가 망한다. 그런 뒤에야 사람은 우환 속에서 살아나고 안락 속에서 죽는다는 것을 알게 된다."

孟子曰 "舜發於畎畝之中 傳說舉於版築之間 膠鬲舉於魚鹽之中 管夷吾舉

於士 孫叔敖擧於海 百里奚擧於市 故 天將降大任於是人也 必先苦其心志 勞
其筋骨 餓其體膚 空乏其身 行拂亂其所爲 所以動心忍性 曾益其所不能 人
恒過 然後能改 困於心 衡於慮 而後作 徵於色 發於聲 而後喩 入則無法家拂
(弼)士 出則無敵國外患者 國恒亡 然後知生於憂患而死於安樂也.」**「고자 하」**

제15장

● 부열은 은나라 무정武丁 때의 현신이고, 교격은 주나라 문왕 때의
현신이다. 관이오는 관중管仲으로 제나라 환공을 패자로 만든 인물이
고, 손숙오는 초나라의 영윤令尹을 지낸 인물이고, 백리해는 진秦나라
목공穆公을 패자로 만든 인물이다. 이 장에서는 큰일을 하는 사람은 시
련과 역경을 참고 견뎌 심지를 견고히 한 점을 말하고 있다. 그중에 동
심인성動心忍性이라는 말이 핵심이다. 마음을 분발하게 하고 성질을 참
을성 있게 한다는 뜻이다. 송나라 때 장재張載는 「서명西銘」에서 "가난
하고 천하고 근심스럽고 슬픈 것은 옥으로 너를 완성시켜주려는 것이
다〔貧賤憂慽 用玉於汝成〕"라고 하였다. 이런 역경을 통해 마음을 동요하
지 않고 성질을 참고 본성을 보전할 때 비로소 자신은 물론 가정과 국
가를 온전히 지켜낼 수 있다. 이렇게 하지 않고 무사안일에 빠지면 혼
매하고 용렬하게 되어 무도한 사람이 될 수 있다. 이렇게 전전긍긍하
는 것이 성현의 마음이다.

거절하는 것도 가르침의 하나다

맹자께서 말씀하셨다. "가르침에는 또한 방법이 많다. 내가 누구를 달갑게 여기지 않아 거절하는 것도 그를 가르치는 것이다."

孟子曰 "敎亦多術矣 予不屑之敎誨也者 是亦敎誨之而已矣." 「고자 하」 제16장

● 불설지교不屑之敎, 즉 거절하는 것도 가르침의 한 방편이라는 말이다. 『논어』 「양화」 제20장에 보이는 유비孺悲가 공자를 만나려고 하자 공자가 병으로 사양한 뒤 바로 비파를 연주하여 그로 하여금 듣게 한 것이 바로 불설지교다.

제13편

한 가지만을
고집하면
도를 해친다

마음을 극진히 하여 자기 본성을 알아야 한다

맹자께서 말씀하셨다. "자기 마음을 극진히 하는 자는 자기의 본성을 안다. 자기의 본성을 알면 하늘을 알게 된다. 자기의 마음을 보존하여 본성을 기르는 것은 하늘을 섬기는 것이고, 요절과 장수에 대해서는 마음을 쓰지 않고 수신하며 천명을 기다리는 것이 곧 천명을 확립하는 것이다."

孟子曰 "盡其心者 知其性也 知其性 則知天矣 存其心 養其性 所以事天也 夭壽不貳 修身以俟之 所以立命也." 「진심 상」 제1장

● 진심盡心과 지성知性이라는 용어가 등장한다. 진심은 마음을 극진히 하여 사물의 이치를 탐구하는 치지致知이고, 지성은 진리탐구의 최종 목적은 본성을 아는 것이라는 말이다. 『중용』에 '하늘이 명한 것을

성性이라 한다'고 하였으니, 본성을 알게 되면 그것을 명한 천天에 대해서도 알게 된다. 천은 여러 가지 의미가 있는데, 이 경우는 존재의 근원을 말한다. 지천知天이라는 용어는 『중용』에 보이는 공자의 말이다. 이 장은 두 절로 나누어지는데, 제2절은 하늘을 섬기는 공부인 존심양성存心養性을 말한 것이다. 그래서 후대 이 점을 중시하는 학자들은 사천학事天學을 주장하였다. 천명을 확립한다는 것은 하늘이 명한 본성을 해치지 않고 온전히 보전하는 것을 말한다.

만물의 이치는 내 마음속에 구비되어 있다

맹자께서 말씀하셨다. "만물의 이치가 모두 나에게 갖추어져 있다. 자신을 돌이켜보아 진실하면 즐거움이 이보다 더 큰 것이 없고, 서恕를 억지로라도 힘써 행하면 인仁을 구하는 데 이보다 더 가까운 것이 없다."

孟子曰 "萬物皆備於我矣 反身而誠 樂莫大焉 強恕而行 求仁莫近焉." 「진심상」 제4장

● 성誠은 선으로 마음을 꽉 채운다는 뜻이다. 서恕는 나의 마음으로 미루어 남의 마음을 헤아리는 것이다. 서는 인을 펴는 방법이고 인을 구하는 방법이기도 하다. 만물개비어아萬物皆備於我는 이 세상의 당연한 이치는 모두 내 마음속에 갖추어져 있다는 뜻이니, 이를 계발하여 내 몸에 채우는 것이 우리가 해야 할 공부다.

곤궁하면 독선기신하고 영달하면 겸선천하한다

맹자께서 송구천宋句踐에게 말씀하셨다. "(전략) 그러므로 사士는 곤궁해도 의리를 잃지 않고, 영달해도 도를 벗어나지 않는다. 곤궁해도 의리를 잃지 않기 때문에 사는 자신의 지조를 지키고, 영달해도 도를 벗어나지 않기 때문에 백성이 실망하지 않는다. 옛사람은 지향하는 바를 얻으면 은택이 백성에게 미쳤고, 지향하는 바를 얻지 못하면 수신하여 세상에 그 덕을 드러냈다. 곤궁하면 홀로 자신을 선하게[獨善其身] 하고, 영달하면 천하 사람들을 함께 선하게[兼善天下] 하였다."

孟子謂宋句踐曰 "(전략) 故 士窮不失義 達不離道 窮不失義 故士得己焉 達不離道 故民不失望焉 古之人 得志 澤加於民 不得志 修身見於世 窮則獨善其身 達則兼善天下." 「진심 상」 제9장

● 송구천은 유세객인데, 맹자는 그에게 사士의 본분이 어떤 것인지를 가르쳐주었다. 사는 곤궁하건 영달하건 의리와 도리를 저버리지 않는다. 그래서 자신을 지킬 뿐만 아니라, 백성의 지지도 잃지 않는다. 세상에 나아가 도를 펴게 되면 겸선천하兼善天下(온 세상 사람을 함께 선하게 함)하고, 그렇지 못하여 은거하면 독선기신獨善其身(홀로 자신만을 선하게 함)한다. 모두 도를 펴고 의리를 지키는 일인데, 내외경중의 다름이 있을 따름이다.

군자가 지나가는 곳은 교화되고 머무는 곳은 신묘해진다

맹자께서 말씀하셨다. "패자霸者의 백성은 기쁜 듯이 환호하고, 왕자
王者의 백성은 만족한 듯이 여유롭다. 왕자의 백성은 그들을 죽여도 원
망하지 않고, 그들을 이롭게 해도 공으로 여기지 않는다. 백성이 날마
다 선善으로 나아가면서도 누가 그렇게 하는지를 모른다. 성인 같은
도덕군자가 지나가는 곳은 모두 교화되고, 그분이 마음을 두고 있는
곳은 그 교화가 신묘해진다. 그러므로 위아래가 천지의 조화와 함께
흘러가니, 어찌 세도世道를 조금 돕는다고 하겠는가."

孟子曰 "霸者之民 驩虞如也 王者之民 皥皥如也 殺之而不怨 利之而不庸
民日遷善而不知爲之者 夫君子 所過者化 所存者神 上下與天地同流 豈曰小
補之哉." 「진심 상」 제13장

● 패자는 패도정치를 하는 군주고, 왕자는 왕도정치를 하는 군주
를 말한다. 패도정치 아래 있는 백성은 작은 은혜를 입어도 기쁜 듯이
환호한다. 그러나 왕도정치 아래 있는 백성은 그렇지 않다. 사람들이
날마다 선으로 변화하면서도 누구의 공덕인지 모르는 것은 인위적인
것이 모두 사라진 자연스러운 교화를 말한다. 이 장에는 과화존신過化
存神이라는 유명한 사자성어가 있다. 도덕군자가 지나는 곳은 사람들
이 모두 교화되고 그가 머무는 곳은 교화가 신묘불측하다는 뜻이다.
하늘이 덮어주고 땅이 실어주는 것처럼 성인의 덕화가 세상에 미치는
경우, 그 효과가 이와 같이 나타난다.

생각하지 않고 아는 것이 양지다

맹자께서 말씀하셨다. "사람이 배우지 않고서 능한 것은 양능良能이고, 생각하지 않고서 아는 것은 양지良知다. 어린아이라 해도 부모를 사랑할 줄 모르는 아이는 없으며, 장성해서는 자기 형을 공경할 줄 모르는 사람은 없다. 어버이를 친애하는 것은 인仁이고, 어른을 공경하는 것은 의義다. 이는 다른 이유가 없다. 온 세상 사람들에게 통용되는 것이기 때문이다."

孟子曰 "人之所不學而能者 其良能也 所不慮而知者 其良知也 孩提之童 無不知愛其親也 及其長也 無不知敬其兄也 親親 仁也 敬長 義也 無他 達之天下也." 「진심 상」 제15장

● 양良은 본연을 말한다. 이는 무엇에 연유하지 않는 것으로, 인위적인 것이 배제된 자연 그대로 그러한 것이다. 양지·양능은 후대 양명학에서 중시하는 어휘가 되었다.

군자에게는 세 가지 즐거움이 있다

맹자께서 말씀하셨다. "군자에게는 세 가지 즐거움이 있는데, 천하에 왕 노릇을 하는 것은 그중에 들어 있지 않다. 부모가 모두 생존해 계시고 형제가 무고한 것이 첫 번째 즐거움이고, 위로 하늘에 부끄럽

지 않고 아래로 사람들에게 부끄럽지 않은 것이 두 번째 즐거움이고, 천하의 영재를 얻어 교육하는 것이 세 번째 즐거움이다. 군자에게는 이 세 가지 즐거움이 있는데, 천하에 왕 노릇을 하는 것은 그중에 들어 있지 않다.”

孟子曰 “君子有三樂 而王天下不與存焉 父母俱存 兄弟無故 一樂也 仰不愧於天 俯不怍於人 二樂也 得天下英才而教育之 三樂也 君子有三樂 而王天下不與存焉.” 「진심 상」 제20장

● 삼락三樂은 여러 가지가 있는데, 여기서는 '맹자 삼락'을 말한다. 이 삼락 중 첫째는 천명에 달려 있고, 셋째는 남들에게 달려 있는데, 둘째만 오직 자신에게 달려 있다. 널리 알려진 '하늘을 우러러 한 점 부끄럼이 없기를'이라는 시구는 바로 여기서 나온 것이다. 하늘에 부끄러움이 없고, 남들에게도 부끄러움이 없으면 인욕이 다하여 천리에 순응하는 삶이다. 자신과 가장 가까운 사람, 예컨대 아내와 자식과 부모와 벗들에게 부끄러움이 없으면 그는 참으로 진실한 사람이고, 잘 사는 사람이다.

공자가 태산에 올라 천하를 작게 여기셨다

맹자께서 말씀하셨다. “공자께서 노나라의 동산東山에 올라서는 노나라를 작게 여기셨고, 태산泰山에 올라서는 천하를 작게 여기셨다. 그러므로 바다를 구경한 자에게는 (어지간한 물은) 큰물이 되기 어렵고,

성인의 문하에서 유학한 자에게는 (어지간한 말은) 훌륭한 말이 되기 어렵다. 물을 보는 데 방법이 있으니, 반드시 그 여울을 보아야 한다. 해와 달은 밝은 빛이 있으니, 빛을 받아들이는 곳은 반드시 비춘다. 흐르는 물의 성질은 웅덩이를 채우지 않으면 흘러가지 않으니, 군자가 도에 뜻을 두는 경우에도 내면에 덕이 쌓여 겉으로 드러나지 않으면 사리에 통달할 수 없는 것이다."

孟子曰 "孔子登東山而小魯 登太山而小天下 故 觀於海者 難爲水 遊於聖人之門者 難爲言 觀水有術 必觀其瀾 日月有明 容光必照焉 流水之爲物也 不盈科不行 君子之志於道也 不成章 不達." 「진심 상」 제24장

● 동산은 노나라의 성 동쪽에 있던 산으로 노나라를 조망할 수 있는 산이다. 태산은 노나라와 제나라의 국경에 있던 중국 오악五嶽의 하나로 천자가 하늘에 제사를 지내던 산이다. 제나라와 노나라 지역에서 가장 높은 산으로 천하를 조망할 수 있는 산이 태산이다. 이 장은 성인의 경지가 매우 높고 크다는 점을 말한 것이다. 태산에 올라 천하를 작게 여겼다는 말은 시야를 크게 가졌다는 뜻이다. 물을 볼 때 반드시 여울을 보라는 말은 현대인들이 곡해하는 경우가 많다. 여울은 물결이 일어 눈에 금방 들어오는 곳이다. 그런 여울의 물결을 보면서 그 물의 근원을 생각하라는 것이다. 이를 오해하여 물결을 문채로 보는 사람들이 있는데, 주석을 읽지 않고 멋대로 상상한 것이다. 해와 달에 빛이 있다는 것은 변치 않는 근본이 있음을 말한다. 그래서 구멍이 있으면 빛이 그곳을 비춘다. 물도 마찬가지다. 위에서 아래로 내려가는 본성이 있기 때문에 웅덩이를 다 채운 뒤에 흘러간다. 이것이 이치다.

그러므로 도를 구하는 데 뜻을 둔 사람은 이런 이치를 체득하여 자기 몸에 가득 채워 그 문채가 겉으로 드러나야 사리에 통달했다고 할 수 있다. 장章 자는 내면의 덕이 밖으로 드러나는 것을 말한다. 널리 알려진 「고사관수도高士觀水圖」는 바로 이런 자연의 이치를 터득하고자 하는 고사의 정신적 지향을 그린 그림이다. 물을 보고 무엇을 생각하고 있을까? 물의 근원과 사람의 본성을 생각하면서 나의 근원과 본성을 관찰하고 있는 것이다.

종일 부지런히 선을 행하는 사람이 순임금의 무리다

맹자께서 말씀하셨다. "닭이 울면 일어나 부지런히 선을 행하는 자는 순임금의 무리고, 닭이 울면 일어나 부지런히 이익만을 추구하는 자는 도척盜蹠의 무리다. 순임금과 도척이 나누어지는 까닭을 알고자 하면 다른 것이 없다. 이利와 선善의 차이를 알 따름이다."

孟子曰 "雞鳴而起 孳孳爲善者 舜之徒也 雞鳴而起 孳孳爲利者 蹠之徒也 欲知舜與蹠之分 無他 利與善之間也." 「진심 상」 제25장

● 순임금의 대척점에 있는 역사적 인물이 도척이다. 도척은 도척盜跖으로도 쓴다. 이利는 사私와 밀접하고 의義·공公과는 상대적이다. 순임금은 성인으로 천자가 된 인물이고, 도척은 도적의 괴수로 악의 대명사가 된 인물이다. 그런데 그 시초는 사적인 이익을 추구하느냐, 공적인 의리를 추구하느냐 하는 마음에서 갈라진 것이다. 사람은 마음

이 무엇을 지향하느냐에 따라 한평생 살고 나면 하늘과 땅처럼 차이가 난다. 그러니 청소년기에 어떤 인물이 될 것인가를 깊이 생각하여 원대한 목표를 지향해야 한다.

한 가지만을 고집하면 도를 해친다

맹자께서 말씀하셨다. "양자楊子는 자신만을 위하는 설을 취하였으니, 터럭 하나를 뽑아 천하를 이롭게 할 수 있다고 하여도 하지 않는 인물이다. 묵자墨子는 겸애兼愛의 설을 취하였으니, 이마를 갈아 발꿈치에 이르도록 자신을 희생하더라도 천하를 이롭게 한다면 그 일을 하는 인물이다. 자막子莫은 이 둘의 중간을 잡았으니, 중간을 잡는 것은 도에 가까울 수는 있지만, 중간을 잡고 임기응변하는 권도權道가 없는 것은 한쪽만을 잡는 것과 같다. 한쪽만 잡는 것을 미워하는 것은 그가 도를 해치기 때문이니, 그런 사람은 하나만을 거행하면서 온갖 것을 폐지한다."

孟子曰 "楊子取爲我 拔一毛而利天下 不爲也 墨子兼愛 摩頂放踵 利天下爲之 子莫執中 執中爲近之 執中無權 猶執一也 所惡執一者 爲其賊道也 擧一而廢百也." 「진심 상」 제26장

● 양자는 양주楊朱이고, 묵자는 묵적墨翟이다. 자막子莫은 노나라의 현자다. 자막은 양주와 묵적의 중간을 잡았는데, 이는 중용中庸을 의미하는 것이 아니다. 이것과 저것의 중간은 중용이 아니다. 중용은 '치

우치지 않고 의지하지 않으며 과하지도 않고 부족하지도 않은 지극히 공명정대한 마음이 한순간도 해이해지지 않고 지속되는 것'을 의미한다. 마음이 공평무사하여 균형이 잡힌 상태다. 따라서 중용은 어떤 일의 양쪽 중간을 의미하는 것이 아니다. 맹자가 자막의 집중執中을 미워한 것은 오히려 그 폐해가 더 심하기 때문이다.

유하혜는 삼공의 자리 때문에 절개를 바꾸지 않았다

맹자께서 말씀하셨다. "유하혜柳下惠는 삼공三公의 자리 때문에 자신의 절개를 바꾸지 않았다."

孟子曰 "柳下惠 不以三公易其介." 「진심 상」 제28장

● 유하혜는 노나라 대부로 성지화자聖之和者(성인 가운데 화합을 이룰 줄 아는 자)다. 삼공은 가장 높은 벼슬자리다. 높은 벼슬자리를 탐하여 자신의 지조를 버리지 않은 인물로 맹자는 유하혜를 거론하였으니, 그가 지조를 지킴이 어떠했는지를 짐작할 수 있다.

사士는 지향志向을 높게 한다

왕자王子 점墊이 "사士는 무엇을 일삼습니까?"라고 묻자, 맹자께서 "지향을 고상히 합니다"라고 하셨다. 왕자가 "지향을 고상히 한다는

것은 무엇을 말합니까?"라고 하자, 맹자께서 "인仁·의義를 지향할 따름입니다. 한 사람이라도 죄 없는 사람을 죽이는 것은 인이 아니고, 자신의 소유가 아닌데 취하는 것은 의가 아닙니다. 마음가짐은 어디에 두어야 할까요? 바로 인입니다. 갈 길은 어디일까요? 바로 의입니다. 인에 마음을 두고서 의를 따르면 대인大人의 일은 다 갖추어지는 것입니다"라고 하셨다.

王子墊問曰 "士 何事" 孟子曰 "尙志" 曰 "何謂尙志" 曰 "仁義而已矣 殺一無罪非仁也 非其有而取之非義也 居 惡在 仁是也 路 惡在 義是也 居仁由義 大人之事備矣." 「진심 상」 제33장

● 왕자 점은 제나라 선왕의 아들 전점田墊이다. 사농공상士農工商의 신분제에서 사士는 벼슬길에 나아가지 못하면 사회적 역할이 애매하다. 그래서 왕자가 질문한 것이다. 사는 지향을 높게 하는 사람이다. 지志는 마음이 어느 곳을 목표로 삼고 나아가는 것이다. 그런데 그 지향은 독서해서 도를 구하는 것이기 때문에 인의仁義에 있다. 사는 곧 인에 마음을 두고 의를 실천하는 것을 본업으로 하는 사람이다.

군자가 가르치는 다섯 가지 방법

맹자께서 말씀하셨다. "군자가 학생을 가르치는 방법은 다섯 가지다. 제때 내리는 비(時雨)처럼 교화해주는 경우가 있고, 덕을 완성하게 해주는 경우가 있고, 재능을 통달하게 해주는 경우가 있고, 물음에 답

해주는 경우가 있고, 사적으로 자신을 잘 다스리게〔私淑艾〕해주는 경우가 있다. 이 다섯 가지는 군자가 학생을 가르치는 방법이다."

孟子曰 "君子之所以教者五 有如時雨化之者 有成德者 有達財者 有答問者 有私淑艾者 此五者 君子之所以教也." 「진심 상」 제40장

● 제때 내린 비처럼 교화해준 경우는 공자가 안회^{顏回}·증삼^{曾參}을 가르친 것이고, 덕을 완성하게 해준 경우는 공자가 염옹^{冉雍}·민손^{閔損} 등을 가르친 것이고, 재능을 통달하게 해준 경우는 공자가 중유^{仲由}·단목사^{端木賜}를 가르친 것이고, 질문에 답해준 경우는 공자가 번지^{樊遲}의 물음에 답한 것이다. 원문의 사숙애^{私淑艾}는 '사사로이 잘 다스리다'라는 뜻으로 흔히 사숙^{私淑}이라고 하는데, 선생에게 직접 배우지 못하고 책이나 남의 말을 듣고서 사적으로 자신을 잘 다스리는 것을 말한다.

군자는 법도를 보여줄 뿐이다

공손추^{公孫丑}가 "도는 높고 아름다우나 하늘에 오르는 것과 같아서 미칠 수 없을 듯합니다. 어찌 저희로 하여금 미칠 수 있는 것을 행하여 날마다 부지런히 힘쓰게 하지 않으십니까?"라고 하자, 맹자께서 "큰 목수는 졸렬한 목수를 (가르치기) 위하여 먹줄과 먹통을 고치거나 폐하지 않았고, 명사수 예^羿는 졸렬한 사수^{射手}를 (가르치기) 위하여 활시위를 당기는 법도를 바꾸지 않았다. 군자가 활시위를 당기고 쏘지 않은 상태에서 뛰어나갈 듯한 자세로 중도에 맞게 서 있으면 재능이 있

는 자는 그것을 보고 따라 한다."

公孫丑曰 "道則高矣 美矣 宜若登天然 似不可及也 何不使彼爲可幾及而
日孳孳也" 孟子曰 "大匠不爲拙工改廢繩墨 羿不爲拙射變其彀率 君子引而不
發 躍如也 中道而立 能者從之." 「진심 상」 제41장

● 공부하다보면 담장을 마주하고 선 듯이 돌파구가 보이지 않을
때도 있고, 너무 고원하여 허공에 사다리를 놓고 하늘로 올라가는 것
처럼 불가능하게 느껴질 때도 있다. 그러나 차근차근 한 걸음씩 진보
하면 어느 순간 높은 곳에 올라와 있는 자신을 발견할 때가 있다. 공
손추도 그런 슬럼프에 빠져 있었던 듯하다. 그러나 맹자의 답은 단호
하기 그지없다. 배우는 자가 어려워 못 따라온다고 해서 원칙을 바꿀
수는 없다. 예羿는 중국 고대 명사수다. 오늘날 교육은 쉽고 재미난 쪽
으로 너무 경도되어 있다. 학습자 중심으로 이루어지는 교육의 병폐
다. 그래서 대학생들이 쉽고 재미난 강의만 듣고 딱딱하고 어렵고 힘
든 과목은 기피한다. 쉬운 것만 배우면 그 지식은 높고 깊은 단계로 나
아갈 수 없다. 또한 학문의 재미는 어려운 문제를 풀고 깊은 이치를 탐
구할 때 더 크게 다가온다. 각고의 노력을 기울여야 정상에 오를 수 있
다. 힘들다고 조금 올라가다 그만두면 산 정상에서 느끼는 상쾌함을
결코 맛볼 수 없다. 교육자는 언제나 바른 법도를 보여주어 학생들이
본받고 따르게 할 따름이다.

군자는 친한 이를 친애하고 나서 타인을 인애한다

맹자께서 말씀하셨다. "군자는 생물에 대해 사랑하기만 하고 인애仁愛하지는 않으며, 사람들에 대해 인애하기만 하고 친애親愛하지는 않는다. 친한 이를 친애하고 나서 다른 사람을 인애하고, 사람들을 인애하고 나서 생물을 사랑한다."

孟子曰 "君子之於物也 愛之而弗仁 於民也 仁之而弗親 親親而仁民 仁民而愛物." 「진심 상」 제45장

● 유교는 나를 중심으로 나와 가까운 사람부터 차례차례 교화를 넓혀나가는 것을 원칙으로 한다. 그래서 사람을 다 교화하고 나서 그 덕이 충분할 때 사람이 아닌 다른 생명체에까지 미쳐나가는 것이다.

백성이 가장 귀중하고
임금은 가벼운 존재다

인자와 현자를 믿지 않으면 나라가 텅 빈다

맹자께서 말씀하셨다. "인현仁賢을 믿지 않으면 나라가 텅 비게 되고, 예의가 없으면 위아래가 어지러워지고, 정사政事가 없으면 재물과 용구가 부족하게 된다."

孟子曰 "不信仁賢 則國空虛 無禮義 則上下亂 無政事 則財用不足." 「진심 하」

제12장

● 인仁은 사람의 본성에 갖추어진 덕이고, 현賢은 그런 덕을 가진 사람이다. 즉 인은 마음의 본성을 가리키고, 현은 덕을 가진 사람을 말한다. 이 장은 나라를 다스리는 군주를 두고 한 말이다. 군주가 인현을 믿지 않으면 정부에 인재가 없어 나라가 텅 비게 된다. 또 군주가 예의가 없으면 상하의 질서가 무너져 혼란스러워진다. 또 군주가 정사를

돌보지 않으면 국가의 재정이 부족하게 된다. 이 가운데 첫 번째가 근본이다. 태평시대를 연 군주는 반드시 현인과 함께 나라를 다스렸고, 혼매한 군주는 자기 멋대로 통치하여 난세를 초래했다.

백성이 가장 귀중하고 임금은 가벼운 존재다

맹자께서 말씀하셨다. "백성이 가장 귀중하고, 사직社稷이 그다음이고, 군주는 가벼운 존재다. 그러므로 백성의 마음을 얻은 사람이 천자가 되고, 천자에게 신임을 얻은 사람이 제후가 되고, 제후에게 신임을 얻은 사람이 대부가 된다. 제후가 사직을 위태롭게 하면 제후를 바꾸어 세운다. (제물로 바치는) 희생犧牲이 다 자랐고 자성粢盛이 정결하게 만들어져 제사를 제때에 지냈는데도 가뭄이 들고 홍수가 나면 사직을 바꾸어 설치한다."

孟子曰 "民爲貴 社稷次之 君爲輕 是故 得乎丘民而爲天子 得乎天子爲諸侯 得乎諸侯爲大夫 諸侯危社稷 則變置 犧牲旣成 粢盛旣潔 祭祀以時 然而旱乾水溢 則變置社稷." 「진심 하」 제14장

● 이 장은 역대로 전제시대의 군주들이 싫어하던 대목이다. 백성이 가장 귀중한 존재고, 임금은 가장 가벼운 존재라고 하였으니, 어느 군주가 좋아하겠는가. 농경시대 왕조는 궁궐 왼쪽에 역대 왕의 신위를 모신 종묘宗廟를 세우고, 궁궐 오른쪽에 사직단社稷壇을 세워 신들의 도움으로 왕조를 영원히 유지하려 했다. 즉 조상신과 사직신의 도움

으로 국가를 유지하려 한 것이다. 사직은 토지신인 사社와 곡식의 신인 직稷에게 제사를 지내는 곳이다. 희생犧牲은 제물로 바치는 소나 양등 산 짐승을 말하며, 자성粢盛은 임금이 친히 농사를 지은 곡식으로 밥을 지어 올리는 제수다.

성인은 백세의 스승이다

맹자께서 말씀하셨다. "성인은 백세百世의 스승이니, 백이伯夷와 유하혜柳下惠가 그런 분이다. 그러므로 백이의 풍도風度를 들은 사람은 성질이 모질고 사나운 자도 청렴해지고 의지가 나약한 자도 의지를 세우게 되며, 유하혜의 풍도를 들은 자는 경박한 자도 돈후해지고 비루한 자도 관대해진다. 백세 앞의 사람이 분발하면 백세 뒤의 사람이 그 풍도를 듣고 흥기하지 않는 자가 없으니, 성인이 아니고서 이와 같을 수 있겠는가. 그런데 하물며 이분들에게 직접 감화를 받은 사람에게 있어서랴."

孟子曰 "聖人 百世之師也 伯夷柳下惠 是也 故 聞伯夷之風者 頑夫廉 懦夫有立志 聞柳下惠之風者 薄夫敦 鄙夫寬 奮乎百世之上 百世之下 聞者 莫不興起也 非聖人而能若是乎 而況於親炙之者乎." 「진심 하」제15장

● 백이는 은나라 말기의 인물로 성지청자聖之淸者며, 유하혜는 노나라의 대부로 성지화자聖之和者다. 이들이 영원한 스승이 되는 이유는, 그들의 풍도를 전해 듣고서 흥기하여 그들을 본받으려는 사람들이 계속

이어지기 때문이다. 유하혜는 현대인들에게 잊혔지만, 백이는 아직도 우리나라 여러 곳의 수양산에 그 전설이 전해지고 있다. 우리나라에 수양산이 여러 곳에 있는 것도 백이의 풍도를 본받으려는 사람들이 많았다는 증거다.

사士는 구설이 많은 법이다

맥계貉稽가 "저는 다른 사람의 입에 나쁘게 오르내리고 있습니다"라고 하자, 맹자께서 "상신하지 말게. 사士는 남의 구설이 더욱 많은 법이네. 『시경』에 '근심스러운 마음 타들어가는 듯하니, 여러 소인에게 노여움을 받네'라고 하였으니 이는 공자의 경우에 해당되고, 또 '그들의 노여움을 끊지는 못했으나, 또한 자신의 명성을 잃지도 않았네'라고 하였으니 이는 문왕의 경우에 해당되네"라고 하셨다.

貉稽曰 "稽大不理於口" 孟子曰 "無傷也. 士憎玆多口. 詩云 '憂心悄悄 慍于羣小' 孔子也. '肆不殄厥慍 亦不隕厥問' 文王也." 「진심 하」 제19장

● 맹자가 맥계를 위로하면서 『시경』의 시를 인용해 그 내용이 공자와 문왕의 경우에 해당한다는 점을 말하여, 공자와 문왕도 당대 여러 사람에게 비난을 받았음을 알려준 것이다. 아무리 훌륭한 사람일지라도 세상 사람들이 모두 좋아하지는 않는다. 미워하고 비난하는 자가 반드시 있게 마련이다. 그러나 자신이 정정당당하면 그런 비난에 위축될 필요가 없다. 세상을 살다보면 자신의 의사와는 상관없이

비방이 뒤따르게 된다. 그때 의연하게 대처하는 자세가 필요하다.

그대의 마음에 잡초가 뒤덮여 있다

맹자께서 고자^{高子}에게 말씀하셨다. "산속의 오솔길은 사람들이 잠시 그 길을 다니면 길이 다시 생기고, 한동안 다니지 않으면 띠풀이 그 길을 덮어버린다. 그처럼 지금 띠풀이 그대의 마음을 덮어버렸구나."

孟子謂高子曰"山徑之蹊間 介然用之而成路 爲間不用 則茅塞之矣 今茅
塞子之心矣." 「진심 하」 제21장

● 고자는 제나라 사람으로 맹자에게 수학하다가 다른 학술을 배운 인물이다. 띠풀이 그대의 마음을 덮어버렸다는 것은 인의^{仁義}의 마음을 황폐하게 했다는 뜻이다.

인품은 선^善·신^信·미^美·대^大·성^聖·신^神으로 구분한다

호생불해^{浩生不害}가 "악정자^{樂正子}는 어떤 사람입니까?"라고 묻자, 맹자께서 "그는 선인^{善人}이며, 신인^{信人}이다"라고 하셨다. 호생불해가 다시 "무엇을 선이라 하고, 무엇을 신이라 합니까?"라고 하자, 맹자께서 "사람이 할 만한 것을 선^善이라 하고, 선을 자기 몸에 소유하는 것을 신^信이라 하고, 선을 자기 몸에 가득 채우는 것을 미^美라 하고, 가득 채워서 빛이 나는 것을 대大라 하고, 위대하여 자연스레 자신을 변화시키는 것을 성聖이라 하고, 성스러워 남이 헤아릴 수 없는 것을 신神이라 한다. 악정자는 앞의 두 가지 중간이고 뒤의 네 가지 아래이다"라고 하셨다.

浩生不害問曰 "樂正子 何人也" 孟子曰 "善人也 信人也" 〈曰〉 "何謂善 何謂信" 曰 "可欲之謂善 有諸己之謂信 充實之謂美 充實而有光輝之謂大 大而化之之謂聖 聖而不可知之之謂神 樂正子 二之中 四之下也." 「진심 하」 제25장

● 호생불해는 제나라 사람으로, 호생은 성이고, 불해는 이름이다. 악정자는 증삼의 문인 악정자춘樂正子春이다. 맹자는 사람의 덕을 선善·신信·미美·대大·성聖·신神 여섯 가지로 구분하였는데, 성과 신은 같은 경지로 성은 자신에게 신은 남에게 초점을 맞추어 말한 것이다. 맹자는 스스로 대인을 자부하였는데, 여기서 말하는 대大가 그 경지를 말한다. 선을 자기 몸에 충만하게 하여 그 덕이 밖으로 드러나서 빛이 나는 경지다. 우리는 흔히 잘생긴 사람을 보면 빛이 난다고 하는데, 내면의 덕이 밖으로 표출되어 빛이 나는 사람을 대인이라 한다. 대인의 경지에 오르면 인생은 성공한 것이다. 그러나 세상에서 대인은 좀처럼 만나기 어렵다.

남을 해치지 않으려는 마음을 채워나가라

맹자께서 말씀하셨다. "사람은 모두 남에게 차마 함부로 하지 못하

는 마음을 가지고 있으니, 그 마음을 차마 함부로 하는 데까지 도달하면 인仁이 되고, 사람은 모두 함부로 하지 않는다는 원칙이 있으니, 그 마음을 함부로 하는 데까지 도달한다면 의義가 된다. 사람이 남을 해치지 않겠다는 마음을 능히 충만히 하면 인을 이루 다 쓸 수 없을 것이며, 사람이 남의 집 담장을 뚫거나 넘어 들어가 도둑질을 하지 않겠다는 마음을 능히 충만히 하면 의를 이루 다 쓸 수 없을 것이다. 사람이 '네 이놈!'이라고 하는 모욕을 당하지 않으려는 진정한 마음을 능히 충만히 하면 어디를 가더라도 의를 행해지 않는 일은 없을 것이다. 사士가 말할 수 있는 상황이 아닌데 말하면 이는 말로써 이익을 취하는 것이고, 말할 수 있는데 말하지 않으면 이는 말하지 않음으로써 이익을 취하는 것이다. 이런 것들은 모두 남의 집 담장을 뚫거나 넘어 들어가 도둑질하는 유형이다."

孟子曰 "人皆有所不忍 達之於其所忍 仁也 人皆有所不爲 達之於其所爲 義也 人能充無欲害人之心 而仁不可勝用也 人能充無穿踰之心 而義不可勝 用也 人能充無受爾汝之實 無所往而不爲義也 士未可以言而言 是以言餂之 也 可以言而不言 是以不言餂之也 是皆穿踰之類也." 「진심 하」 제31장

● 사람은 모두 측은지심과 수오지심을 가지고 있기 때문에 이를 바탕으로 확충해나가면 모두 인仁·의義를 얻을 수 있다. 특히 의리를 저버리면 바로 이익만을 탐하게 되어 도둑질하는 사람과 다를 바 없게 된다.

말은 비근하면서도 뜻은 원대한 것이 좋은 말이다

맹자께서 말씀하셨다. "말은 비근하면서도 뜻은 원대한 것이 선한 말(善言)이고, 지키는 것은 간략하면서도 베푸는 것은 넓은 것이 선한 도(善道)이다. 군자의 말은, 시선이 허리띠 아래로 내려가지 않으면서도 도가 보존되어 있는 것과 같다. 군자가 지키는 것은 자신을 닦아 천하를 평안하게 하는 것이다. 사람들의 병통은 자기의 농토를 버려두고서 남의 농토를 김매는 것이니, 남에게 요구하는 것은 많고 스스로 책임지는 것은 적다."

孟子曰 "言近而指遠者 善言也 守約而施博者 善道也 君子之言也 不下帶而道存焉 君子之守修其身而天下平 人病舍其田而芸人之田 所求於人者重而所以自任輕." 「진심 하」 제32장

● '말이 비근하다'는 것은 일상에서 누구나 알 수 있는 쉬운 말이라는 뜻이다. 그러나 그런 쉬운 말 속에 담긴 의미가 원대하다면 그것은 더없이 좋은 말이다. '지키는 것이 간략하다'는 것은 자신을 지키는 원칙이 간략하다는 말이다. 자신을 지키는 것은 자기 원칙을 말한다. 옛사람은 남을 마주할 때 시선이 항상 허리띠 위의 목전을 향했다. 이는 지극히 가깝고 일상적인 것을 말한다. 이 장은 선언善言과 선도善道에 대해 말한 것인데, '선한 도'는 수신을 하여 자기 원칙을 지키는 것이다. 그래서 남에게 무엇을 구하지 않고 스스로 무거운 책임을 짊어지는 것이다.

사士는 부귀에 눌리지 않아야 한다

맹자께서 말씀하셨다. "대인에게 유세할 때는 그를 하찮게 여기고 그의 지체 높은 모습은 안중에 두지 말아야 한다. 마루의 높이가 몇 길이나 되고 서까래 머리가 몇 자나 되는 고대광실을 나는 뜻을 얻더라도 짓지 않을 것이며, 사방 열 자나 되는 상에 가득 차려진 진수성찬을 받는 것과 시중드는 첩이 수백 명이나 되는 호사를 누리는 것을 나는 뜻을 얻더라도 하지 않을 것이며, 마음껏 즐기며 술 마시는 것과 말을 치달리며 사냥하는 것과 수레가 1천 대나 뒤따르는 것을 나는 뜻을 얻더라도 하지 않을 것이다. 저 사람에게 있는 것은 모두 내가 하지 않는 것들이고, 나에게 있는 것은 모두 옛날의 법도이니, 내 어찌 저 사람을 두려워하겠는가."

孟子曰 "說大人 則藐之 勿視其巍巍然 堂高數仞 榱題數尺 我得志 弗爲也 食前方丈 侍妾數百人 我得志 弗爲也 般樂飮酒 驅騁田獵 後車千乘 我得志 弗爲也 在彼者 皆我所不爲也 在我者 皆古之制也 吾何畏彼哉." 「진심 하」 제34장

● 여기서 말하는 대인은 군주와 같은 존귀한 사람을 가리킨다. 그런 사람에게 유세할 때 그의 권위에 눌리게 되면 비굴해지고 아첨하게 된다. 존귀한 자는 물질적 풍요를 가지고 있지만, 우리는 도덕을 가지고 있다는 자부심을 잊지 말아야 한다. 그렇지 않으면 지식을 팔아 부귀를 구하는 것밖에 되지 않는다.

마음을 기르는 데는 욕심을 적게 하는 것보다 좋은 것이 없다

맹자께서 말씀하셨다. "마음을 기르는(養心) 데는 욕심을 적게 하는 것보다 더 좋은 것이 없다. 그 사람됨이 욕심이 적으면 비록 양심良心을 보존하지 못하였다고 하더라도 그것은 적을 것이다. 그 사람됨이 욕심이 많으면 비록 양심을 보존하였다고 하더라도 그것은 적을 것이다."

孟子曰 "養心 莫善於寡欲 其爲人也寡欲 雖有不存焉者 寡矣 其爲人也多欲 雖有存焉者 寡矣." 「진실 하」 제35장

● 욕欲은 이목구비를 통해 느끼는 욕망이다. 사람은 누구나 인욕人欲이 없을 수 없다. 그러나 인욕을 절제하고 통제해야 마음에 도덕적 주체를 세울 수 있다. 그래서 마음을 보존하고 본성을 길러야 하는데, 여기서는 그 방법으로 욕심을 적게 갖는 것을 말하고 있다. 욕심을 적게 가지면 양심을 보전하지 못하는 경우가 있더라도 그런 경우는 적을 것이라는 말이다.

광자狂者와 견자獧者, 그리고 향원鄕原

(전략) 만장萬章이 "무엇 때문에 그분들을 광자狂者라고 합니까?"라고 하자, 맹자께서 "그들의 지향이 높고 커서 말끝마다 '옛사람이여,

옛사람이여!'라고 한다. 그러나 그들의 행실을 공평히 살펴보면 자신이 한 말을 실천하지 못하고 있다. 광자를 얻을 수 없다면 공자께서는 불결한 것을 달갑게 여기지 않는 사士를 얻어 그들과 함께하고자 하셨다. 이들이 견자狷者니, 이들은 또 광자의 다음 단계에 있는 자들이다"라고 하셨다.

만장이 다시 "공자께서 '내 집 문 앞을 지나면서 내 집에 들어오지 않더라도 내가 서운해하지 않을 자는 오직 향원鄕原일 것이다. 향원은 덕을 해치는 자다'라고 말씀하셨으니, 어떠하면 향원이라고 말할 수 있습니까?"라고 하였다. 맹자께서 "향원이 광자를 비난하여 '무엇 때문에 이처럼 뜻만 높고 크게 하여 말은 행실을 돌아보지 않고 행실은 말을 돌아보지 않으면서 옛사람이여, 옛사람이여!라고 하는가'라고 한다. 또 향원이 견자를 비난하여 '처신을 어찌하여 그처럼 외롭고 쓸쓸하게 하는가. 이 세상에 태어났으면 이 세상 사람들처럼 살아 남들이 나를 선하다고 하면 되는 것이다'라고 한다. 이와 같이 무턱대고 세상에 아첨하는 자가 향원이다"라고 하셨다.

만장이 다시 "온 고을 사람들이 모두 그를 근후한 사람이라고 말한다면, 그는 어디를 간들 근후한 사람이 될 터인데, 공자께서 덕을 해치는 자라고 하신 것은 어째서입니까?"라고 하였다. 맹자께서 "그를 비난하려 해도 거론할 것이 없으며, 그를 풍자하려 해도 풍자할 것이 없다. 그는 세속에 부회뇌동하고 더러운 세류에 영합하여, 마음가짐이 충신忠信한 듯하고 행실이 청렴결백한 듯하여 사람들이 모두 그를 기뻐하면 스스로 옳다고 여기지만, 요·순의 도에 함께 들어갈 수는 없는 사람이다. 그러므로 공자께서 '덕을 해치는 자'라고 하신 것이다"라고

하셨다. (하략)

(전략) 〈曰〉"何以謂之狂也" 曰 "其志嘐嘐然 曰 '古之人 古之人' 夷考其行
而不掩焉者也 狂者 又不可得 欲得不屑不潔之士而與之 是獧也 是又其次也
孔子曰 '過我門而不入我室 我不憾焉者 其惟鄕原乎 鄕原 德之賊也'" 曰 "何
如 斯可謂之鄕原矣" 曰 "何以是嘐嘐也 言不顧行 行不顧言 則曰古之人 古之
人 行 何爲踽踽涼涼 生斯世也 爲斯世也 善斯可矣' 閹然媚於世也者 是鄕原
也" 萬章曰 "一鄕 皆稱原人焉 無所往而不爲原人 孔子以爲德之賊 何哉" 曰
"非之無擧也 刺之無刺也 同乎流俗 合乎汚世 居之似忠信 行之似廉潔 衆皆
悅之 自以爲是 而不可與入堯舜之道 故曰'德之賊'也." (하략) 「**진심 하**」 제37장

● 공자는 중용의 도를 지키는 사람을 얻어 그들과 함께 학문을 강
론하고자 했다. 그러나 그런 사람을 얻기가 어렵기 때문에 광자·견자
를 얻어 중도에 맞게 해주려 한 것이다. 광狂이나 견狷이나 모두 갯과
동물이다. 광은 앞으로 달려나가는 진취적인 성질이 있고, 견은 주저
주저하며 소극적이고 신중한 성질이 있다. 이 두 짐승의 성질을 사람
에 비유하여 진취적인 사람을 광자라 하고, 소극적이지만 자기 원칙
을 가지고 있는 사람을 견자라고 한 것이다. 이 장에서 보듯이, 광자는
지향은 크고 높아 '나도 성인이 될 거야!'라고 하지만, 실제 행실은 그
에 미치지 못하는 사람이다. 견자는 향원의 비판을 통해 알 수 있듯이
자기 원칙이 강하여 남들과 잘 어울리지 못하고 소극적이어서 함부로
나서지 않는 사람이다. 즉 광자는 과過하고, 견자는 불급不及한 사람이
다. 그러나 이들은 도를 구하려 하고 도를 지키려 하는 사람으로 거짓
을 일삼지 않는다.

향원鄕原은 '시골에서 점잖은 체하는 사람'이라는 뜻이다. 원原은 '삼가다'라는 의미를 가진 원愿 자와 뜻이 같다. 맹자가 말한 것처럼, 향원은 비난하려 해도 딱히 비난할 것이 없고, 풍자하려 해도 딱히 풍자할 것이 없다. 그리고 마음가짐이 충신한 듯하고 행실이 청렴결백한 듯하여 대중의 지지를 받는다. 겉으로 보면 훌륭한 인품을 가진 사람처럼 보인다. 그러나 그의 속마음을 들여다보면 도를 구하는 마음이 없다. 맹자가 그토록 강조한 '마음을 인仁에 두고 의義를 실천하려는 지향'이 없는 사람이다. 그래서 공자가 덕을 해치는 자라고 비판한 것이다. 향원은 공자가 사이비似而非로 비판한 사람이다. 겉으로 보면 그럴 듯하지만 속을 들여다보면 진실하지 않은 사람이다. 어느 세상에나 광자와 견자는 적고 향원이 많다.

도를 전해 듣고서 아는 자도 없겠구나

맹자께서 말씀하셨다. "요임금·순임금부터 탕임금에 이르기까지 500여 년이니, 우임금과 고요皐陶는 요·순의 도를 직접 보고서 안 분들이고, 탕임금은 그 도를 들어서 안 분이다. 탕임금부터 문왕文王에 이르기까지 500여 년이니, 이윤伊尹과 내주萊朱는 그 도를 직접 보고서 안 분들이고, 문왕은 그 도를 들어서 안 분이다. 문왕부터 공자에 이르기까지 500여 년이니, 태공망太公望과 산의생散宜生은 그 도를 직접 보고서 안 분들이고, 공자는 그 도를 들어서 안 분이다. 공자부터 오늘에 이르기까지 100여 년이니, 성인의 세대와의 거리가 그다지 멀지 않으며, 성인이 거주하던 곳과의 거리가 매우 가까운데도 그 도를 보고서 아는 자가 없으니, 앞으로 그 도를 들어서 아는 자도 없을 것이다."

孟子曰 "由堯舜至於湯 五百有餘歲 若禹皋陶 則見而知之 若湯 則聞而知之 由湯至於文王 五百有餘歲 若伊尹萊朱 則見而知之 若文王 則聞而知之 由文王至於孔子 五百有餘歲 若太公望散宜生 則見而知之 若孔子 則聞而知之 由孔子而來至於今 百有餘歲 去聖人之世若此其未遠也 近聖人之居 若此其甚也 然而無有乎爾 則亦無有乎爾." 「진심 하」 제38장

● 이 장은 요·순의 도가 전해진 도통道統을 거론하면서 맹자 시대에 이르러 그 도가 끊어질 것을 우려한 것이다. 고요는 순임금 시대의 현신이다. 이윤과 내주는 탕임금의 현신이다. 태공망과 산의생은 문왕의 현신이다. 맹자 이후로 대현大賢들은 늘 자기 시대에 도가 끊어지지나 않을까를 근심하였다. 그러나 오늘날에는 도가 없어질 것을 근심하는 사람이 거의 없다. 도는 이미 끊어진 것일까? 이 또한 슬픈 일이 아닌가.

대학

—

지식인이 해야 할 공부의 규모

제 3 부

『대학』의 이해

‘대학大學’이라는 말에는 세 가지 뜻이 있다. 하나는 국학기관인 태학大學을 말하고, 또 하나는 책이름이고, 다른 하나는 소학과 구별되는 고등교육을 말한다. 『대학』은 옛날 고등교육기관인 태학에서 사회지도자를 양성하는 법을 기록한 책이다. 그래서 송나라 때 주희는 이 책의 성격을 지도자의 학문(大人之學)이라고 규정하였다.

　『대학』은 수기修己·치인治人의 도를 다루고, 궁극적으로 치국治國·평천하平天下를 지향하기 때문에 정치서로 보는 이도 있다. 그러나 『대학』은 치인의 도를 논하기에 앞서 수기에 관한 공부를 근본으로 하기 때문에 학자들이 공부해야 할 일(學者事)을 말한 것으로 보는 게 통설이다. 또한 이 책은 제후나 천자만이 할 수 있는 치국·평천하의 도까지 거론하고 있어 통치자의 학문을 말한 것으로 보기도 하지만, 사대부 지식층도 그런 도리를 알아야 천하의 일을 경륜할 수 있기 때문에 학문의 범위에 넣은 것이다.

　『대학』은 본래 『예기』의 한 편으로 1,755자 분량의 짧막한 글이다. 북송 때 정호程顥·정이程頤 형제가 이 책에 주목하여 편차編次(편집순서)를 개정하였다. 남송 때 주희가 이런 정신을 계승하여 독자적인 시각으로 편차를 개정하고 논리체계를 재구성하여 경일장經一章·전십장傳十章으로 만들어 『대학장구大學章句』를 편찬하였다. 그리고 이 책의 중요성

『대학장구』의 구조

구분	강설자	기록자	요지	비고
경1장	공자	증삼	삼강령, 팔조목	고본의 편차 개정
전1장	증삼	증삼 문인	삼강령의 명명덕 해석	고본의 편차 개정
전2장	〃	〃	삼강령의 신민 해석	고본의 편차 개정
전3장	〃	〃	삼강령의 지어지선 해석	고본의 편차 개정
전4장	〃	〃	본말의 해석	고본의 편차 개정
전5장	〃	〃	팔조목의 격물·치지 해석	없어진 글을 보충해 넣음
전6장	〃	〃	팔조목의 성의 해석	고본의 편차 개정
전7장	〃	〃	팔조목의 정심·수신 해석	고본의 편차를 따름
전8장	〃	〃	팔조목의 수신·제가 해석	고본의 편차를 따름
전9장	〃	〃	팔조목의 제가·치국 해석	고본의 편차를 따름
전10장	〃	〃	팔조목의 치국·평천하 해석	

을 인식하여 사서四書에 편입시켰다. 주희는 『대학』을 성경현전聖經賢傳 (성인이 경을 짓고 현인이 경을 풀이하는 전을 짓는다는 뜻)의 관점에서 최초로 경문經文·전문傳文으로 구분하였다. 경문은 공자의 말을 그의 문인 증삼曾參이 기록한 것이고, 전문은 증삼이 경문을 부연한 것을 그의 문인들이 기록한 것으로 보았다.

주희는 『대학』의 요지를 삼강령三綱領·팔조목八條目으로 보아 경문에서는 삼강령·팔조목을 말하고, 전문에서는 삼강령·팔조목을 다시 부연하여 설명한 것으로 파악하였다. 그는 이런 논리구조의 틀 속에서 전해오던 고본古本의 편차를 일부 개정하였고, 또 격물치지를 해석한 전문은 없어진 것으로 보아 보충해 넣었다. 그리고 문장을 장章·구句로 나누어 해석하여 정연한 논리구조를 갖추어놓았다. 책명을 『대학장구』라고 붙인 것은 장·구를 나누어 편차를 구분해 새롭게 해석했다는 뜻이다. 이런『대학장구』의 구조는 앞의 도표와 같다.

　종이에 글을 쓰기 전에는 죽간^{竹簡}·목간^{木簡}에 글을 써서 이를 실로 묶어 책을 만들었는데, 실이 끊어져 죽간이 제 위치에 있지 않고 다른 곳으로 옮겨진 경우가 있었다. 이를 착간^{錯簡}이라 한다. 주희는 고본의『대학』에 이러한 착간이 다수 있는 것으로 판단하여 편차를 개정하여 바로잡는 데 노력을 기울였다. 또한 앞서와 같은 논리구조로 해석하다보니, 격물·치지를 해석한 전문을 찾을 수 없었다. 그래서 격물·치지를 해석한 전문은 없어진 것으로 판단해 자신이 글을 지어 보충해 넣었다. 이를 보망장^{補亡章} 또는 보전^{補傳}이라 한다. 주희는 이와 같은 두 가지 관점으로 편차를 개정하여 논리구조를 정비하고, 없어진 글을 보충해 넣어 온전한 한 편의 글을 완성하고자 하였다. 그렇게 해서 만들어진 것이『대학장구』다.

　주희가 사서를 해석하면서 가장 심혈을 기울인 책이『대학』『중용』인데, 그중에서도『대학』은 임종하기 3일 전까지 수정하였다고 한다. 주희는 43세 때『대학장구』와『중용장구』의 초고를 완성하였는데, 30년 가까이 수정을 거듭하여 별세하기 직전까지 고친 것이다. 그래서 사마광이『자치통감』을 저술하는 데 일생을 바쳤듯이, 자신은『대학장구』를 만드는 데 일생의 정력을 쏟았다고 술회하였다. 기실 주자학은 사서의 해석에 그 기초를 두고 있는데, 그중에서도『대학』『중용』의 해석이 주자학의 근간에 해당한다.

　주희의 논리에 의하면,『대학』은 지식인이 해야 할 공부의 규모를 체계적으로 기술한 책이며,『중용』은 인간의 근본이 하늘로부터 부여받은 본성에 있음을 자각하고 그 본성에 순응하여 천도에 배합하는 삶을 추구하는 내용을 담은 책이다. 그러니까『대학』은 지식인이 현실세계에서 해야 할 공부를 수평적으로 전개한 것인 반면,『중용』은 인간 존재 자체에 주목하여 스스로 하늘과 하나가 되는 길을 말한 것이다. 그래서 이 두 책은 상호 표리관계가 된다.『중용』은 심성의 문제를 형이상·형이하를 넘나들며 말하고 있는 반면,『대학』은 지식인이 현실세계에서 추구해야 할 공부를 말하고 있다. 다만 마음을 성찰하고 수양하고 실천하는 부분은 겹치는 내용이 있다. 예컨대 마음이 움직이고 난 뒤의 성찰 공부에 해당하는 신독愼獨은『대학』『중용』에서 모두 중요하게 언급하고 있다.

이 책에는 경1장 및 전5장~전10장을 번역 수록하였다. 전1장부터 전4장까지는 증자가『시경』『서경』등의 문구를 인용하여 삼강령을 다시 부연한 것이므로 생략해도 무방하기 때문이다. 전5장은 주희가 보충해 넣은 글로 고문이 아니지만, 격물치지格物致知의 지知를 말하고 있기 때문에 이 책에 수록하였다. 전6장은 성의장誠意章으로 마음속에 싹튼 생각을 선으로 꽉 채워야 한다는 내용이며, 전7장은 정심수신장正心修身章으로 수신은 마음을 바르게 하는 데 달려 있음을 말하였고, 전8장은 수신제가장修身齊家章으로 제가는 수신에 있음을 말하였다. 전6장부터 전8장까지는 앎을 스스로 실천해나가는 실천공부에 관한 것으로 조선시대 학자들이 매우 중시한 것이기 때문에 모두 수록하였다. 전9장은 제가치국장齊家治國章으로 나라를 다스리는 것은 집안사람들을 균등히 대하는 것에서 비롯됨을 말하였고, 전10장은 치국평천하장治國平天下章으로 천하를 공평히 다스리는 도는 임금이 공정한 척도로 백성의 처지를 헤아려주는 데 있음을 말하였다. 전9장과 전10장은 덕을 닦아 다른 사람에게 교화가 미쳐나가는 것으로 사회적 실천에 해당하기 때문에 모두 수록하였다.

『대학』에서 말하는 지식인의 공부는 사물의 이치를 궁리하여 앎을 극진히 하는 진리탐구의 지知, 그 앎을 자신이 몸소 실천하여 도덕적 인격을 구현하는 자기실천의 행行, 이 지·행을 바탕으로 자신의 덕을 사회에 펴나가는 사회적 실천의 추행推行으로 구분된다. 지·행은 명명덕明明德에 속하고 추행은 신민新民에 속하는데, 명명덕이 본本이고 신민이 말末이기 때문에 어디까지나 명명덕이 근본이고 먼저 할 일이다. 또한 지·행도 주자학의 선지후행先知後行의 논리로 보면 앎이 먼저이고 실천이 뒤다. 이런 점에서 『대학』은 본말·선후를 명확히 구분하며, 단계를 뛰어넘는 것을 경계한다.

후대 학자들은 『대학』의 요지를 경敬으로 보았다. 그러나 『대학』에는 경이 언급되어 있지 않다. 그렇다면 왜 『대학』의 요지를 경으로 본 것일까? 주자학에서는 경을 학문의 처음과 끝으로 본다. 마음이 발하거나 발하기 전이나 경외심이 없으면 진리탐구, 자기실천, 사회적 실천이 모두 이루어질 수 없다. 그러므로 진정성 확보를 무엇보다 중요하게 생각한 성리학자들은 이 경외심을 공부의 근본으로 삼았다. 『대학』에는 지·행·추행의 공부가 모두 들어 있기 때문에 그것을 이룩하는 전 과정에서 한순간도 경외심을 잃지 말 것을 주문한 것이다.

이런 점에서 보면 현대 학문은 허술하기 짝이 없다. 경외심을 학문의 근본으로 삼는 사람이 어디 있던가. 또한 지·행·추행의 논리로만 보아도 지적 탐구의 단계에 머물고, 그다음 단계인 자기실천으로 나아가지 못하고 있다. 이런 학문은 절름발이라고 아니할 수 없다. 이러한 문제점을 보완하기 위해서는 전통 학문에서 그 정신을 배우지 않으면 안 된다. 우리가 『대학』을 통해 진리탐구가 학문의 전부가 아니라는 점을 깨닫고, 탐구한 진리를 내 몸을 통해 경험하고 체험하여 진리와 내가 하나가 되기를 추구하고, 그리고 그것을 자기 주변에 확산시켜나 가고자 한다면 지식인의 역할을 새롭게 정립할 수 있을 것이다.

가려 뽑은 『대학』

대인의 학문의 길

대학의 도는 자신의 명덕明德을 밝히는(明明德) 데 있고, 백성을 새롭게 변화시키는(新民) 데 있고, 지극한 선善의 경지에 이르러 머무는(止於至善) 데 있다. 지극한 선이 머무는 데를 알게 되면 내가 도달해야 할 목표를 알게 되니, 도달해야 할 목표를 안 뒤에는 심지心志에 정해진 방향이 있게 된다. 심지에 정해진 방향이 있게 된 뒤에는 마음이 능히 고요해지고, 마음이 고요해진 뒤에는 마음이 처하는 곳마다 능히 편안해지고, 마음이 편안해진 뒤에는 일을 능히 생각하게 되고, 일을 생각한 뒤에는 머물 바를 능히 얻게 된다. 학자가 추구할 덕목(物)에는 본本·말末이 있고, 해야 할 일(事)에는 시始·종終이 있으니, 먼저 해야 할 바와 뒤에 해야 할 바를 알면 도에 가까이 다가갈 것이다.

옛날 온 천하에 그들의 명덕을 밝히려 했던(平天下) 사람은 먼저 자기 나라 사람들을 잘 다스렸고(治國), 자기 나라 사람들을 잘 다스리려 했던 사람은 먼저 자기 집안사람들을 균등하게 대하였고(齊家), 자기 집안사람들을 균등하게 대하려 했던 사람은 먼저 자기 몸을 닦았고(修身), 자기 몸을 닦으려 했던 사람은 먼저 자기 마음을 바르게 하였고(正心), 자기 마음을 바르게 하려 했던 사람은 먼저 자기 마음속에 싹트는 생각을 선으로 가득 차게 하였고(誠意), 마음속에 싹트는 생각을 선으로 가득 차게 하려 했던 사람은 먼저 자기의 앎을 극진히 하였으니(致知), 자기의 앎을 극진히 하는 것은 사물에 나아가는(格物) 데에 달려 있다.

사물의 이치가 나에게 이른(物格) 뒤에 앎이 지극해지고(知至), 앎이 지극해진 뒤에 내 마음속에 싹튼 생각이 선으로 가득 차게 되고(意誠), 마음속에 싹튼 생각이 선으로 가득 찬 뒤에 내 마음이 바르게 되고(心正), 마음이 바르게 된 뒤에 내 몸이 닦이고(身修), 내 몸이 닦인 뒤에 집 안사람들이 균등히 대우를 받게 되고(家齊), 집안사람들이 균등히 대우를 받게 된 뒤에 나라 사람들이 잘 다스려지고(國治), 나라 사람들이 잘 다스려진 뒤에 온 세상 사람들이 평안하게 된다(天下平).

천자로부터 일반 백성에 이르기까지 한결같이 모두 수신(修身)으로 근본을 삼아야 한다. 근본이 어지러운데도 말단이 잘 다스려지는 경우는 없으며, 후하게 대해야 할 사람을 박하게 대하면서 박하게 대해야 할 사람을 후하게 대하는 경우는 아직까지 있지 않았다.

大學之道 在明明德 在親(新)民 在止於至善 知止而后有定 定而后能靜 靜而后能安 安而后能慮 慮而后能得 物有本末 事有終始 知所先後 則近道矣 古之欲明明德於天下者 先治其國 欲治其國者 先齊其家 欲齊其家者 先修其身 欲修其身者 先正其心 欲正其心者 先誠其意 欲誠其意者 先致其知 致知 在格物 物格而后知至 知至而后意誠 意誠而后心正 心正而后身修 身修而后 家齊 家齊而后國治 國治而后天下平 自天子以至於庶人 壹是皆以修身爲本 其本亂而末治者否矣 其所厚者薄而其所薄者厚 未之有也. 경1장

● 대학지도大學之道는 대인의 학문의 길을 의미한다. 대인은 사대부 지식층을 염두에 둔 말이니, 지식인이 공부해야 할 학문의 길을 말한 것이다. 학문의 길에 관해서는 논자에 따라 다양한 언설이 있다. 그런데 공자는 그것을 삼강령·팔조목으로 요약해 제시하였다. 삼강령은 맨 처음에 보이는 명명덕明明德·신민新民·지어지선止於至善이다. 이 삼강령은 두 축의 학문과 지향해야 할 목표다. 두 축의 학문은 자신의 명덕을 밝히는 명명덕과 그 덕을 바탕으로 사람들을 변화시키는 신민이다. 명덕은 사람이 하늘에서 부여받은 신령스럽고 밝은 덕을 의미한다. 명명덕은 자리自利이고, 신민은 이타利他에 해당한다. 마치 대승불교에서 한편으로는 진리를 구하는 공부를 하고[上求菩提], 다른 한편으로는 중생을 교화하는[下化衆生] 것과 유사하다. 유학은 나 혼자 진리를 깨달아 고고하게 사는 데서 그치지 않고, 그 덕을 주변에 널리 펴서 모든 사람과 함께하는 공동체적 삶을 지향한다. 그래서 이 두 축의 학문은 조금의 거짓이 있어서도 안 되고, 중도에 미완성으로 그쳐서도 안 된다. 그러므로 명명덕과 신민의 최종 목표를 지극한 선의 경지에 이르러 머무는 데 둔 것이다. 지止는 '그치다'는 뜻이 아니고 '최선의 경지에 이르러 추락하지 않고 계속 머물러 있다'는 뜻이다.

이런 두 축의 학문과 목표에 도달하기 위해 그 차례를 제시한 것이 삼강령으로, 근본을 먼저 추구하고 말단을 나중에 추구하며, 먼저 할 일과 나중에 할 일을 알아 차근차근 진보해야 한다는 것이다. 그리고 그 길을 가는 과정을 좀더 구체적으로 제시한 것이 팔조목이다. 팔조목은 삼강령의 명명덕·신민에 부속된 세부 조목이다. 지어지선은 명명덕·신민이 추구해야 할 목표이기 때문에 힘써야 할 공부가 아니다.

학자가 힘써야 할 공부는 명명덕·신민의 두 축인데, 공자는 그 세부 조목으로 명명덕에 격물格物·치지致知·성의誠意·정심正心·수신修身을, 신민에 제가齊家·치국治國·평천하平天下를 제시하였다.

이 팔조목을 요약해보면, 격물·치지는 진리탐구의 지知, 성의·정심·수신은 자기실천의 행行, 제가·치국·평천하는 사회적 실천의 추행推行에 해당한다. 지·행·추행 셋 중 어디에 더 중점을 두느냐에 따라『대학』을 해석하는 시각이 달라진다. 그런데 주자학의 선지후행先知後行의 논리에 따르면 추행은 지·행보다 선무先務가 될 수 없으며, 지·행에 있어서도 시비선악을 판단하는 지가 행보다 먼저다. 그런데 이런 기본적인 인식을 전제로 하더라도 그들이 처한 사회적 분위기나 개인적 처지에 따라 중점을 두는 시각이 다르게 나타난다. 예컨대 정약용丁若鏞은 추행의 효孝·제悌·자慈에 비중을 두어 해석하였고, 조식曹植은 자기실천에 중점을 두어 해석하였다. 그리고 조선 후기 주자학에 대한 이해가 깊어지면서 대부분의 학자들은 격물치지에 천착하는 성향을 보이기도 하였다.

한편 공자는 학자가 해야 할 학문의 규모로 삼강령·팔조목을 제시하고서 말미에 지식인이 해야 할 공부는 수신을 근본으로 해야 한다는 점을 강조하였다. 세상에 교화를 펴기 위해서는 먼저 합리적 사유와 도덕적 인격을 갖춘 나를 만들어야 한다. 이 합리적 사유와 도덕적 인격이 결여되면 제가·치국·평천하는 불가능하다. 그래서 공자는 지知·행行을 통한 완성된 인간이 되기를 먼저 주문한 것이다. 오늘날 우리는 이런 점을 돌아보아야 한다. 특히 세상을 바꾸고자 하는 사람들, 민주·자유·평등 등 사회적 가치의 실현에만 시선을 두고 있는 사람들은 이 점을 돌아볼 필요가 있다. 수신이 전제되지 않으면 그 어떤 사회적 실천도 불가능하다는 점을 깨달아야 한다.

명명덕·신민을 모두 지선의 경지에까지 끌어올리는 것이 지식인이해야 할 공부인데, 공자는 그것을 이룩하기 위한 방법으로 수신을 강조한 것이다. 그래서 지극히 존귀한 임금으로부터 서민에 이르기까지모두 수신으로 근본을 삼아야 함을 강조하고 있다. 격물·치지를 통해합리적 사유를 확대하고, 성의·정심·수신을 통해 도덕적 인격을 향상시키는 일을 지도자의 일로만 보지 않은 것이다. 주자는 『대학』을 대인지학大人之學으로 보아 지도층의 학문으로 보았지만, 위와 같은 시각으로 보면 『대학』은 대인의 학문이 아니라 지식인 일반의 학문이라 할수 있다. 이는 현대적 시각으로 보면 합리적 사유와 도덕적 인격을 추구하여 시민사회를 지향한 것이라 해도 무방할 것이다.

사물에 나아가 그 이치를 궁구하기

이른바 '치지致知가 격물格物에 있다'고 하는 것은 다음과 같은 점을말한 것이다. 나의 앎을 극진히 하고자 하면, 사물에 나아가 그 이치를궁구해야 한다. 대개 사람의 신령스러운 마음에는 앎[知]이 있지 않음이 없고, 천하의 사물에는 이치[理]가 있지 않음이 없다. 그러나 오직사람들이 이치에 대해 궁구하지 못한 것이 있기 때문에 그의 앎에 극진하지 않음이 있는 것이다. 그러므로 태학에서 처음 학생들을 가르칠 때, 반드시 학자들로 하여금 모든 천하의 사물에 나아가 자기가 이

미 알고 있는 이치를 바탕으로 더욱 사물의 이치를 궁구하여 그 지극한 데 이르기를 구하도록 한 것이다. 그런 노력이 오래되어 어느날 환히 이치를 관통하는 데 이르면, 모든 사물의 표리^{表裏}·정조^{精粗}가 나에게 이르지 않음이 없고, 내 마음의 전체^{全體}·대용^{大用}이 밝지 않음이 없을 것이다. 이를 사물의 이치가 이른 것〔物格〕이라 하며, 이를 앎이 지극해진 것이라 한다.

所謂致知在格物者 言欲致吾之知 在卽物而窮其理也 蓋人心之靈 莫不有知 而天下之物 莫不有理 惟於理 有未窮 故 其知有不盡也 是以 大學始敎 必使學者 卽凡天下之物 莫不因其已知之理 而益窮之 以求至乎其極 至於用力之久 而一旦豁然貫通焉 則衆物之表裏精粗無不到 而吾心之全體大用無不明矣 此謂物格 此謂知之至也. **전5장 격물치지장**

● 주희는 원문 마지막 구의 '차위지지지야^{此謂知之至也}' 여섯 자는 한 문장의 결어에 해당하기 때문에 그 앞에 격물치지를 해석한 내용이 있었는데 없어진 것으로 생각하였다. 그리하여 이 여섯 자 앞에 위와 같은 문장을 지어 보충해 넣은 것이다. 이에 대해 후대 학자들은 의심을 하거나 비판을 하였다. 주자의 후학들은 격물치지를 해석한 내용은 없어진 것이 아니라 다른 곳에 잘못 편입되어 있다고 생각해, 주희가 만든 『대학장구』를 일부 개정하는 작업을 수백 년 동안 지속하였다. 우리나라에서도 이언적^{李彦迪}으로부터 주희의 『대학장구』를 개정하는 설이 개진되어 여러 명의 학자가 개정설을 제기하였다.

이 격물치지장은 주희가 사물을 인식하는 인식론을 드러낸 것이다. 주희는 격물^{格物}의 격^格을 지^至의 의미로 보아 사물에 이르는 것으로 해석하고, 치지致知를 앎을 극진히 하는 것으로 해석하였다. 즉 사물에 나아가 그 이치를 궁구하는 것을 즉물궁리即物窮理라고 풀이하였다. 인식 주체인 내 마음이 인식 대상인 사물에 나아가 그 이치를 알아내는 것이다. 그래서 주희의 이러한 격물치지설을 객관적 인식론이라 한다.

주희의 격물치지설은 후대에 지대한 영향을 끼쳤다. 성리학의 삼대설 중 하나가 바로 격물치지설이다. 이런 점을 두고 보면, 이 글이 갖는 의미가 얼마나 중요한지를 짐작할 수 있다. 주희의 격물치지설은 명나라 때 왕수인王守仁에 의해 정면으로 비판을 받았다.

마음속에 싹튼 생각을 진실하게 하기

이른바 '자기 마음속에 싹튼 생각을 선으로 가득 채운다(誠意)'는 것은 자신을 속이지 않는 것(毋自欺)이다. 악을 미워하기를 악취를 싫어하듯이 하고, 선을 좋아하기를 아름다운 여인을 좋아하듯이 하는 것, 이것을 스스로 만족하는 것(自謙)이라 한다. 그러므로 군자는 반드시 자기 혼자만 알고 있는 마음속의 생각을 신중히 한다. 소인은 홀로 거처할 때 불선한 일을 행하며 이르지 않는 데가 없다가, 군자를 만난 뒤에는 슬그머니 자신의 불선을 숨기고 선을 드러낸다. 그러나 남들이 자신을 볼 때 자기 속마음을 들여다보듯이 할 것이다. 그러니 자신에게 무엇이 유익하겠는가. 이를 '마음속에 어떤 생각이 가득 차면 밖으로 드러난다'고 하는 것이다. 그러므로 군자는 반드시 자기 혼자만 알고 있는 마음속의 생각을 신중히 한다(愼其獨). 증자曾子가 말씀하기를

"혼자만 알고 있는 마음속의 생각일지라도 그 선악을 숨길 수 없는 것은 마치 열 개의 눈이 함께 나를 주시하고, 열 개의 손이 함께 나를 가리키는 것과 같으니, 이는 매우 두려워할 만한 것이다"라고 하셨다. 부富는 집안을 윤택하게 하고, 덕德은 자신을 윤택하게 한다. 마음의 덕이 쌓여 넓어지면 신체 외적으로 드러나 덕스러워지니, 그러므로 군자는 반드시 그의 마음속에 싹튼 생각을 선으로 가득 차게 해야 한다.

　所謂誠其意者 毋自欺也 如惡惡臭 如好好色 此之謂自謙 故 君子·必愼其獨
也 小人閒居 爲不善 無所不至 見君子而后 厭然揜其不善 而著其善 人之視己
如見其肺肝 然則何益矣 此謂誠於中形於外 故 君子·必愼其獨也 曾子曰 "十
目所視 十手所指 其嚴乎" 富潤屋 德潤身 心廣體胖 故 君子·必誠其意. 전6장
성의장

● 성의誠意의 성誠은 '정성'이 아니라 '꽉 채우다'라는 뜻이고, 의意는 '마음속에 갓 일어난 생각'을 말한다. 마음속에 일어난 생각이 악으로 빠지지 않도록 선으로 꽉 채우라는 뜻이다. 자겸自謙의 겸謙 자는 겸慊 자와 같은 의미로 '만족하고 유쾌하게 여기다'는 뜻이다. 신기독愼其獨은 '홀로 있을 때 삼가라'는 뜻이 아니다. 기독其獨은 마음속에 일어난 생각을 남들은 모르고 자기만 알고 있기 때문에 그렇게 말한 것이니, '자기 혼자만 알고 있는 마음속의 생각을 신중히 하라'고 해석해야 한다. 이는 마음이 움직이고 난 뒤의 성찰을 말한 것이다.

　『대학』의 성의장誠意章·정심장正心章·수신장修身章은 모두 마음이 움직이고 난 뒤의 성찰 공부를 말한 것이다. 그런데 성의장을 맨 앞에 둔 것은 마음을 다스리는 공부에 있어 그것이 제일 중요하고 가장 먼

저 해야 할 일이기 때문이다. 성의장은 마음속에 싹튼 자기만 알고 있는 생각을 신중히 하여 악으로 흐르지 못하도록 그 기미를 살피는 공부이고, 정심장은 남들은 모르지만 자기 마음속에 머물러 있는 성냄·두려움·좋아함·걱정 같은 생각에 치우치지 말고 바른 마음을 유지하는 공부이며, 수신장은 외부로부터 일어나는 친애하는 마음, 미워하는 마음, 경외하는 마음, 긍휼히 여기는 마음, 오만하게 대하는 마음 등에 치우치지 않고 몸과 마음을 바르게 유지하는 공부다.

성의장은 한마디로 악념惡念을 제거하는 공부다. 마음속에 처음 싹튼 생각이 악으로 빠지지 않도록 선으로 가득 채우는 공부를 말하기 때문에 혼자만 알고 있는 갓 싹튼 생가을 신중히 하라는 것이다. 이를 신독愼獨이라고 한다. 심성 수양에 있어 마음이 발하고 나면 반드시 그 발한 마음을 주시하며 성찰해야 하는데, 그런 성찰 공부의 요점이 바로 신독이다. 그래서 신독은 『대학』『중용』에서 모두 중시한 것이다. 백범 김구金九가 그의 집무실 벽에 '신기독愼其獨' 세 자를 써 붙여놓았다는 사실을 우리는 새삼 주목할 필요가 있다.

마음의 본체와 작용을 바르게 하기

이른바 '수신修身은 망동妄動하는 마음을 바르게 하는 데 달려 있다'라고 한 것은 다음과 같은 뜻이다. 마음에 성내는 바가 있으면 바른 마음을 얻지 못하고, 마음에 두려워하는 바가 있으면 바른 마음을 얻지 못하고, 마음에 좋아하는 바가 있으면 바른 마음을 얻지 못하고, 마음에 걱정하는 바가 있으면 바른 마음을 얻지 못한다. 마음이 성냄·두려움·좋아함·걱정 등에 빼앗겨 내면에서 주재하지 않으면, 눈으로 사물을 보아도 보이지 않고, 귀로 소리를 들어도 들리지 않고, 입으로 음식을 먹어도 그 참맛을 모른다. 이를 '수신은 망동한 마음을 바르게 하는 데 달려 있다'고 하는 것이다.

所謂修身在正其心者 身有所忿懥 則不得其正 有所恐懼 則不得其正 有所好樂 則不得其正 有所憂患 則不得其正 心不在焉 視而不見 聽而不聞 食而不知其味 此謂修身 在正其心. **전7장 정심수신장**

● 수신의 신身 자를 주희는 심心의 오자로 보았다. 마음속에 성냄〔忿懥〕·두려움〔恐懼〕·좋아함〔好樂〕·걱정〔憂患〕 등의 생각이 있는 경우를 상정한 것이다. 성리학에서는 일신一身의 주재자는 심心이고, 일심一心의 주재자는 경敬이라 한다. 즉 경외심을 늘 유지하여 마음의 주체를 확립해야 수시로 일어나는 온갖 감정에 부화뇌동하지 않고 자신을 지킬 수 있기 때문이다. 원문의 심부재언心不在焉이 바로 그런 점을 말한 것이다. 마음이 자신을 다스리는 중심에 있지 못하면, 감정에 치우쳐 바른 마음을 잃어버리게 된다. 그러면 눈·귀·입 등이 사물을 공정하게 인식하지 못하게 된다. 그래서 정심正心을 통해 도덕적 주체를 세워야 한다.

성의를 통해 마음속에서 싹튼 생각이 악으로 흐르지 않도록 성찰하더라도 마음속에 남아 있거나 기대하는 생각이 없을 수 없다. 어떤 욕망이나 감정이 마음속에 있으면 공명정대한 마음을 얻을 수 없다. 그래서 마음이 성냄·두려움·좋아함·걱정 등의 부념浮念(뜬생각)에 치우치지 않도록 마음을 늘 바르게 하라는 것이다. 마음을 올바로 하는 데 해^害가 되는 이 네 가지 생각을 사유소^{四有所}라 한다. 그런데 마음을 늘 바른 상태로 유지하기 위해서는 본체에 흔들리지 않는 주체적인 마음이 늘 자리를 잡고 있어야 한다. 그래서 이 정심장에는 망동하는 감정을 성찰하고 절제하는 외적인 공부뿐만 아니라, 그렇게 할 수 있는 내면의 주체가 정립되어 있어야 하기 때문에 마음이 움직이기 전에 마음을 보존하는 본체 공부도 내재되어 있다고 보는 것이다.

외부로부터 일어나는 생각을 공정하게 하기

이른바 '자기 집안사람들을 균평히 대하는 것이 자기 몸을 닦는 데 달려 있다'고 말한 것은 다음과 같은 뜻이다. 사람들은 자기가 친히 여기고 사랑하는 사람에 대해서 치우친 감정을 갖게 되고, 사람들은 자기가 천히 여기고 미워하는 사람에 대해서 치우친 감정을 갖게 되고, 사람들은 자기가 두려워하고 공경하는 사람에 대해서 치우친 감정을 갖게 되고, 사람들은 자기가 애처롭게 여기고 긍휼히 여기는 사람에 대해서 치우친 감정을 갖게 되고, 사람들은 자기가 오만하게 대하고 태만히 여기는 사람에 대해서 치우친 감정을 갖게 된다. 그러므로 상대를 좋아하면서도 그의 나쁜 점을 알고, 상대를 미워하면서도 그의 아름다운 점을 아는 사람은 이 세상에 드물다. 그러므로 속담에 이에 대한 말이 있으니, "사람들은 자기 자식의 나쁜 점을 알지 못하고, 사람들은 자기 논의 벼가 크게 자란 것을 알지 못한다"라고 한다. 이를 일러 '자기의 몸이 닦여지지 않으면 자기 집안사람들을 균등히 대할 수 없다'고 하는 것이다.

所謂齊其家在修其身者 人 之其所親愛而辟(僻)焉 之其所賤惡而辟(僻)焉 之其所畏敬而辟(僻)焉 之其所哀矜而辟(僻)焉 之其所敖惰而辟(僻)焉 故 好而知其惡 惡而知其美者 天下鮮矣 故 諺有之 曰 "人莫知其子之惡 莫知其 苗之碩" 此謂身不修 不可以齊其家. 전8장 수신제가장

● 팔조목의 하나인 수신修身은 마음이 외부의 사물과 접촉하여 일어나는 감정을 다스리는 것이다. 친히 여기거나 사랑하는 사람에 대한 치우친 감정, 천히 여기거나 미워하는 사람에 대한 치우친 감정, 두려워하거나 공경하는 사람에 대한 치우친 감정, 애처롭게 여기거나 불쌍히 여기는 사람에 대한 치우친 감정, 오만하게 대하거나 태만히 대하는 사람에 대한 치우친 감정을 오벽五僻이라 한다. 자신의 마음을 바르게 하고서 또 만나는 대상에 대해 치우친 감정을 갖지 말고 공평히 인식해야 비로소 수신을 하게 된다. 마음이 움직이고 난 뒤의 공부를 성의·정심·수신으로 거듭 논한 것은 마음을 다스리는 일이 그만큼 어렵기 때문이다. 마음이 어떤 생각이나 감정에 이끌리지 않고 공명정대한 상태를 유지해야 비로소 객관적·합리적 인식을 할 수 있다. 이것이 바로 유교의 마음을 다스리는 공부다. 이는 모두 마음이 발하고 난 뒤의 공부이기 때문에 성찰에 해당한다.

효도·공경·자애를 기반으로 나라를 다스리기

이른바 '나라를 다스리는 일은 자기 집안사람들을 균등히 대우하는 일을 반드시 먼저 하는 데 달려 있다'고 한 것은 다음과 같은 뜻이다. 자기 집안사람들을 교화할 수 없으면서 능히 남들을 교화하는 사람은 없다. 그러므로 군자는 집안을 벗어나지 않고서도 나라에 교화가 이루어지게 할 수 있다. 집안에서의 효도(孝)는 밖으로 임금을 섬기는 것이고, 집안에서의 공경(弟)은 밖으로 상관을 섬기는 것이고, 집안에서의 자애(慈)는 밖으로 민중을 부리는 것이다.

『서경』「강고康誥」에 "백성을 다스리는 사람은 어린아이를 보호하듯이 해야 한다"고 하였으니, 마음이 진실로 나라를 잘 다스리길 구하면 목표에 적중하지 못할지라도 목표에서 멀리 벗어나지는 않을 것이다. 자식 기르는 것을 다 배운 뒤에 시집가는 여자는 아직까지 있지 않았다. 온 집안사람들이 어질면 온 나라 사람들이 어질고 싶은 마음이 생기고, 온 집안사람들이 겸양하면 온 나라 사람들이 겸양해지고 싶은 마음이 생기며, 한 사람이 탐욕스럽고 사나우면 온 나라 사람들이 난을 일으킨다. 그 기미機微가 이와 같으니, 이를 일러 '한마디 말이 일을 그르치며, 한 사람이 나라를 안정시킨다'고 하는 것이다.

요임금·순임금은 인仁으로써 천하 사람들을 거느렸는데 백성이 그를 따랐고, 걸왕桀王·주왕紂王은 포악함으로써 천하 사람들을 거느렸는데 백성이 그를 따랐다. 그러니 임금이 명령하는 바가 평소 좋아하던 것에 반대되면 백성은 그 명령을 따르지 않는다. 그러므로 군자는 자기 몸에 먼저 선을 갖춘 뒤에 남에게 선을 요구하고, 자기 몸에 먼저

악을 없앤 뒤에 남의 나쁜 점을 비난한다. 자기 몸에 서恕를 갖추지 않았는데도 남에게 그 점을 능히 깨우쳐주는 경우는 아직까지 없었다.

그러므로 나라를 다스리는 것은 자기 집안사람들을 균등히 대우하는 데에 달려 있는 것이다. 『시경』의 시에 "갓 핀 복사꽃 산뜻하게 예쁜데, 그 잎이 무성히도 났구나. 저 아가씨 시집가네, 그 시댁 사람들을 잘 대하리"라고 하였으니, 통치자는 자기 집안사람들을 잘 대한 뒤에 나라 사람들을 교화할 수 있다. 또 『시경』의 시에 "형을 잘 대하며, 동생을 잘 대하네"라고 하였으니, 통치자는 형을 잘 대하며 동생을 잘 대하는 사람이 된 뒤에 나라 사람들을 교화할 수 있다. 또 『시경』의 시에 "그 의젓한 몸가짐이 어긋나지 않는지라, 사방의 나라 사람들을 바르게 하네"라고 하였으니, 그의 아비·자식·형·동생 등이 충분히 본받을 만한 사람이 된 뒤에 백성이 그를 본받게 된다. 이를 일러 '나라를 다스리는 것은 자기 집안사람들을 균등히 대하는 데 달려 있다'고 하는 것이다.

所謂治國必先齊其家者 其家 不可敎 而能敎人者 無之 故 君子不出家而成敎於國 孝者 所以事君也 弟(悌)者 所以事長也 慈者 所以使衆也 康誥曰 "如保赤子 心誠求之 雖不中 不遠矣" 未有學養子而后 嫁者也 一家仁 一國興仁 一家讓 一國興讓 一人貪戾 一國作亂 其機如此 此謂一言僨事 一人定國 堯舜帥天下以仁 而民從之 桀紂帥天下以暴 而民從之 其所令反其所好 而民不從 是故 君子 有諸己而後 求諸人 無諸己而後 非諸人 所藏乎身 不恕 而能喩諸人者 未之有也 故 治國在齊其家 詩云 "桃之夭夭 其葉蓁蓁 之子于歸 宜其家人" 宜其家人而后 可以敎國人 詩云 "宜兄宜弟" 宜兄宜弟而后 可以敎國人 詩云 "其儀不忒 正是四國" 其爲父子兄弟足法而后 民法之也 此謂治國在齊

● 제가치국장齊家治國章은 가장이 집안을 잘 다스리는 논리를 기반으로 온 나라 사람들을 교화하는 데까지 나아간 것이다. 집안을 잘 다스리는 논리는 집안사람들을 균등하게 대하는 것인데, 이를 부모에 대한 효도, 어른에 대한 공경, 어린 사람에 대한 자애로 요약하고 있다. 이 세 가지 효孝·제弟·자慈는 집안을 화평하게 하는 기본적이고 필수적인 덕목이다. 이 세 가지가 결여되면 그 집안은 정상적인 가족관계를 형성할 수가 없다. 나라를 다스리는 논리는 가장이 가족을 대하는 논리에서 벗어나지 않는다. 이러한 논리로 교화를 넓혀나가면 저절로 한 나라도 한 가정처럼 화평한 사회를 만들 수 있다. 가정에서 부모에게 효도하는 논리를 나라에 적용하면 노인들의 여생을 편안하게 해주는 것이다. 가정에서 어른을 공경하는 논리를 나라에 적용하면 도덕과 지식, 경륜과 경험이 있는 어진 이를 존중하여 예의를 갖추어 대우하는 일이다. 가정에서 어린 사람을 자애하는 논리를 나라에 적용하면 아이들을 잘 보살피고 교육시켜 보편적 진리와 합리적 사유를 하는 사람으로 기르는 것이다. 이렇게 보면 나라를 다스리는 기본적인 사고는 가장이 집안을 화목하게 만드는 것에서 벗어나지 않고, 그 요점은 효·제·자에서 벗어나지 않는다. 이 마음이 중요하기 때문에 백성을 다스리는 사람은 어린아이를 보호하는 마음을 가져야 함을 먼저 말한 것이다. 그리고 진실한 마음으로 이를 실천할 것을 거듭 말한 것이다.

나라를 다스리는 점을 말한 제가치국장에는 정작 나라를 다스리는 구체적인 내용은 말하지 않고 제가의 논리를 바탕으로 해야 하는 점만 말하고 있다. 게다가 뒷부분은 임금의 수신에 초점을 맞추어『시경』의 시를 세 차례나 인용하면서 수신을 하여 집안에서 본보기가 되어야 함을 강조하였다. 치국의 논리를 통치행위에서 찾지 않고, 통치자의 마음자세에서 찾은 것이다. 그리하여 공자가 말한 진실한 마음〔忠〕을 바탕으로 남의 마음을 헤아리는 서恕를 말한 것이다. 이 서는 용서가 아니다. 남의 마음을 나의 마음으로 미루어 헤아리는 것이다. 바로 소통을 말한 것이다. 그런데 진정성인 충忠이 언제나 소통의 바탕이 되어야 한다. 진정성이 없는 소통은 불통으로 이어진다. 소통은 지위가 높은 사람이 지위가 낮은 사람의 마음을 먼저 헤아리는 데서부터 비롯된다. 말로만 소통하라고 하면 소통은 될 수 없다. 왜 나라를 다스리는 도리를 언급하면서 소통을 말한 것일까? 바로 임금이 먼저 진정성을 갖고 백성의 마음을 헤아려야 한다는 것이다. 우리 시대의 소통도 이렇게 해야 가능하다.

내 마음의 공정한 법도로 남의 마음 헤아리기

이른바 '평천하平天下가 자기 나라를 잘 다스리는 데 달려 있다'고 하는 것은 다음과 같은 뜻이다. 임금이 자기 집안의 노인을 노인으로 잘 공경하면 백성이 그것을 보고서 효도〔孝〕할 마음을 일으키며, 임금이 자기 집안의 어른을 어른으로 잘 공경하면 백성이 그것을 보고서 공경〔悌〕할 마음을 일으키며, 임금이 고아를 구휼하면 백성이 그것을 보고서 고아를 구휼하는 윗사람의 마음을 저버리지 않는다. 그러므로 군자에게는 혈구絜矩의 도가 있다. 윗사람에게 싫었던 것으로써 아랫사람들을 부리지 말며, 아랫사람에게 싫었던 것으로써 윗사람을 섬기지 말며, 앞 사람에게 싫었던 것으로써 뒤에 오는 사람을 앞서 가면서 그런 짓을 하지 말며, 뒷사람에게 싫었던 것으로써 앞에 가는 사람을 따라가면서 그런 짓을 하지 말며, 오른쪽 사람에게 싫었던 것으로써 왼쪽 사람에게 교유하지 말며, 왼쪽 사람에게 싫었던 것으로써 오른쪽 사람에게 교유하지 말라. 이것을 혈구의 도라고 말한다. 『시경』의 시에 "화락한 군자이시여, 백성의 부모이시네"라고 하였으니, 백성이 좋아하는 것을 좋아하고 백성이 싫어하는 것을 싫어하는 분, 그런 분을 백성의 부모라고 말한다. (하략)

所謂平天下在治其國者 上老老而民興孝 上長長而民興弟(悌) 上恤孤而民不倍(背) 是以 君子有絜矩之道也 所惡於上 毋以使下 所惡於下 毋以事上 所惡於前 毋以先後 所惡於後 毋以從前 所惡於右 毋以交於左 所惡於左 毋以交於右 此之謂絜矩之道也 詩云 "樂只君子 民之父母" 民之所好 好之 民之所惡 惡之 此之謂民之父母. (하략) 전10장 치국평천하장

● 치국평천하장治國平天下章은 천하를 다스리는 일을 논한 것이다. 한 임금이 세상 사람을 다 교화시킬 수는 없다. 원칙을 제시하고 모범을 보임으로써 사람들이 그 가치와 덕목을 본받고 따를 수 있도록 해야 한다. 그래서 치국평천하장은 가족사회에서 꼭 필요한 세 가지 원칙인 효·제·자를 임금이 몸소 실천해 보이는 점을 앞에 거론한 것이다. 그러고서 그것을 기본원칙으로 삼아 임금이 백성의 마음을 먼저 헤아리

는 혈구絜矩의 도리를 거론하였다. 혈구의 혈絜은 '헤아리다'는 뜻이고, 구矩는 '법도'를 의미하니, '나의 공정한 법도로써 남의 마음을 헤아린다'는 뜻이다. 앞의 제가치국장에서 언급한 서恕와 유사한 의미다.

그리고 이 혈구의 도에 대해 구체적인 실례를 들어 말하였다. 내가 싫은 것은 남들도 싫어할 것이라는 점은 누구에게나 통할 수 있는 보편적 진리를 말한다. 그래서 백성이 좋아하는 것을 좋아하는 사람, 백성이 싫어하는 것을 싫어하는 사람을 백성의 부모라고 한다는 점을 언급한 것이다. 천하를 다스리는 논리는 비교적 간단하다. 바로 이 '좋아하고 싫어함好惡'을 사적으로 드러내지 말고, 모든 사람이 좋아하고 싫어할 수 있도록 공적으로 드러내라는 말이다. 그럴 때 어린아이를 잘 보호하는 부모처럼 백성을 잘 살게 해주는 임금이 될 수 있다는 것이다. 통치자는 늘 이런 마음이 있어야 한다. '나의 호오'로 나라를 다스리려 하지 말고, '천하 사람들의 호오'로 나라를 다스리려 해야 한다. 그럴 때 비로소 진정한 소통이 이루어질 수 있다. 그러니 소통은 가장 높은 지위에 있는 사람에게 가장 절실히 필요한 것임을 새삼 알게 된다. 또한 사회 고위층이 먼저 공적인 호오로 서민들의 마음을 헤아려야 가능할 수 있다는 점도 알게 해준다.

中庸

중용

하늘을 우러러 부끄럽지 않은 길

제4부

제
1
장

『중용』의 이해

『중용』은『예기』의 한 편으로 송나라 때 이르러 주목하기 시작한 글이다. 북송 때 정이程頤는『중용』의 중요성을 인식하였으나 해석서를 남기지는 못하였다.『중용』은 본래 두 편의 글이었는데 한 편으로 합하여 전해졌으며, 편차編次가 잘못된 부분이 거의 없기 때문에 단락을 나누고 요지를 파악하는 것이 해석의 주된 관심사였다. 그리하여 역대로 분장分章에 관한 다양한 견해가 나타났다. 남송 때 주희는『중용』을 별책으로 독립시키고, 전체를 33장으로 나누어『중용장구中庸章句』를 편찬하였다. 그리고 이 책을 사서四書에 편입시킴으로써 학자들의 필독서가 되었다.

『중용』은 요지를 파악하기가 매우 어렵다. 주희도 이 책을 처음 읽을 때 어려워서 갈피를 잡을 수 없었다고 술회하였다.『중용』은 왜 이처럼 난해한 것일까? 그것은 두 가지 측면에서 생각해볼 수 있다. 하나는 주희의 언급처럼 공자의 말과『중용』을 편찬한 자사子思의 말이 뒤섞여 있기 때문이다. 다른 하나는 천명天命·성性·천도天道·인도人道 등 형이상학에 관한 설이 많기 때문이다. 그래서『중용』을 해석할 때는 단락을 나누고 요지를 파악하는 것이 중요하다. 주희도『중용장구』의 서문에 "사지四肢처럼 나누고 뼈마디처럼 분해하였으며, 맥락이 관통하도록 연관성을 검토하였다〔支分節解 脈絡貫通〕"라고 하여, 자신의 해석 방법을 언급해놓았다. 여기서 말하는 지분절해支分節解는 구조 분석을 의미하고, 맥락관통脈絡貫通은 혈맥이나 경락처럼 논리가 접속됨을 의미한다.

한편 북송 때 정이는 『중용』의 논리구조에 대해 "처음에는 한 가지 이치를 말하고, 중간에는 흩어져서 만사가 되었다가, 마지막에는 다시 합하여 한 가지 이치가 되었다"라고 하였는데, 주희는 『중용장구』 첫머리에 이 말을 인용해놓았다. 이에 따라 주희는 제1장과 제33장을 시종始終으로 보고 그 중간에 있는 것을 본론으로 파악하였다.

『중용』은 이해하기 어렵다보니, 우리나라 학자들도 수천 번을 읽었다고 한다. 예컨대 16세기 조식曺植의 문인 오건吳健은 어려서 『중용』을 3,000번이나 읽었다고 하며, 18세기 이익李瀷의 문인 신후담愼後聃은 평생 1만 번 이상 읽었다고 한다. 즉 조선시대 학자들이 가장 많이 읽은 책이 바로 『중용』이었다. 그것은 이해하기가 그만큼 어렵다는 의미일 것이다. 이익은 당대에 『중용』을 온전히 이해하는 학자가 없다고 하였으니, 오늘날 학자들이 『중용』을 제대로 이해하기란 결코 쉬운 일이 아니다.

『중용』은 무슨 내용을 말하고 있기에 이처럼 어려운 것일까? 『중용』은 사람의 마음(心)과 본성(性)과 인도人道·천도天道를 말하고 있기 때문에 눈으로 보고 귀로 들을 수 있는 것이 아니다. 여타 경서는 인간의 현실생활 속에서 윤리적으로 어떻게 말하고 행동하고 사고할 것인가를 주로 논하고 있다. 그런데 『중용』에서는 인간의 본성을 알아 그 본성에 순응하는 삶을 인간의 길이라고 가르치고 있다. 그러므로 어렵게 느껴질 수밖에 없다. 요컨대 『중용』은 인간의 길을 걸어 하늘의 도에 합하는 천인합일天人合一을 말하고 있기 때문에 어려운 것이다. 『중용』은 걸어서 저 하늘까지 가는 인간의 길을 알려준 책이다.

주희가 쓴「중용장구서中庸章句序」에 의하면,『중용』은 도학道學의 심법 心法을 전한 책이다. 즉 요堯임금이 순舜에게 왕위를 선양할 적에 "진실 로 그 중도를 잡아라[允執其中]"라고 한 말과, 순임금이 우禹에게 왕위 를 선양할 적에 "인심은 오직 위태롭고 도심은 오직 미미하니, 앎을 정 밀하게 하고 마음을 한결같게 해야 이에 진실로 그 중도를 잡을 수 있 다[人心惟危 道心惟微 惟精惟一 允執厥中]"라고 한 말로부터 전해진 도통道 統을 공자가 계승하였고, 그것을 자사가 얻어듣고서 기술한 것이다. 요 컨대 도학의 심법을 공자가 계승하여 재정립하고, 자사가 그것을 기 록해놓은 책이 바로『중용』이다.

중용中庸이란 무슨 뜻일까? 주희는 중용의 의미를 다음과 같이 해석 했다. "중中은 마음이 발하기 전에는 치우치지도 않고 어디 의지하지 도 않는 공평무사한 마음가짐이며, 마음이 발하고 난 뒤에는 중도를 지나치지도 않고 중도에 미치지 못하지도 않는 절제된 마음가짐이다. 용庸은 평상시 늘 그런 중의 마음을 유지해나가는 것이다." 그렇다면 중용이란 치우치지도 않고 의지하지도 않고 지나치지도 않고 미치지 못하지도 않는 공평무사한 마음을 한순간도 해이해지지 않고 계속 유 지해나가는 것이라고 정의할 수 있다.

주희의『중용장구』가 유행하게 된 뒤에도,『중용』을 몇 단락으로 나 누어 어떻게 요지를 파악할 것인가 하는 문제에 대해서 여전히 분분 한 의견이 개진되었다. 혹자는 크게 4대절大節로 나누어 요지를 파악하 고, 혹자는 5대절로 나누어 요지를 파악하고, 혹자는 6대절로 나누어

표1 『중용장구』 주석의 4대절(四大節)

차례	단락 구분	장수(章數)	요지
제1대절	제1장~제11장	11	중용(中庸)
제2대절	제12장~제20장	9	비은(費隱)
제3대절	제21장~제32장	12	천도·인도(天道人道)
제4대절	제33장	1	총론일편지요(總論一篇之要)

요지를 파악하기도 하였다. 또한 혹자는 제20장을 두 장으로 나누어 전체를 34장으로 해석하기도 하였다. 그러나 대체로 주희의 33장 체제를 그대로 준수하면서 대절을 어떻게 나누고 대절의 요지를 무엇으로 볼 것인가에 관심이 집중되었다.

주희는 각 장의 주석 말미에 대절이 나누어지고 논리가 접속되는 것에 대해 언급해놓았다. 이를 바탕으로 정리하면, 표1과 같이 4대절로 요지를 파악한 것을 알 수 있다.

한편 명나라 초에 만든 대전본大全本에는 『중용장구』 앞부분에 「독중용법讀中庸法」이라는 글이 실려 있는데, 모두 주희의 말로 시작하고 있어 주희의 설을 간추려놓은 것임을 알 수 있다. 이 글은 『중용』 전체를 6대절로 나누고, 그 요지도 표2와 같이 파악하고 있어 앞의 4대절설과는 다르다.

그런데 이 6대절설은 주희의 전집 속에서 발견되지 않기 때문에 '과연 주희의 설일까?'라는 의문이 든다. 그리하여 주자학에 대한 이해가 깊어지면서 이에 대해 회의하는 설이 점차 대두되었다. 우리나라에서는 18세기에 이르러 주희의 설에 대해 초년설과 만년설을 구분하여 만년설을 정설定說로 보는 견해가 제기되었다. 기호학파 한원진韓元震은

표2 「독중용법(讀中庸法)」의 6대절(六大節)

차례	단락 구분	장수(章數)	요지
제1대절	제1장	1	중화(中和)
제2대절	제2장~제11장	10	중용(中庸)
제3대절	제12장~제19장	8	비은(費隱)
제4대절	제20장~제26장	7	성(誠)
제5대절	제27장~제32장	6	대덕·소덕(大德小德)
제6대절	제33장	1	부신수장지의(復申首章之義)

이런 관점에서 「독중용법」의 6대절설을 초년설로 보고, 주희가 임종하기 1개월 전까지 교정을 한 『중용장구』 주석의 4대절설을 만년설로 보았다. 그리하여 6대절설을 폐기하고 4대절설을 주자의 정설로 확정하였다. 그러나 후대 영남학파의 이진상李震相·곽종석郭鍾錫 등은 4대절설과 6대절설을 모두 정설로 보고, 이를 통합하여 새로운 논리체계를 만들어내기도 하였다.

　앞의 도표를 통해 알 수 있듯이, 『중용』의 요지는 중용中庸·중화中和·비은費隱·성誠·천도天道·인도人道 등으로 요약할 수 있다. 그래서 예전에는 중용학을 논하면서 이와 같은 형이상학적 명제들에 대해 탐구하는 것이 일반적 추세였다. 이런 주제어는 형이상학적 담론이기에 학자들도 설명하기가 매우 어렵다. 따라서 일반 대중에게 쉽게 풀이하기란 애초 불가능할 수 있다. 특히 요즘처럼 쉽고 재미난 것만 선호하고, 어렵고 딱딱한 것은 외면하는 풍조 속에서 이런 논제는 관심의 대상이 될 수가 없다. 그러나 어렵다고 외면하면 지적 수준은 더이상 성장할 수 없다. 난관을 뚫고 들어갈 때 비로소 기쁨을 맛보듯이, 중용의 관문을 하나하나 뚫고 들어가게 되면 엄청난 기쁨을 맛볼 수 있다.

『중용』의 요지는 한마디로 말하면 성^誠이다. 주희는 이를 진실무망 眞實無妄이라고 해석하였다. 곧 진실한 마음으로 꽉 차서 망령된 생각이 조금도 일어나지 않는 상태를 뜻한다. 이런 해석은 『주역』의 무망괘^无 妄卦에서 연유한 것이다. 무망괘는 도를 다시 회복하여 망령됨이 없어 지고 실리實理가 저절로 드러난 상태를 말한다. 진실무망의 경지는 인 욕人欲이 다 없어지고 천리天理가 보존된 상태다. 그래서 그 경지에 이 르면 천도에 합한 것이다. 이를 『중용』 원문에서는 '배천配天'이라고 하였다. 곧 천인합일을 말한 것이다.

이 진실무망의 경지에 이르기 위해서는 자신의 마음을 진실로 가 득 차게 하는 노력을 기울여야 한다. 즉 중용의 마음을 한순간도 해이 하게 하지 않고 지속해나가야 한다. 선을 택하여 굳게 붙들고 놓지 말 아야 한다. 그런 점을 알고 노력하여 그런 경지에 오른 이가 바로 공자 다. 그래서 그런 도가 세상에서 없어지지 않게 하기 위해 자사가 『중 용』을 지었다고 전한다.

가려 뽑은 『중용』

제
2
장

본성을 해치지 않고 순응하며 사는 것이 인간의 길이다

하늘이 명한 것을 성^性이라 하고, 성을 해치지 않고 그대로 따르는 것을 도^道라 하고, 도를 닦은 분의 말씀을 교^敎라 한다. 도라는 것은 잠시도 벗어나서는 안 되니, 벗어날 수 있는 것이라면 그것은 진정한 도가 아니다. 그러므로 군자는 그가 눈으로 보지 못하는 바에 대해서도 경계하고 삼가며[戒愼], 그가 귀로 듣지 못하는 바에 대해서도 두려워하고 두려워한다[恐懼]. 마음이 발하면 남들은 모르지만 자신은 그 생각을 알고 있으니, 이 세상의 일은 은밀한 곳보다 더 잘 드러나는 곳이 없고, 미세한 일보다 더 잘 나타나는 일이 없다. 그러므로 군자는 자신이 혼자만 알고 있는 바를 삼간다[愼其獨]. 희로애락의 감정이 발하지 아니한 것을 중^中이라 하고, 희로애락의 감정이 발하여 모두 절도에 맞은 것을 화^和라고 한다. 그러니 중이라는 것은 천하의 큰 근본이고, 화라는 것은 천하에 두루 통하는 도다. 이 중·화를 극진히 하면 하늘과 땅이 제자리를 잡고, 만물이 그 안에서 길러진다.

天命之謂性 率性之謂道 修道之謂敎 道也者 不可須臾離也 可離 非道也 是故 君子 戒愼乎其所不睹 恐懼乎其所不聞 莫見乎隱 莫顯乎微 故 君子愼 其獨也 喜怒哀樂之未發 謂之中 發而皆中節 謂之和 中也者 天下之大本也

和也者 天下之達道也 致中和 天地位焉 萬物育焉. **제1장**

● 제1장은 도의 본원이 하늘[天]로부터 나온 것임을 밝힌 것으로, 천명天命·성性·도道·교教를 앞에서 거론하고 있다. 하늘이 모든 생명체에 부여한 것이 본성임을 먼저 말하여, 모든 생명체의 본성은 하늘에서 근원한다는 것을 드러냈다. 그다음 각각의 생명체가 자신이 부여받은 본성을 거역하거나 해치지 않고 순응하면서 사는 것을 도라 하였다. 그 생명체가 걸어가야 할 길이라는 의미다. 그다음 인간의 입장에서 인간의 길을 몸소 걸어 하늘의 경지에 오른 공자와 같은 성인의 말을 교教라 하였다. 그래서 『중용』은 학자의 일이 아니라 교자教者의 일로 본다.

그리고 인도人道에 초점을 맞추어 마음이 발하기 전의 마음가짐과 마음이 발하고 난 뒤의 성찰을 언급한 뒤, 곧장 마음에서 발하는 희로애락 등의 감정에 나아가 발하지 아니하였을 때는 중도를 유지하고, 발하고 난 뒤에는 중도에 맞게 하는 점을 언급하였다. 이렇게 하여 중용을 계속 유지하게 되면, 만물을 낳아주고 길러주는 천지의 도와 같게 된다고 하여, 그 공효功效(공부를 통해 이루어진 효과)를 천지의 도와 대등한 것으로 말하였다.

이런 관점에서 주희는 제1장의 논리구조에 대해, 앞에는 도의 본원이 하늘에서 나와 불변의 진리임을 말하고, 그다음에는 경계하고 삼가며 두려워하는 계신공구戒愼恐懼를 말하여 마음이 발하기 전에 마음을 보존하고 본성을 기르는 존양存養을 드러내고, 그다음에는 혼자만 알고 있는 마음속의 생각을 신중히 하는 신독愼獨을 말하여 마음이 발한 뒤의 성찰^{省察}을 드러내고, 마지막에는 이를 실천하여 성정^{性情}의 중화^{中和}를 이룩한 성인의 신묘한 덕화를 말한 것이라고 해석하였다.

원문의 솔성^{率性}은 본성을 거역하지 않고 순응한다는 뜻이다. 사람이 사람의 본성을 거스르지 않고 순응하며 사는 것이 인간의 길이다. 수도^{修道}는 도를 닦은 성인의 말을 뜻한다. 왜냐하면 도를 닦는 것은 교^敎가 될 수 없기 때문이다. 그다음부터는 인간의 도에 초점을 맞추어 중용을 얻기 위한 마음공부를 말하고 있는데, 마음이 발하기 전에는 경계하고 삼가고 두려워하는 긴장감을 늘 유지하고 있어야 한다는 것이고, 마음이 발하고 나면 그 생각이 악으로 흐르지 않도록 주시하고 살펴야 한다는 점을 말한 것이다. 그래서 계신공구^{戒愼恐懼}는 존양 공부로, 신기독^{愼其獨}은 성찰 공부로 본다. 그다음에는 마음의 성정^{性情}에 나아가 중^中과 화^和를 말하였다. 희로애락의 감정이 발하지 않아 치우치지 않고 의지하지 않은 상태의 마음을 '중'이라 하고, 희로애락의 감정이 발하여 악으로 흐르지 않고 중용의 도에 맞게 된 것을 '화'라고 하였다. 이는 중용의 도를 일상에서 그대로 실천하는 점을 말한 것이다. 이런 경지가 지속되면 성인의 경지에 이르고, 그런 성인의 경지는 천지의 도와 같은 역할을 하게 된다는 것이다.

군자는 중용을 실천한다

중니^{仲尼}께서 "군자는 중용을 행하고, 소인은 중용과는 반대로 한다. 군자가 중용을 행하는 것은 군자로서 그때그때 중도에 맞게 하는[時

中〕 것이며, 소인이 중용과는 반대로 하는 것은 소인으로서 거리낌이 없는 것이다"라고 하셨다.

仲尼曰 "君子中庸 小人反中庸 君子之中庸也 君子而時中 小人之〈反〉中庸 也 小人而無忌憚也." 제2장

● 중니仲尼는 공자의 자字다. 공자가 둘째 아들이기 때문에 중仲 자를 쓴 것이고, 공자의 이름〔丘〕이 니구산尼丘山의 구丘 자에서 나왔기에 니尼 자를 쓴 것이다. 『중용』에는 공자를 '중니仲尼'라고 일컬은 것이 제2장과 제30장에 보인다. 이에 대해 대체로 자사子思가 조부를 친근히 부르기 위해 일반적인 '자왈子曰'이라는 어휘를 쓰지 않고 '중니'라고 썼다는 설이 널리 수용되었다. 당시에는 손자가 할아버지의 자를 호처럼 불렀다고 한다. 그러니 자사가 의도적으로 앞뒤에 '중니'라는 호칭을 써서 자신과의 연관성을 드러낸 것이다.

『중용』의 전체 요지는 중용中庸이다. 그런데 제1장에서 중용을 말하지 않고 제2장에 이르러 비로소 중용을 말하였다. 이에 대해서도 여러 설이 있는데, 마음의 성정性情을 다스리는 것이 인간에게 절실하기 때문에 중화中和를 먼저 말했다는 설이 널리 통용되고 있다. 중화는 심心의 측면에서 말한 것이고, 중용은 도덕의 차원에서 말한 것이기 때문에 중용의 함의含意가 중화보다 더 크고 넓다.

제2장부터 제11장까지는 모두 공자의 말을 인용해놓았는데, 공자가 평소 중용에 대해 말한 내용을 자사가 수집하여 정리한 것이다. 이 중에는 제20장에 보이는 세상 모든 사람에게 두루 통용되는 세 가지 덕〔三達德〕을 말한 것이 있는데, 이것이 바로 중용을 얻는 공부를 역사

속의 실제 인물을 통해 끌어낸 것이다. 이 삼달덕三達德은 지智·인仁·용勇을 말한다. 지智는 중용의 도가 좋은 것인 줄 알아 택하는 것이고, 인仁은 중용의 도를 택하여 늘 잊지 않고 오래도록 지켜나가는 것이고, 용勇은 중용의 도를 택하고 지키는 데 의지력과 추진력이 부족할 경우 백배 천배의 용기를 내는 것이다. 지智의 사례로는 순임금이 중용의 도를 택해 백성에게 적용한 점을 들었고, 인仁의 사례로는 석 달 동안 인을 어기지 않고 지킨 공자의 제자 안회顔回를 들었고, 용勇의 사례로는 공자의 제자 중 허물을 고치는 데 용감했던 자로子路를 들어 군자의 강한 의지를 드러내었다.

군자는 그때그때 어떤 경우에나 모두 중도에 맞게 중용의 도를 행하지만, 소인은 거리끼는 바가 없기 때문에 중용의 도에 맞게 하지 않고 그 반대로 한다. 마음이 진실무망한 상태에 있어야 중용의 도를 행할 수 있고, 그렇지 않으면 감정을 조절하고 절제하지 못하여 제멋대로 하기 때문에 중용의 도에 어긋나게 된다. 그때그때의 사정에 알맞게 행하는 것인 시중時中은 시의時宜와 유사한 의미로 공자의 도를 단적으로 말해준다. 언제 어디서나 치우치거나 의지하거나 지나치거나 부족함이 없는 공평무사한 마음으로 대처함을 뜻한다.

중용의 도가 행해지지 않고 밝혀지지 않는 이유

공자께서 "중용의 도가 행해지지 않는 이유를 나는 안다. 지혜로운 사람은 중도를 지나치고, 어리석은 사람은 중도에 미치지 못하기 때문이다. 도가 밝혀지지 않는 이유를 나는 안다. 현명한 사람은 중도를 지나치고, 불초한 사람은 중도에 미치지 못하기 때문이다. 사람치고 물을 마시고 음식을 먹지 않는 사람이 없지만, 그 맛을 능히 아는 사람은 드물다"라고 하셨다.

子曰 "道之不行也 我知之矣 知(智)者過之 愚者不及也 道之不明也 我知之矣 賢者過之 不肖者不及也 人莫不飮食也 鮮能知味也." **제4장**

● 중용은 누구나 매일 밥을 먹고 물을 마시는 것처럼 일상에서 필요한 것인데, 그것의 중요성을 아는 사람이 세상에 매우 드물다는 말이다. 공자는 그 이유를 현명한 자의 지나침과 불초한 자의 미치지 못함에서 찾고 있다. 즉 중도에 맞게 절제하지 못한다는 것이다. 사유와 실천을 중도에 맞게 절제하기 위해서는 수신修身이 필요하다. 『중용』은 인도人道를 닦아 천도天道에 이르는 것을 추구하는 것이 핵심인데, 그 속에는 수신이라는 키워드가 중요한 기제로 작동하고 있다. 유학의 도는 담박하고 평이하며 일상 속에 가까이 있다. 그래서 매일 먹는 밥이나 물에 비유한 것이다. 사람들은 매일 먹는 밥이나 물에 대해 그 맛을 제대로 느끼지 못하며 산다. 때로는 식상해하고, 맛있는 것을 찾아나선다. 그러면서 진정 맛있는 것이 밥과 물이라는 사실을 잊어버린다. 일상적이고 평범한 것 속에 안정되고 평온한 마음이 자리하고 있음을 알아야 지나치거나 모자라지 않을 수 있다.

중용에 의지하여 살아야 한다

공자께서 "은미한 것을 찾고 괴이한 것을 행하여(索隱行怪) 후세에
일컬어지는 사람이 있으니, 나는 그런 짓을 하지 않는다. 군자들이 도
를 따라 행하다가 중도에 그만두니, 나는 그만둘 수가 없다. 군자는 중
용에 의지하여 세상에 숨어서 알려지지 않더라도 후회하지 않으니,
오직 성인만이 그것을 능히 한다"라고 하셨다.

子曰 "素(索)隱行怪 後世有述焉 吾弗爲之矣 君子遵道而行 半塗而廢 吾
弗能已矣 君子 依乎中庸 遯世不見知而不悔 唯聖者 能之." **제11장**

● 색은행괴索隱行怪는 정상적인 것을 외면하고 기이한 것이나 탐구
하고 괴이한 것이나 행하는 별난 사람을 말한다. 이는 중용의 도를 지
키지 않고 지나친 경우에 해당한다. 오늘날의 언론은 타인의 사생활을
파헤쳐 색은행괴에 가까운 뉴스를 보도할 때가 있다. 지극히 정상적인
것에서 인생의 참다운 의미를 찾아야 한다. 그것을 외면하고 별난 것
에만 눈길을 두면, 정상적인 가치가 얼마나 소중한 것인지를 잊게 된
다. 요즘 우리는 너나 할 것 없이 '대박'을 외치는 이상한 문화 속에 살
고 있다. 그러면서 정작 우리는 그런 풍조가 얼마나 비정상적인 것인
지 모르고 있다. 대박을 터트리려는 허황된 풍조를 이 땅에서 몰아내
는 운동이라도 펼쳐야 할 상황이다. 대박의 꿈은 곧 마음이 중용의 도
를 멀리 벗어났음을 뜻한다. 우리가 계속 대박이나 외치게 되면 정상
적인 가치를 돌아보지 않고 횡재나 꿈꾸는 이상한 풍조가 사회 전반
에 만연해질 것이다.

공자가 살던 시대에도 마찬가지였던 것 같다. 공자는 정상적인 것을 외면하고 별난 것만을 추구하는 사회풍조를 지적하면서 자신은 그런 것을 추구하지 않는다는 점을 강력하게 시사하고 있다. '나는 그런 짓을 하지 않는다'는 것은 색은행괴처럼 별난 것을 추구하지 않겠다는 결연히 의지를 드러내 보인 것이다. 또 도에 뜻을 둔 사람들조차 중용의 도를 따르다가 중간에 포기하고 마는 세태를 지적하면서 자신은 어떤 일이 있어도 중용을 지키는 일을 그만둘 수 없다고 다짐하였다. 남들이 모두 따르지 않더라도 자신만은 중용의 도를 따르겠다는 것이다. 그래서 마지막에 군자는 늘 중용의 도에 의지해 살아야 한다는 점을 역설한 것이다. 남들이 알아주지 않더라도 지극히 정상적이고 평범한 중용의 도를 지키며 살아가는 것이 인간이 걸어가야 할 길임을 보여준 것이다.

군자의 도는 작용이 넓으면서도 본체는 은미하다

군자의 도는 비費하면서도 은隱하다. 일반인의 어리석음으로도 함께 군자의 도를 알 수 있지만, 그 도의 지극한 경지에 이르러서는 성인聖人일지라도 그 도를 알지 못하는 바가 있다. 일반인의 불초不肖함으로도 그 도를 능히 행할 수 있지만, 그 도의 지극한 경지에 이르러서는 성인일지라도 그 도를 능히 행할 수 없는 바가 있다. 천지가 그토록 큰데도 사람들은 오히려 유감으로 여기는 바가 있다. 그러므로 군자가 큰 도를 말할 경우에는 이 세상 사람의 힘으로도 그 도를 능히 실을 수 없으며, 군자가 작은 도를 말할 경우에는 이 세상 사람의 지혜로도 그 도를 능히 설파할 수 없다. 『시경』의 시에 "솔개는 날아서 하늘에 떠 있고, 물고기는 연못에서 뛰노네"라고 하였으니, 이는 그 이치가 위와 아래에 드러난 것을 말한 것이다. 군자의 도는 일반인들이 한 집에서 살아가며 누구나 알고 행할 수 있는 일상적인 데서부터 시작되는데, 그 도의 지극한 경지에 이르러서는 하늘과 땅에 밝게 드러난다.

君子之道 費而隱 夫婦之愚 可以與知焉 及其至也 雖聖人 亦有所不知焉 夫婦之不肖 可以能行焉 及其至也 雖聖人 亦有所不能焉 天地之大也 人猶有 所憾 故 君子語大 天下莫能載焉 語小 天下莫能破焉 詩云"鳶飛戾天 魚躍于 淵"言其上下察也 君子之道 造端乎夫婦 及其至也 察乎天地. 제12장

● 이 장의 첫머리에는 자사子思의 말로 비費·은隱이 등장한다. 이 비·은은 요즘 쓰는 용어가 아니기 때문에 이해하기가 쉽지 않다. 주희 는 "비는 작용이 넓은 것이고, 은은 본체가 은미한 것이다"라고 주석 하였다. 작용은 행위 또는 현상을 의미하고, 본체는 작용이나 현상의 본원을 의미한다. '군자의 도는 작용이 넓으면서도 본체는 은미하다' 는 것은 무엇을 말하는 것일까? 여기서 말하는 군자의 도는 중용의 도 를 가리킨다. 군자가 추구하는 중용의 도는 체體·용用의 양 측면을 모 두 알아야 한다는 것이다. 즉 작용과 현상의 드러난 것만 보아서는 안 되고, 그 이면의 본체까지 보아야 한다는 것이다.

이 비·은은 불교에서 말하는 색色·공空과 유사하다. 현상계와 본원 계, 그 양면을 다 보지 못하고 현상계만 주목하면 중용의 도를 온전히 알 수 없다. 그러면 왜 본체를 언급한 것일까? 중용의 도는 마음속의

본성에 순응하는 것인데, 그 본성은 하늘[天]이 부여한 것이므로 나라는 존재의 근원인 하늘, 즉 이理를 알지 않으면 안 된다는 인식 때문이다. 중용의 도는 인도를 닦아 천도에 합하기를 추구하는 것이 근간이기 때문이다. 그러므로 현실세계의 드러난 작용과 현상을 통해 그 본원의 이치를 탐구하게 한 것이다.

이러한 사유는 공자가 흘러가는 시냇물을 보고서 "흘러가는 것은 저와 같구나. 밤낮으로 쉼이 없구나"라고 탄식한 것과 같은 맥락에 있다. 공자가 물을 보고 자주 탄식을 한 것에 대해, 맹자는 현상을 통해 근원을 생각한 것이라 하였다. 맹자는 이런 관점에서 "물을 보는 데 방법이 있으니, 물을 보는 사람은 반드시 그 여울을 보아야 한다"라고 하였다. 무슨 말인가? 여울은 눈에 잘 보이는 드러난 현상이다. 그 현상을 통해 그 물이 어디에서 근원하여 흘러오는지를 관찰하라는 것이다. 즉 물을 보는 방법은 현상을 통해 본원을 인식하는 데 있다는 것이다. 자사는 바로 이런 점을 비·은으로 말한 것이다.

이 장에는 부부夫婦와 성인聖人이 상대적인 의미로 쓰였다. 부부는 남편과 아내를 일컫는 말이 아니고, 필부필부匹夫匹婦의 일반인을 가리킨다. 고대에는 지식을 소수 지배층이 독점했기 때문에 일반인들은 무지할 수밖에 없었다. 그래서 '어리석다'라고 한 것이다. 상식적으로 '부부의 어리석음'이라는 말은 성립되지 않는다. 지식이 없는 일반인들도 일상에서 일어나는 이치는 누구나 알고 실천할 수 있다. 그러나 지극한 이치는 성인일지라도 알 수 없고 행할 수 없는 것이 있다. 이런 말을 한 까닭은 이 세상이 지극히 넓고 크다는 점을 보여주기 위해서다. 즉 '비'의 측면에서 보면 매우 알기 쉽고 행하기 쉬운 것부터 매우 알 수 없고 행할 수 없는 점까지 다 있다는 것이다.

'비'의 측면에서 생각해보면, 이처럼 매우 쉬운 것으로부터 형용할 수조차 없는 것에 이르기까지 무한한 세계가 있다. 그런데 그것은 그리된 까닭인 소이연所以然의 이理가 없으면 존재할 수 없다. 그래서 그 이치를 하늘에 떠 있는 솔개와 물에 빠지지 않고 연못에서 자유롭게 헤엄치는 물고기를 통해 확인한 것이다. 솔개가 허공에 떠 있는 것은 눈으로 볼 수 있는 '비'이고, 날갯짓을 하지 않고서도 허공에 떠 있는 이치는 눈으로 볼 수 없는 '은'이다. 물고기의 경우도 마찬가지다. 이는 현상을 통해 본원의 이치를 이해하는 장치다. 그러므로 군자의 도는 일상의 쉬운 것으로부터 그 단서를 찾을 수 있지만, 지극한 경지에 나아가서 찾으려면 천지에 드러난 이치를 알아야 한다는 것이다.

원문의 '연비여천 어약우연鳶飛戾天 魚躍于淵(솔개는 날아서 하늘에 떠 있고, 물고기는 연못에서 뛰노네)'은 『시경』의 문구지만, 자사가 『중용』에 인용하여 이치를 보는 방법으로 말함으로써 성리학 시대에는 천리를 몸으로 직접 관찰하는 대명사처럼 회자되었다. 조선시대 학자들도 마찬가지였다. 예컨대 이황李滉이 도산서당을 축조할 적에, 전방의 툭 트인 허공과 앞에 고여 있는 못을 보고서 이런 점을 상상하여 도산서당 앞 왼쪽 절벽 위를 천연대天淵臺라고 명명한 것이 이를 단적으로 보여준다. 절벽 바위에 '천연대'라는 세 글자가 새겨져 있다.

중용의 도는 사람에게서 멀리 있지 않다

공자께서 "도는 사람에게서 멀리 있지 않으니, 사람이 도를 행하면서 사람에게서 멀어지면 도가 될 수 없다. 『시경』의 시에 '도낏자루를 베네, 도낏자루를 베네, 그 법칙이 멀리 있지 않네'라고 하였으니, 사람들은 도낏자루를 잡고서 도낏자루 감을 베면서도 나뭇가지를 비스듬히 흘겨보고는 오히려 도낏자루 감으로 맞지 않는다고 여긴다. 그러므로 군자는 사람의 도리로써 사람을 다스리다가 그 사람이 자신의 잘못을 고치면 거기에서 그친다. 충忠·서恕는 도에서 멀지 않으니, 자기에게 베풀어지기를 원치 않는 것을 또한 남에게도 베풀지 않는 것이다. 군자의 도가 네 가지인데, 나는 그 가운데 하나도 능하지 못하다. 자식에게 바라는 것으로써 아버지 섬기는 일을 잘하지 못하며, 신하에게 바라는 것으로써 임금 섬기는 일을 잘하지 못하며, 동생에게 바라는 것으로써 형 섬기는 일을 잘하지 못하며, 벗에게 바라는 것으로써 먼저 그에게 베푸는 일을 잘하지 못한다. 군자의 언행은 떳떳한 덕을 행하고 떳떳한 말을 삼가서 행실에 부족한 점이 있으면 노력하지 않음이 없고, 할 말이 많아도 감히 불필요한 말을 하지 않아서 말을 할 때는 행실을 돌아보고 어떤 일을 행할 때는 말을 돌아본다. 그러니 군자가 어찌 마음가짐을 독실하게 하지 않겠는가"라고 하셨다.

子曰 "道不遠人 人之爲道而遠人 不可以爲道 詩云 "伐柯伐柯 其則不遠" 執柯以伐柯 睨而視之 猶以爲遠 故 君子 以人治人 改而止 忠恕 違道不遠 施諸己而不願 亦勿施於人 君子之道四 丘未能一焉 所求乎子 以事父 未能也 所求乎臣 以事君 未能也 所求乎弟 以事兄 未能也 所求乎朋友 先施之 未能

也 庸德之行 庸言之謹 有所不足 不敢不勉 有餘 不敢盡 言顧行 行顧言 君子
胡不慥慥爾." 제13장

● 이 장의 요지는 중용의 도는 사람에게서 멀리 떨어져 있지 않다
는 것이다. 우리는 도를 말하면 매우 고원한 것처럼 느껴진다. 그것은
도라는 글자에 너무 초월적 의미가 더해졌기 때문이다. 도道는 글자
그대로 '길'이라는 뜻이다. 길은 우리가 걸어오고 걸어갈 것으로, 사
람과 분리되어 있지 않다. 그런데 인류는 언제부턴가 도를 인간의 삶
에서 분리하여 저 하늘에 매달아놓았다. 그래서 공자는 『시경』의 시
를 인용하여 피차가 분리된 인식을 예로 든 것이다. '잡고 있는 도낏자
루'와 '도낏자루로 쓰려고 베려는 나무'를 별개의 것으로 생각하는 것
이 피차를 구별하는 인식이다.

군자가 추구하는 중용의 도는 사람의 마음속에 있는 본성에서 근원
한다. 그것은 하늘로부터 부여받은 것으로 누구나 가지고 있다. 그렇
기 때문에 '사람의 도리로써 사람을 다스린다'는 말을 한 것이다. '사
람의 도리'는 바로 본성에 순응하는 삶을 말한다.

공자는 인仁이라는 보편적 진리에 도달하는 방법으로 효孝·제悌·충
忠·신信을 실천 덕목으로 언급하였다. 이것은 다시 효·제와 충·신으로
나누어 볼 수 있다. 효·제는 나와 제일 가까운 부모와 어른을 대하는
마음이며, 충·신은 나 자신이 간직해야 할 마음으로 진정성과 신의성
이다. 공자는 자신의 마음을 한 점 거짓이 없는 진실한 상태로 유지하
면서 그런 마음으로 대상을 꿰뚫어보려 하였다. 이를테면 『논어』「이
인」 제15장에 "나의 도는 한 마음으로써 모든 것을 꿰뚫어보는 것이다

〔吾道 一以貫之〕"라고 한 말이 그것이다. 공자의 이 말을 듣고 증삼^{曾參}만

이 그 뜻을 알아차리고서 "선생의 도는 충^忠·서^恕일 따름이다"라고 말

하였다.

　이 장에도 '충서^{忠恕}'라는 말이 등장하는데, 『논어』에 있는 내용과

다르지 않다. 도는 사람에게서 멀리 있는 것이 아니라는 점을 말하다

가, 갑자기 충서를 거론하여 논지가 일관되지 않는 것처럼 느껴진다.

그러나 앞에서 '사람의 도리'를 언급했기 때문에 그 도리와 관련하여

충서를 말한 것이다. 그런데 충·서를 거론한 뒤, 본체에 해당하는 충

은 말하지 않고 바로 작용에 해당하는 서를 말하여 '자기에게 베풀어

지기를 원치 않는 것을 또한 남에게도 베풀지 않는 것이다'라고 하였

다. 이는 앞에서 사람의 도리로써 사람을 다스리는 이치를 말했기 때

문에 충을 말하지 않고 바로 서를 말한 것이다. 그러나 그 이면에는 충

이 전제되어 있다.

　공자는 이 서를 대단히 중요하게 생각하였다. 그리하여 자신에게서

늘 그 점을 반성하며 남을 이해하려 하였다. 그런 심정을 솔직히 고백

하면서 아버지와의 소통, 임금과의 소통, 아우와의 소통, 벗과의 소통

을 돌아보았다. 그리고서 다시 자신의 언행을 돌이켜 진정성을 확충

하려 하였다. 이렇게 보면 충·서는 중용을 추구하는 실천적인 덕목임

을 알 수 있다.

군자는 하늘을 원망하지 않으며 남을 허물하지 않는다

군자는 현재 자신이 처한 지위에 따라 행동하고, 그 밖의 것을 원치 않는다. 경제적으로 부유하고 신분적으로 귀한 지위에 처해 있을 때는 부유하고 귀한 사람으로서의 도리를 행하며, 경제적으로 가난하고 신분적으로 미천한 지위에 처해 있을 때는 가난하고 미천한 사람으로서의 도리를 행하며, 오랑캐 지역에 처해 있을 때는 오랑캐 지역에 처해 있을 때의 도리를 행하며, 환난에 처해 있을 때는 환난에 처했을 때의 도리를 행한다. 그러니 군자는 들어가는 곳마다 스스로 얻지 않음이 없다. 군자는 윗자리에 있으면서 아랫사람을 능멸하지 않으며, 아랫자리에 있으면서 윗사람을 끌어내리지 않는다. 그런 자세로 자신을 바르게 하고 남에게 구하지 않으면 원망하는 사람이 없을 것이다. 그러니 군자는 위로는 하늘을 원망하지 않으며, 아래로는 남들을 허물하지 않는다. 그러므로 군자는 평이한 데에 거처하여 천명을 기다리고, 소인은 험난한 일을 행하면서 요행을 바란다. 공자께서 "활쏘기에는 군자의 도와 유사한 점이 있으니, 화살을 쏘아 정곡正鵠을 맞추지 못할 경우에는 돌이켜 자기 자신에게서 그 이유를 찾는다"라고 하셨다.

君子 素其位而行 不願乎其外 素富貴 行乎富貴 素貧賤 行乎貧賤 素夷狄 行乎夷狄 素患難 行乎患難 君子 無入而不自得焉 在上位 不陵下 在下位 不援上 正己而不求於人 則無怨 上不怨天 下不尤人 故 君子 居易以俟命 小人 行險以徼幸 子曰 "射有似乎君子 失諸正鵠 反求諸其身." **제14장**

● 이 장의 주제는 수신修身이다. 군자는 자신을 바르게 하여 남에게

구하지 않기 때문에 남을 탓하는 일이 없고, 하늘을 원망하지도 않는다. 행복해지는 길은 부귀에 있지 않고 안분安分에 있다. 그런데 안분지족은 그냥 마음먹는다고 되는 일이 아니다. 수신을 전제로 한다. 즉 천명을 알고 본성에 순응하는 삶을 지향하여 진정성과 신의성을 확보해야 한다.

원문의 '소기위素其位'의 소素는 '본디' 또는 '평소'라는 뜻이 있는데, 여기서는 현재 처해 있는 상태를 의미한다. 자신이 처한 현재의 위치를 망각하면 분별없는 행동을 하게 되고, 결국 재앙을 불러오게 된다. 그래서 어떤 상황에 처하더라도 중용의 도를 지켜 스스로 만족하는 삶을 영위해야 한다. 그러지 않으면 하늘을 원망하고 남을 허물하여 불평불만으로 가득 차서 본성에 순응하는 삶을 살 수가 없다. '군자는 평이한 데에 거처하여 천명을 기다린다'라고 한 것은 중용을 따르는 삶을 말한 것이다. 그러나 소인은 이를 견디지 못하여 험난한 길을 가며 요행을 바란다.

이 장의 말미에는 공자의 말을 인용하여 결론을 지었는데, 그 요지가 '돌이켜 자신에게서 원인을 찾는다'는 반구저기反求諸己다. 공자는 이를 활쏘기에 비유해 말하였다. 활을 쏠 적에 화살이 정곡에 맞지 않을 경우, 외부적인 요인을 탓하기 쉽다. 그러나 중용의 도를 추구하는 군자는 자신에게 어떤 문제점이 있는지를 반성하여 그 원인을 찾는다.

높은 데 오르려면 낮은 데서부터 시작해야 한다

군자의 도는, 비유하자면 먼 곳으로 갈 때는 반드시 가까운 데서부터 하는 것과 같으며, 비유하자면 높은 곳으로 오를 때는 반드시 낮은 데서부터 하는 것과 같다. 『시경』의 시에 "처자식들과 사이좋게 화합하는 것이, 마치 비파와 거문고를 타는 것과 같으며, 형제가 이미 화합하여, 화락하고 또 즐겁네. 그대의 집안 식구들에게 마땅하게 하며, 그대의 처자식들을 즐겁게 하네"라고 하였는데, 이 시에 대해 공자께서 "그의 부모, 그분들은 삶이 순탄했을 것이다"라고 하셨다.

君子之道 辟(譬)如行遠必自邇 辟(譬)如登高必自卑 詩曰 "妻子好合 如鼓瑟琴 兄弟旣翕 和樂且耽 宜爾室家 樂爾妻帑" 子曰 "父母 其順矣乎." 제15장

● 이 장 역시 수신을 말하고 있다. 군자가 걸어가야 할 길은 고차원의 세계에 있는 것이 아니다. 그것은 일상에서 식구들과 함께 살아가면서 효·제·충·신의 도리를 실천해나가는 과정 속에 있다. 그러므로 가까운 데서부터, 낮은 데서부터 시작하여 나아감을 말한 것이다. 나와 가장 가까운 사람들과 좋은 관계를 유지하기 위해서는 중용의 도를 실천해나가야 한다. 나와 가장 가까운 가족에게 적합한 사람으로 자리 잡는 것, 그것은 중용의 실천을 통해서 가능한 일이다. 중도에 합당한 처신을 하지 않는다면 가족에게도 신임을 받지 못한다.

원문의 행원필자이行遠必自邇(먼 데 가려면 반드시 가까운 데서부터 시작하라)와 등고필자비登高必自卑(높은 곳에 오르려면 반드시 낮은 데서부터 시작하라)는 선인들이 자주 일컫던 말로, 그 함의가 깊고도 넓다. 즉 먼 길을 갈 때나 산에 오를

때만을 말한 것이 아니고, 진리를 구하는 여정, 학문을 달성하는 여정을 그렇게 말한 것이다. 공자는 어려서부터 마을 뒷동산에 올라 북쪽으로 하늘에 닿아 있는 태산을 우러르며 자신도 그 경지에 이르겠다고 다짐을 했다. 조선 중기 도학자 조식曺植 역시 61세 때 지리산 천왕봉이 보이는 산청군 시천면으로 들어가 하늘과 하나가 되는 경지에 오르기를 매일같이 다짐하였다. 『중용장구』 제27장에 "위대하구나, 성인의 도여! 성대하게 만물을 발육하여 그 우뚝함이 하늘까지 닿았도다"라고 하였는데, 이는 바로 그런 경지에 오른 것을 노래한 것이다. 공자는 태산을 바라보며, 조식은 지리산 천왕봉을 바라보며 그 경지에 오르기를 꿈꾸었다. 그리고 그 경지에 오르게 되면 하늘과 땅이 만물을 낳아주고 길러주는 것과 똑같은 역할을 할 수가 있다. 이것이 바로 천인합일天人合一이며, 그런 경지에 오른 사람이 성인이다.

자신을 진실하게 하는 것이 사람의 길이다

노魯나라 애공哀公이 공자께 정치에 대해 물었는데, 공자께서 아래와 같이 말씀하셨다.

"문왕과 무왕이 행한 정사가 책 속에 들어 있으니, 그것을 행할 만한 덕을 가진 사람이 있으면 그런 정사가 거행될 것이고, 그것을 행할 만한 덕을 가진 사람이 없으면 그런 정사는 사라질 것입니다. 사람의 도〔人道〕는 정사에 민감하고, 땅의 도〔地道〕는 나무에 민감합니다. 정사라는 것은 빨리 크는 부들〔蒲〕이나 갈대〔蘆〕처럼 그 반응이 빠르게 나타납니다. 그러므로 정사를 행하는 것은 어진 사람에게 달려 있으니, 임금은 수신한 몸으로 인재를 얻어야 합니다. 그리고 도道로써 자신을 닦고, 인仁으로써 도를 닦아야 합니다.

인仁은 사람의 몸속에 내재되어 있는 본성인데, 어버이를 친애하는 것이 그중에서 제일 중요합니다. 의義는 일을 마땅하게 하는 것인데, 현인을 존중하는 것이 그중에서 제일 중요합니다. 그러니 친한 이를 친애하는 정도의 차이와 존중하는 등급의 차이에서 예禮가 발생한 것입니다. 그러므로 군자는 자신을 닦지〔修身〕 않을 수 없습니다. 군자가 자신을 닦으려고 생각하면 어버이를 섬기지〔事親〕 않을 수 없으며, 어버이를 섬기려고 생각하면 사람에 대해 알지〔知人〕 않을 수 없으며, 사람에 대해 알려고 생각하면 하늘에 대해 알지〔知天〕 않을 수 없습니다.

온 세상에 두루 통용되는 도는 다섯 가지〔五達道〕인데, 그것을 행하게 하는 것은 세 가지입니다. 임금과 신하 사이의 의리, 아비와 자식 사이의 친함, 남편과 아내 사이의 분별, 형과 동생 사이의 차례, 벗과 벗 사이의 교제, 이 다섯 가지는 온 세상에 두루 통용되는 도입니다. 그리고 지智·인仁·용勇은 온 세상에 두루 통용되는 세 가지 덕〔三達德〕인데, 그것을 실행하게 하는 것은 하나의 성誠입니다.

어떤 사람은 태어나면서 도를 알기도 하며〔生而知之〕, 어떤 사람은 배워서 도를 알기도 하며〔學而知之〕, 어떤 사람은 곤경을 겪고 노력하여 도를 알기도 합니다〔困而知之〕. 그런데 그들이 그 도를 안 지경에 이르면 한가지입니다. 어떤 사람은 도를 편안히 여겨 행하기도 하며〔安而行之〕, 어떤 사람은 도를 이롭게 여겨 행하기도 하며〔利而行之〕, 어떤 사람은 억지로 애써서 도를 행하기도 합니다〔勉强而行之〕. 그런데 그들이 공적을 이룩한 지경에 이르면 한가지입니다. 배우기를 좋아하는 것〔好學〕은 지智에 가깝고, 행하기를 힘쓰는 것〔力行〕은 인仁에 가깝고, 부끄러움을 아는 것〔知恥〕은 용勇에 가깝습니다. 이 세 가지를 알면 자신을 닦는 방법을 알 것이며, 자신을 닦는 방법을 알면 남을 다스리는 방법을 알 것이며, 남을 다스리는 방법을 알면 천하와 국가를 다스리는 방법을 알 것입니다.

무릇 천하와 국가를 다스리는 데에는 구경九經이 있습니다. 그것은 자신을 닦는 것〔修身〕, 현인을 존중하는 것〔尊賢〕, 친족을 친애하는 것〔親親〕, 대신을 공경하는 것〔敬大臣〕, 여러 신하를 몸소 살피는 것〔體群臣〕, 서민들을 자식처럼 사랑하는 것〔子庶民〕, 여러 공인工人을 오게 하는 것〔來百工〕, 멀리 있는 사람을 회유懷柔하는 것〔柔遠人〕, 제후들을 품어주는 것〔懷諸侯〕입니다. 임금이 자신을 닦으면 도가 자신에게 확립되고, 현인을 존숭하면 이치에 의혹되지 않고, 친족을 친애하면 제부諸父·형제가 원망하지 않고, 대신을 공경하면 정사를 처리할 때 미혹되지 않고, 신하들을 몸소 살피면 하급 관리들이 보답하는 예가 중후하고, 서민을 자식처럼 사랑하면 백성이 부지런히 힘쓰고, 여러 공인工人을 오게 하면 재물과 용구가 넉넉해지고, 먼 곳에 있는 사람을 회유하면 사방에서 사람들이 귀의하고, 제후들을 품어주면 천하 사람들이 두려워할 것입니다. (중략) 무릇 천하와 국가를 다스리는 데에는 이런 구경九經이 있는데, 그것을 행하는 것은 하나의 성誠입니다.

모든 일은 미리 준비하면 이루어지고, 미리 준비하지 않으면 어그러집니다. 그러니 말은 미리 정해놓으면 말을 하는 것이 꼬이지 않고, 일은 미리 정해놓으면 곤경에 빠지지 않고, 행실은 미리 정해놓으면 흠이 없고, 도道는 미리 정해놓으면 어떤 일이 닥쳐도 곤궁해지지 않습니다.

아랫자리에 있으면서 윗사람에게 신임을 얻지 못하면 백성을 다스릴 수 없을 것입니다. 윗사람에게 신임을 얻는 데에는 방도가 있으니, 벗들에게 신임을 받지 못하면 윗사람에게도 신임을 얻지 못할 것입니다. 벗들에게 신임을 얻는 데에 방도가 있으니, 어버이에게 순종하지 않으면 벗들에게 신임을 받지 못할 것입니다. 어버이에게 순종하는 데에 방도가 있으니, 자신을 돌이켜보아 성誠하지 않으면 어버이에게 순종할 수 없을 것입니다. 자신을 성하게 하는(誠身) 데에 방도가 있으니, 선善을 밝히지(明善) 않으면 자신을 성하게 할 수 없을 것입니다.

성誠은 하늘의 도이고, 자신을 성하게 하는(誠之) 것은 사람의 도입니다. 그러니 성誠은 인위적으로 힘쓰지 않아도 저절로 도에 들어맞고, 억지로 생각하지 않아도 도를 자득하여 조용히 도에 들어맞으니 성인聖人의 경지이고, 자신을 성하게 하는 것은 선을 택하여 굳게 그것을 잡는 것입니다.

자신을 성하게 하는 방법은 그 도를 널리 배우고, 자세히 질문하고, 신중히 사유하고, 명확히 분변하고, 독실하게 실천하는 것입니다. 배우지 않을지언정 배울 바에는 능하지 못한 것을 그냥 내버려두지 않으며, 묻지 않을지언정 물을 바에는 모르는 것을 그냥 내버려두지 않으며, 사유하지 않을지언정 사유할 바에는 터득하지 못하는 것을 그냥 내버려두지 않으며, 분변하지 않을지언정 분변할 바에는 명확히 분변하지 못하는 것을 그냥 내버려두지 않으며, 행하지 않을지언정 행할 바에는 독실하지 않은 것을 그냥 내버려두지 않아야 합니다. 그래서 남들은 한 번에 그것을 능히 하는데 나는 그렇게 할 수 없으면 그것을 백 번이라도 하여 능할 수 있도록 하며, 남들은 열 번에 그것을 능히 하는데 나는 그렇게 할 수 없으면 그것을 천 번이라도 하여 능할 수 있도록 해야 합니다. 과연 이 방도를 능히 행하면 아무리 어리석은 사람일지라도 반드시 이치가 밝아질 것이며, 아무리 의지가 유약한 사람일지라도 반드시 의지가 굳건해질 것입니다."

哀公問政 子曰 "文武之政 布在方策 其人存則其政舉 其人亡則其政息 人道 敏政 地道 敏樹 夫政也者 蒲盧(蘆)也 故 爲政 在人 取人以身 修身以道 修道以仁 仁者 人也 親親 爲大 義者 宜也 尊賢 爲大 親親之殺 尊賢之等 禮所生也 故 君子 不可以不修身 思修身 不可以不事親 思事親 不可以不知人 思知人 不可以不知天 天下之達道五 所以行之者三 曰君臣也 父子也 夫婦也 昆弟也 朋友之交也 五者 天下之達道也 知(智)仁勇三者 天下之達德也 所以行之者 一也 或生而知之 或學而知之 或困而知之 及其知之 一也 或安而行之 或利而行之 或勉强而行之 及其成功 一也 子曰 好學 近乎知(智) 力行 近乎仁 知恥는 近乎勇 知斯三者 則知所以修身 知所以修身 則知所以治人 知所以治人 則知所以治天下國家矣 凡爲天下國家 有九經 曰 修身也 尊賢也 親親也 敬大臣也 體群臣也 子庶民也 來百工也 柔遠人也 懷諸侯也 修身則道立 尊賢則不惑 親親則諸父昆弟 不怨 敬大臣則不眩 體群臣則士之報禮重 子庶民則百姓勸 來百工則財用足 柔遠人則四方歸之 懷諸侯則天下畏之 (중략) 凡爲天下國家 有九經 所以行之者 一也 凡事 豫則立 不豫則廢 言前定則 不跆 事前定則不困 行前定則不疚 道前定則不窮 在下位 不獲乎上 民不可得而治矣 獲乎上 有道 不信乎朋友 不獲乎上矣 信乎朋友 有道 不順乎親 不信乎朋友矣 順乎親 有道 反諸身不誠 不順乎親矣 誠身 有道 不明乎善 不誠乎

身矣 誠者 天之道也 誠之者 人之道也 誠者 不勉而中 不思而得 從容中道 聖
人也 誠之者 擇善而固執之者也 博學之 審問之 愼思之 明辨之 篤行之 有弗
學 學之 弗能 弗措也 有弗問 問之 弗知 弗措也 有弗思 思之 弗得 弗措也 有
弗辨 辨之 弗明 弗措也 有弗行 行之 弗篤 弗措也 人一能之 己百之 人十能之
己千之 果能此道矣 雖愚 必明 雖柔 必强." 제20장

● 이 장은 공자가 노나라 애공哀公에게 정사를 말한 것이다. 크게
두 단락으로 나누어 볼 수 있는데 앞 단락은 정사를 논하고, 뒤 단락은
학문을 논하였다. 그러나 정사를 논하면서 수신修身을 근본으로 하고
있기 때문에 수신을 통해 성誠을 추구한 것이 전체의 주제다. 공자는
먼저 정치는 사람에게 달려 있다는 점을 강조하였다. 그리고 어진 인
재를 등용하기 위해서는 군주가 수신한 몸으로 인재를 취해야 한다고
하였다. 무슨 말인가? 눈으로 보고, 귀로 들은 사람을 뽑지 말라는 뜻
이다. 즉 수신을 하여 공명정대한 마음으로 인재를 등용하라는 말이
다. 그러고서 곧장 군주의 수신으로 화제를 돌렸다.

공자는 이 장에서 인仁·의義·예禮를 거론하였다. 인·의·예는 본성의
덕목으로 형이상학적 가치인데, 공자는 이를 생활 속에서 군주가 해
야 할 일로 쉽게 풀이하였다. 인은 사람이 하늘로부터 부여받은 본성
이다. 그래서 '인은 사람의 몸속에 들어 있는 것입니다'라고 말한 것
이다. 그리고 '어버이를 친애하는 것이 그중에서 가장 중요합니다'라
고 하여, 실생활 속에서 바로 알게 하였다. 의義도 마찬가지다. 의義는
합당하다는 뜻인데, 공자는 정치와 관련하여 군주가 현인을 존중하는
것이 그중에서 가장 중요하다고 하였다.

공자가 애공에게 말하고 싶었던 것은 군주의 수신이다. 그래서 인·의·예에 관해서는 더이상 언급하지 않고 다시 수신을 거론하였는데 수신에서 사친事親(어버이를 섬기는 것), 사친에서 지인知人(사람에 대해 아는 것), 지인에서 지천知天(하늘에 대해 아는 것)으로 논의를 확대해나갔다. 공자가 사친을 거론한 것은 인仁과 연관되기 때문이다. 또 수신은 나에게 부여된 본성을 올바로 알아야 가능하기 때문에 지인知人을 거론한 것이다. 지인은 사람의 본성을 아는 것이다. 그런데 사람의 본성은 하늘이 부여한 것이므로 그 본성의 근원인 천명天命을 알지 않으면 안 된다. 그것이 바로 지천知天이다. 지천은 내 존재의 근원인 천명을 아는 것이다. 이렇게 해야 온전히 수신을 할 수 있다.『중용』을 이해하는 데 중요한 키워드가 바로 지인知人·지천知天이다.

공자는 다시 수신이라는 주제어로 돌아와 오달도五達道와 삼달덕三達德을 말했다. 달도達道란 모든 사람에게 두루 통용되는 도리로 보편적 진리를 의미하며, 달덕達德이란 모든 사람에게 두루 통용되는 덕으로 보편적 덕행을 의미한다. 도는 진리 자체를 말하고, 덕은 인간이 그것을 얻은 측면을 말한다. 오달도는 오륜五倫을 말하고, 삼달덕은 이 도를 얻기 위한 세 가지 방편인 지智·인仁·용勇을 말한다. 지智는 도를 택할 줄 아는 것이고, 인仁은 도를 오래 지켜나가는 것이고, 용勇은 이런 일이 제대로 안 될 때 용기를 내어 추진해나가는 것이다. 공자는 오달도를 얻기 위해서는 삼달덕을 잘 행해야 하고, 삼달덕을 행하기 위해서는 성誠이 필요하다고 하였다. 성은 진실무망眞實無妄을 의미하니, 진실한 마음이 가득 차서 망령된 것이 없어진 상태이다.

그다음으로 공자는 지知·행行의 측면에서 지·인·용을 설명하였다.

앎에는 자질에 따라 생이지지生而知之(태어나면서 저절로 아는 것), 학이지지學而知之(배워서 아는 것), 곤이지지困而知之(곤경에 처하여 고생해서 아는 것)가 있고, 실천에는 자질에 따라 안이행지安而行之(편안히 여겨 행하는 것), 이이행지利而行之(이롭게 여겨 행하는 것), 면강이행지勉强而行之(억지로 애써서 행하는 것)가 있다. 자질이 달라서 도에 도달하는 과정은 차이가 나지만, 목표에 도달하면 하나가 된다. 자질이 부족한 사람도 노력 여하에 따라 최고의 경지에 도달할 수 있다는 것이다. 다시 공자는 삼달덕에 미치지 못하는 일반인들을 위해 지·인·용보다 한 단계 아래의 호학好學(배우기를 좋아하는 것), 역행力行(행하기를 힘쓰는 것), 지치知恥(부끄러움을 아는 것)를 제시하였다. 공자는 군주의 수신에 중점을 두어 이야기를 전개하였는데, 이 점을 알면 수신할 방법을 알게 되고, 수신할 방법을 알면 치인治人할 방법을 안다고 하여 자연스럽게 나라를 다스리는 데로 귀결시켰다.

그다음에 거론한 구경九經이 곧 정사의 조목이다. 공자는 천하와 국가를 다스리는 요체를 수신修身(자신을 닦는 것), 존현尊賢(현인을 존중하는 것), 친친親親(친족을 친애하는 것), 경대신敬大臣(대신을 공경하는 것), 체군신體群臣(여러 신하를 몸소 살피는 것), 자서민子庶民(서민들을 자식처럼 사랑하는 것), 내백공來百工(여러 공인工人을 오게 하는 것), 유원인柔遠人(멀리 있는 사람을 회유하는 것), 회제후懷諸侯(제후들을 품어주는 것) 등 구경으로 요약하였다. 이는 나라를 다스리는 기본원칙으로 군주가 해야 할 일인데, 앞에서부터 우선순위를 두어 말한 것이다. 군주의 수신을 맨 앞에 거론하고, 다음에 현인을 존중하고 친족을 친애하는 점을 거론했다. 이 뒤로 구경의 효과, 구경의 구체적인 일 등을 거론하고서 마지막에 이를 모두 실행하게 하는 것은 군주의 한결같은 마음이라는 점을 다시 강조하였다. 즉 성誠이 없이는 아무리 좋은 제도가 있어도 소용없다는 뜻이다.

이어 공자는 이 성誠을 얻는 방도를 남들과의 관계로부터 시작하여 궁극적으로는 자신에게서 찾아야 한다고 하였다. 즉 상관에게 신임을 얻으려면 벗들에게 먼저 신임을 얻어야 하고, 벗들에게 신임을 얻으려면 먼저 가정 안에서 부모에게 신임을 얻어야 하고, 부모에게 신임을 얻으려면 먼저 자신을 100퍼센트 진실하게 해야 하고, 자신을 진실하게 하려면 선을 밝혀야 한다는 점을 언급하였다. 여기서 『중용』의 핵심어인 명선明善·성신誠身이 등장한다. 명선은 선악과 시비 등을 밝히는 것으로 진리를 탐구하는 것이며, 성신은 그것을 바탕으로 자신의 마음을 진실하게 채워가는 것이다.

다시 공자는 '성誠은 천도天道고, 자신을 성하게 하는 것은 인도人道'라는 점을 언급하면서 성誠은 성인의 경지고, 자신을 성하게 하는 길은 선을 택하여 굳게 지키는 것이라고 하였다. 성誠은 진실한 마음이 가득 찬 것이기 때문에 인도의 경지를 넘어 천도와 합한 것이다. 성인이 그와 같은 경지에 오른 사람이다. 그러므로 현인 이하의 사람들이 선을 택하여 굳게 지키며 중용의 도를 구하는 것이 바로 인도다.

이 인도를 닦는 방법을 공자는 '널리 배우고, 자세히 묻고, 신중히 사유하고, 명확히 분변하고, 독실하게 실천하라'는 다섯 가지로 제시하였다. 이 가운데 앞의 4조목은 지知에 해당하고 뒤의 1조목은 행行에 해당한다. 널리 배우라는 것은 한 가지 사상만으로 정신적 무장을 하지 말라는 것이다. 자세히 물으라는 말은 그냥 넘어가지 말고 의문을 품고 그 본의를 생각해보라는 것이다. 신중히 사유하라는 것은 의문을 통해 답을 얻었을 때, 그 답에 대해 다시 신중하게 생각해보라는 것이다. 명확히 분변하라는 것은 자신의 사상을 분명하게 분변하여 드러낼 수 있어야 한다는 말이다. 이런 과정을 거쳐 하나의 앎이 완성된다. 그리고 그것을 몸소 독실하게 실천해나가면 된다. 이렇게 해서 지행합일知行合一이 이루어진다. 공자는 이 뒤에 '남이 한 번에 어떤 일을 능히 하는데 나는 그러지 못할 경우, 백 번이라도 하여 그 일에 능할 수 있도록 하라'는 말을 덧붙였다. 백 번을 하고, 천 번을 해서라도 자신이 추구하는 일을 끝까지 포기하지 않고 추진해나가는 용기가 자신을 성되게 하는 공부에 절실히 필요하다는 것이다.

제20장은 20절이나 되는 긴 문장으로 되어 있고, 또 정치와 수신을 함께 언급하고 있어 주제를 파악하기가 어렵다. 그러나 위와 같은 관점에서 보면, 이 장의 요지는 수신이고, 수신의 요지는 명선·성신이라 하겠다.

자기 본성을 극진히 하면 남의 본성을 극진히 할 수 있다

오직 이 세상의 지극히 성誠한 분이어야 능히 자기의 본성을 극진히 하는 일을 할 수 있다. 그러니 자기의 본성을 극진히 하면 능히 남의 본성을 극진히 할 수 있으며, 능히 사람의 본성을 극진히 하면 능히 다른 생명체의 본성을 극진히 할 수 있으며, 능히 다른 생명체의 본성을 극진히 하면 하늘과 땅의 화육化育을 도울 수 있으며, 하늘과 땅의 화육을 도울 수 있으면 천지와 더불어 참여할 수 있다.

唯天下至誠 爲能盡其性 能盡其性 則能盡人之性 能盡人之性 則能盡物

之性 能盡物之性 則可以贊天地之化育 可以贊天地之化育 則可以與天地參
矣. 제22장

● 제20장 후반에 성誠을 언급한 뒤부터 성誠 자가 봇물처럼 쏟아져
나온다. 제21장 이하는 모두 자사의 말이다. 제21장부터 제32장까지는
천도天道·인도人道를 번갈아가며 언급하고 있다. 천도·인도는 제20장에
서 말한 성誠·성지誠之를 구분한 것이다. 천도는 천지의 도에 합한 성인
의 입장에서 말한 것이고, 인도는 천인합일을 지향하는 학자들의 입장
에서 말한 것이다. 『중용』은 천도에 합한 성인의 가르침인데, 자사가
그것을 풀이하면서 천도의 입장에서만 말하면 학자들이 따르기가 어
렵기 때문에 정상의 목표를 보여주며 그 길을 따라 오르게 한 것이다.
또 '지성至誠'과 '지성至聖'이라는 용어가 자주 나오는데, 지성至誠은 천
도의 입장에서 말한 것이고, 지성至聖은 인도의 입장에서 말한 것이다.

제22장은 천도의 입장에서 말한 것이다. '자기의 본성을 능히 극진
히 하면 남의 본성을 극진히 할 수 있다'는 것은 본성을 거스르지 않고
순응하는 도리를 극진히 하면 그 덕화가 남에게 미쳐 남들을 변화시
킬 수 있다는 뜻이다. 또 인류의 본성을 능히 극진히 하면 인류의 한계
를 넘어 다른 모든 생명체의 본성까지도 극진히 할 수 있다는 것이다.
그리고 그렇게 되면 천지가 만물을 화육하는 것과 마찬가지의 역할을
사람이 할 수 있다는 것이다.

이런 일을 실제로 한 인물이 주나라 문왕文王이다. 『시경』「영대靈臺」
에 그의 덕을 노래하여 "문왕께서 영대를 지으려고 계획을 세워 일을
시작하였는데, 백성이 스스로 그 일을 도와서 오래지 않아 완성되었

네. 일을 서두르지 말라 하셨으나, 백성이 자식처럼 달려와 일했네. 왕께서 영유靈囿에 계시니, 사슴들이 편안히 엎드려 있네. 사슴들은 살이 쩌서 반질반질하고, 백조들도 편안하여 희고 희구나. 왕께서 영소靈沼에 계시니, 아! 연못 가득 물고기가 뛰노네"라고 하였다. 이 시는 문왕이 자신을 성되게 하여 그 덕화가 당시 사람들에게 모두 미치고, 나아가 그 시대의 사슴·백조·물고기에까지 두루 미쳤다는 것을 노래한 것이다. 사슴은 길짐승을, 백조는 날짐승을, 물고기는 어류魚類를 대표하니, 모든 생명체가 문왕의 덕화 속에서 편안한 삶을 누렸다는 것이다. 자사의 영향을 크게 받은 맹자는, 양 혜왕梁惠王을 만났을 때 이「영대」를 인용하여 문왕이 백성과 더불어 즐거움을 함께한 점을 거론하며 왕도정치를 유도하였다.

한 분야를 극진히 하면 성誠이 있게 된다

그다음은 한 부분을 극진히 하는 것이다. 한 부분을 극진히 하면 능히 성誠이 있게 된다. 그러니 마음이 진실무망하여 성誠하면 그것이 겉으로 나타나고, 겉으로 자기 몸에 나타나면 다른 사람에게 영향을 미칠 정도로 더욱 드러나게 되고, 더욱 드러나면 그 덕이 다른 사람의 마음을 밝게 하는 데까지 이르고, 다른 사람의 마음을 밝게 하면 그 사람의 마음을 움직이게 하고, 그 사람의 마음을 움직이게 하면 그 사람이 그로 인해 변하게 되고, 변하게 되면 그 마음이 완전히 동화同化하게 될 것이다. 그러니 오직 이 세상의 지극히 성誠한 분이어야 능히 다른 사람의 마음을 동화하게 하는 일을 할 수 있다.

其次致曲 曲能有誠 誠則形 形則著 著則明 明則動 動則變 變則化 唯天下
至誠 爲能化. **제23장**

● 제23장은 인도人道의 입장에서 말한 것이다. 이는 천지가 의도하
지 않고서도 일시에 만물을 낳아주고 길러주는 것처럼 전체적으로 모
두 극진히 할 수 없는 경우, 한 부분부터 성誠을 추구하도록 한 것이다.
치곡致曲의 치致는 '극진히 하다'는 뜻이고, 곡曲은 전체가 아닌 한 부
분을 의미한다. 한 부분을 극진히 한다는 것은 자신이 잘할 수 있는 분
야에서 최고의 경지에 오르는 것이다. 그러면 전체는 아니지만 부분
적으로 성誠이 있게 된다. 성誠이 있게 되면 그것이 점점 더 축적되고,
그러면 그것이 겉으로 드러나고, 겉으로 드러나면 남에게 미칠 정도
로 더 표출되고, 그러면 남의 마음을 밝게 하고, 남의 마음을 밝게 하
면 그 사람의 마음을 움직이고, 그러면 그 사람이 겉으로나마 변하고,
나중에는 마음까지도 완전히 동화된다는 것이다. 즉 한 분야의 진실
성을 통해 그 덕화가 주위 사람에게 미치는 점을 말한 것이다. 한 부분
을 극진히 한다는 것은, 예컨대 타고난 성품이 온화한 사람은 발현하
는 것 중에 인仁이 많기 때문에 그 점을 최대치로 끌어올린다는 것이
고, 타고난 성품이 강직한 사람은 발현하는 것 중에 의義가 많기 때문
에 그 점을 최대치로 끌어올려 성誠에 이른다는 것이다.

성誠은 스스로 이룩할 목표고, 도道는 스스로 걸어갈 길이다

성誠은 생명체가 스스로 성취할 목표이고, 도道는 사람이 스스로 걸어가야 할 길이다. 성誠은 생명체의 태어나는 처음부터 죽는 마지막까지 전 생애를 관통하는 것이니, 성誠이 아니면 그 생명체는 없는 것이나 마찬가지다. 그러므로 군자는 성誠을 제일 귀한 것으로 여긴다. 성誠은 스스로 자기를 완성하는 것일 뿐만 아니라 남을 완성해주는 것이기도 하다. 자기를 완성하는 것은 인仁이고, 남을 완성해주는 것은 지智이니, 이 인·지는 본성(性)의 덕인지라 내외를 합하는 도道다. 그러므로 그때그때 조치하는 것이 합당하다.

誠者自成也 而道自道也 誠者 物之終始 不誠 無物 是故 君子 誠之爲貴 誠者 非自成己而已也 所以成物也 成己 仁也 成物 知(智)也 性之德也 合內外之道也 故 時措之宜也. 제25장

● 제25장은 인도人道의 입장에서 말한 것이다. 해석하기가 매우 어렵고, 그 뜻을 이해하기도 쉽지 않다. 자성自成은 뒤에 보이는 '스스로 자신을 완성한다(自成己)'는 뜻으로, 성誠이 그 목표임을 말한 것이다. 흔히 '성誠은 스스로 이루어지는 것이다'라고 번역하는 경우가 많은데, 이는 본의를 제대로 알지 못한 소치다. 여기서 성誠은 인심人心에 대해 말한 것으로 진실로 꽉 채워진 마음이다. 자도自道는 '스스로 걸어가야 할 길이다'라는 뜻으로, 도道는 목표에 이르는 과정을 말한 것이다.

성誠은 진실로 가득 채워진 마음이기 때문에 어떤 생명체든지 없어

서는 안 된다. 만약 1퍼센트라도 부족하면 진실성이 결여되어 생명체 본연의 삶을 살 수가 없다. 그러므로 '성하지 않으면 그 생명체는 없는 것이나 마찬가지다'라고 한 것이다. 불성무물不誠無物이라는 말은 진실하지 않으면 존재의 의미가 없다는 말이다. 그런데 성은 자신을 완성시킬 뿐만 아니라, 남에게 영향을 미쳐 다른 사람까지 변화시킨다. 그 때문에 그 덕이 나와 남을 아우른다. 즉 나와 남을 구별하는 데서 벗어나 하나가 되기 때문에 그때그때 조처하는 일이 나에게만 합당한 것이 아니라 모두에게 합당한 것이 된다. 중용의 도는 나라는 존재의 근원을 심성에서 찾고, 다시 그 근원을 하늘에 둠으로써 모든 사람이 공유할 수 있는 보편적 가치를 제시하여 하나가 되는 삶을 추구한다. 이 장에는 성자물지종시誠者物之終始(성은 만물의 처음과 끝), 불성무물不誠無物, 성기성물成己成物(자신을 완성할 뿐만 아니라 타인도 완성해주는 것), 시조지의時措之宜(때에 따른 합당한 조치) 등 명구들이 즐비하다. 그 가운데 특히 불성무물은 나라는 존재의 진실성을 늘 깨어 있게 하는 특효약이다.

지극한 덕을 가진 사람이 아니면 지극한 도는 완성되지 않는다

위대하구나, 성인의 도여! 충만하게 만물을 발육하여 그 높이가 하늘까지 닿았도다. 넉넉하고 위대하구나, 군자의 도여! 예의禮儀가 300 조목이고, 위의威儀가 3,000가지로다. 성인의 도는 그것을 행할 만한 사람을 기다린 뒤에 행해진다. 그러므로 나는 "진실로 지극한 덕을 가진 사람이 아니면, 지극한 도는 완성되지 않는다"고 말하는 것이다. 그러므로 군자는 덕성德性을 드높이면서 문학問學을 행한다. 그러니 덕성은 광대하기를 극진히 하면서 지식은 정미하기를 극진히 하며, 덕성은 고명하기를 지극히 하면서 지식은 중용中庸을 행하며, 이미 알고 있는 것을 익숙히 하면서 새로운 지식을 알아나가며, 이미 능히 할 수 있는 것을 돈독히 하면서 아직까지 제대로 삼가지 못하는 예를 숭상해나간다. 그러므로 지극한 덕을 가진 사람은 윗자리에 있으면서 아랫사람에게 교만하지 않고, 아랫자리에 있으면서 윗사람을 배반하지 않는다. 나라에 도가 있을 때는 말이 자신을 일으킬 수 있고, 나라에 도가 없을 때는 침묵이 자신을 용납할 수 있다.『시경』의 시에 "이미 밝고 또 지혜로워 자기 몸을 보전하네"라고 하였으니, 이 시구는 바로 이런 점을 말한 것이로구나.

大哉 聖人之道 洋洋乎發育萬物 峻極于天 優優大哉 禮儀三百 威儀三千 待其人而後行 故曰 "苟不至德 至道不凝焉" 故 君子 尊德性而道問學 致廣大而盡精微 極高明而道中庸 溫故而知新 敦厚以崇禮 是故 居上不驕 爲下不倍 (背) 國有道 其言 足以興 國無道 其黙 足以容 詩曰 "旣明且哲 以保其身" 其此之謂與. 제27장

● 이 장은 지덕至德을 가진 사람이 지도至道를 이루는 방도를 말한 것인데, 그 공부가 바로 존덕성尊德性·도문학道問學이다. 존덕성은 덕성을 드높이는 심성수양을 말하고, 도문학은 진리탐구의 격물치지格物致知를 말한다. 주희는 이 장을 해석하면서 존덕성은 존심存心, 도문학은 치지致知라고 하였다. 도문학은 '묻고 배우는 것을 행한다'는 뜻이다. 심성수양의 공부와 진리탐구의 공부는 어느 한쪽에 치우쳐서도 안 되

고, 별도로 해서도 안 된다. 이 두 축의 공부는 함께 해나아가야 한다. 아래 네 구절은 존덕성·도문학의 구체적 내용을 열거한 것이다. 이 네 구절은 존덕성·도문학에 관한 공부를 구체적으로 제시한 것이므로 존덕성·도문학과 연관해서 해석해야 한다. 이런 공부를 통해 지극한 도를 구한 지덕을 가진 사람은 윗자리에 있어도 아랫사람들에게 교만하지 않고, 아랫사람이 되어서도 윗사람을 배신하지 않는다. 중용의 도를 가지고 있어서 처한 위치에 알맞게 행동하기 때문이다. 제25장에서 말한 시조지의^{時措之宜(때에 따른 합당한 조치)}가 있기 때문이다. 그러므로 『시경』의 시를 인용하여 명철보신^{明哲保身(밝고 지혜롭게 행동해 몸을 보전하는 것)}을 말한 것이다.

군자의 도는 사람의 이치, 하늘의 이치를 아는 것이다

천하에 왕도정치를 하는 데에는 세 가지 중요한 것이 있으니, 그것을 행하는 사람들은 허물이 적을 것이다. 위 시대의 것은 비록 훌륭하다고 하더라도 증험할 수 없으며, 증험할 수 없으니 사람들이 믿지 않고, 믿지 않으니 백성이 따르지 않는다. 아래 시대의 것은 비록 훌륭하다고 하더라도 존귀하지 않으며, 존귀하지 않으니 사람들이 믿지 않고, 믿지 않으니 백성이 따르지 않는다. 그러므로 군자의 도는 자신에게 근본을 두고 서민들에게서 징험하며, 삼왕^{三王}의 도에 견주어보아도 어긋나지 않으며, 천지에 세워도 어그러지지 않으며, 귀신에게 물어보아도 귀신이 의심하지 않을 것이며, 백세 뒤의 성인을 기다려 물어보더라도 그 성인이 의혹하지 않을 것이다. 귀신에게 물어보아도 귀신이 의심하지 않으리라는 것은 하늘의 이치를 안 것이고, 백세 뒤의 성인을 기다려 물어보더라도 그 성인이 의혹하지 않으리라는 것은 사람의 이치를 안 것이다. 그러므로 군자는 움직이면 그것이 대대로 천하의 도가 된다. 그러니 행동을 하면 그것이 대대로 천하의 법이 되고, 말을 하면 그것이 대대로 천하의 법칙이 된다. 군자가 백성에게서 멀리 있으면 백성은 군자를 우러러보고, 군자가 백성에게 가까이 있어도 백성은 싫증내지 않는다. 『시경』의 시에 "제후들이 자기 나라에 있을 적에도 싫어하는 사람이 없었으며, 이곳에 있을 적에도 싫어하는 사람이 없으니, 거의 이른 아침부터 늦은 밤까지 부지런히 노력하여, 영원토록 명예를 잃지 않으리라"라고 하였으니, 군자 중에 이처럼 노력하지 않고서 일찍이 천하에 명예를 얻은 자는 있지 않았다.

王天下 有三重焉 其寡過矣乎 上焉者 雖善 無徵 無徵 不信 不信 民弗從 下焉者 雖善 不尊 不尊 不信 不信 民弗從 故 君子之道 本諸身 徵諸庶民 考諸三王而不謬 建諸天地而不悖 質諸鬼神而無疑 百世以俟聖人而不惑 質諸鬼神而無疑 知天也 百世以俟聖人而不惑 知人也 是故 君子 動而世爲天下道 行而世爲天下法 言而世爲天下則 遠之則有望 近之則不厭 詩曰 "在彼無惡 在此無射 庶幾夙夜 以永終譽" 君子 未有不如此而蚤有譽於天下者也. **제29장**

● 이 장은 인도人道의 입장에서 말한 것으로, 공자의 도를 염두에 두고 한 말이다. '세 가지 중요한 것'은 제28장에 보이는 예를 의논하는 의례儀禮, 법도를 제정하는 제도制度, 문자를 상고하는 고문考文을 가리킨다. 지덕을 가진 사람이 이룩한 지극한 도는 현실세계를 초월한

고원한 것이 아니다. 그것은 바로 현실세계를 태평하게 만드는 왕도
정치로 구현된다. 그리고 그 도는 시간과 공간을 초월하여 어느 시대
어느 곳에서나 통용될 수 있는 보편적 진리다. 그 도는 자신에게 근본
을 두고 백성에게서 징험한 것으로, 그 시대 모든 사람에게 적합한 도
리다. 그런데 그 도는 과거 훌륭했던 성왕들의 법도와 비교해도 어긋
나지 않고, 천지에 드러내도 천지의 도와 어긋나지 않으며, 귀신에게
질정을 해도 귀신들이 의심하지 않고, 백세 뒤의 성인을 기다려도 성
인이 의혹하지 않을 보편적 진리다.

　『중용』에는 귀신鬼神에 대한 언급이 나오는데, 이 귀신은 음양의 정
령을 말하는 것으로 생명체의 근원을 가리킨다. 사람이 죽으면 양기
는 혼魂이 되고 음기는 백魄이 되는데, 그런 근원을 말한 것이다.『주
역』의 우주론에 의하면 태극太極이 동動하여 음·양이 되는데, 이 음·양
이 곧 기氣의 근원이다. 귀신은 생명체가 태어나는 근원의 실리實理이
기 때문에 천도의 범위에 넣어서 말한 것이다. 이 장에는 제20장에서
거론한 지인知人·지천知天이라는 말이 다시 등장한다. 인간 존재의 본질
을 알고, 그것의 근원이 하늘에서 나온 것임을 알아야 지극한 도를 얻
을 수 있기 때문에 그렇게 말한 것이다. 이런 지극한 도를 갖춘 사람
은 이 세상의 법도가 되어 만인의 본보기가 된다. 그런데 이런 지극한
도를 얻기 위해서는 보편적 진리를 구하는 노력이 수반되어야 하므로
마지막에 이런 점을 다시 강조한 것이다.

공자의 도는 천지의 도와 같다

중니仲尼는 멀리 요임금·순임금의 도를 근본으로 하여 펴시고, 가까이 문왕文王·무왕武王의 도를 본받아 드러내시며, 위로는 천시天時를 본받으시고, 아래로는 수토水土의 이치를 따르셨다. 공자의 도는 비유하자면 하늘과 땅이 만물을 실어주지 않음이 없고 덮어주지 않음이 없는 것과 같으며, 비유하자면 사계절이 번갈아 운행하는 것과 같으며, 비유하자면 해와 달이 교대로 세상을 밝히는 것과 같다. 천지의 도는 만물이 다 함께 길러지는데도 서로 해치지 않으며, 도가 함께 행해지는데도 서로 어그러지지 않는다. 그런지라 덕을 작게 미칠 경우에는 냇물이 갈라져 흐르며 대지를 적셔주는 것과 같고, 덕을 크게 미칠 경우에는 그 교화를 두텁게 하여 무궁하게 미친다. 그러니 이것이 바로 하늘과 땅이 위대하게 되는 이유인 것이다.

仲尼 祖述堯舜 憲章文武 上律天時 下襲水土 辟(譬)如天地之無不持載 無不覆幬 辟(譬)如四時之錯行 如日月之代明 萬物竝育而不相害 道竝行而不相悖 小德川流 大德敦化 此天地之所以爲大也. 제30장

● 이 장은 천도에 합한 공자의 도가 천지의 도와 같은 역할을 한다는 점을 말한 것이다. 제2장에서 '중니仲尼'를 일컬었는데, 이 장에서 다시 '중니'라고 하였으니, 자사가 의도한 점이 있다. 중용을 통해 이룩한 공자의 도는 천지의 도와 같다는 점을 특별히 말하고자 한 것이다. 공자의 도는 멀리는 상고시대 요·순의 도를 근본으로 하고, 가까이는 문왕·무왕의 도를 본받아 드러낸 것이다. 이는 앞 시대 성인들의

도를 모두 집대성했다는 말이다. 이것만으로도 위대하다 할 수 있다. 그런데 인류의 문화에서 그치지 않고, 더 나아가 하늘이 운행하는 이치와 땅에서 물이 흘러가는 이치를 모두 본받았다. 이것은 인도^{人道}만이 아니라, 천도^{天道}·지도^{地道}를 모두 아우른 것을 말한다. 다시 말해 인간의 경계를 넘어 천지와 하나가 된 것이다. 그래서 하늘이 만물을 덮어주고 땅이 만물을 실어주는 것과 같다고 한 것이다.

원문 끄트머리의 소덕천류^{小德川流}와 대덕돈화^{大德敦化}가 이 장의 백미다. 덕을 작게 펼 경우에는 시냇물이 갈라져 흘러가며 만물을 적셔주듯이 덕화를 미치고, 덕을 크게 펼 경우에는 그 교화를 두텁게 한다는 것이다. 대덕돈화는 봄이 되면 꽃과 잎이 일시에 피어나는 것과 같은 경우를 말한다. 이는 개체 하나하나가 영향을 받는다는 점과 전체가 한꺼번에 영향을 받는다는 점을 아울러 말한 것이다. 개체와 전체를 성리학적 용어로는 만수^{萬殊}와 일본^{一本}, 또는 분수^{分殊}와 이일^{理一}이라고 한다. 만수란 만 가지로 각기 다른 개체의 입장에서 말한 것이고, 일본은 만수는 하나의 근본에서 나온 것이라는 데에 역점을 두어 말한 것이다. 만수만 알고 일본을 모르면 개인주의·이기주의로 나아갈 수밖에 없고, 일본만 강조하면 전체주의·이념주의로 나아가기 십상이다. 진정한 도는 각기 다른 존재를 존중하되 그 근본이 하나라는 동질성을 확인하여 공존의 문화를 만드는 데 있다. 『중용』은 그 동질성을 하늘이 인간에게 부여한 본성에서 찾아 본성을 거스르지 않고 사는 법을 가르쳐주고 있다.

군자가 공경함을 돈독히 하면 천하가 평치된다

『시경』의 시에 "비단옷을 입고서 그 위에 겉옷을 걸쳐 입었네"라고 하였으니, 이는 그 문채가 드러나는 것을 싫어한 것이다. 그러므로 군자의 도는 처음에는 문 안쪽의 것처럼 드러나 보이지 않지만 날로 나타나고, 소인의 도는 처음에는 과녁처럼 분명하지만 날로 사라진다. 군자의 도는 담박하되 싫증나지 않고, 간결하되 문채가 나고, 온화하되 조리가 있다. 그러니 저 멀리 보이는 것이 가까운 곳에서 말미암는 줄을 알고, 바람처럼 겉으로 드러나 보이는 것이 안의 근본으로부터 비롯되는 줄을 알고, 내면의 은미한 것이 밖으로 드러나는 줄을 안다면, 군자와 더불어 덕의 경지에 들어갈 수 있을 것이다.

『시경』의 시에 "물속에 잠겨 있는 것이 납작 엎드려 있지만, 또한 매우 밝게 드러나 보이네"라고 하였다. 그러므로 군자는 자기 마음속을 살펴보아도 아무런 흠이 없어 자신의 심지心志에 부끄러움이 없다. 그러니 군자의 경지에 보통 사람들이 미칠 수 없는 것은 오직 다른 사람들이 보지 못하는 바에 있다!

『시경』의 시에 "네가 너의 방 안에 홀로 있을 때를 살펴보니, 오히려 남들이 볼 수 없는 옥루屋漏에서도 부끄러운 짓을 하지 않네"라고 하였다. 그러므로 군자는 사물이 눈앞에 움직이지 않더라도 스스로 마음을 공경히 하고, 누군가 말을 하지 않더라도 마음을 신실하게 한다.

『시경』의 시에 "신위 앞에 나아가 신을 강림하게 할 때는 말을 하지 않더라도, 이에 다투는 사람이 있지 않네"라고 하였다. 그러므로 군자는 백성에게 상을 주지 않더라도 백성이 스스로 부지런히 노력하며,

백성에게 노여워하지 않더라도 백성이 작두와 도끼보다 더 두려워한다.

『시경』의 시에 "드러나지 않는 천자의 덕이여! 여러 제후가 그것을 본받네"라고 하였다. 그러므로 군자가 공경^{恭敬}함을 돈독히 하면 천하가 평치^{平治}된다.

『시경』의 시에 "목소리와 안색을 크게 하지 않는 너의 명덕^{明德}을 나는 생각한다"라고 하였는데, 공자께서 "목소리와 안색은 백성을 교화하는 데에 말단적인 것이다"라고 하셨다. 또 『시경』의 시에 "덕은 가볍기가 새털과 같다"라고 하였으나, 새털은 오히려 약간의 무게가 있으니, 『시경』의 시에 "상천^{上天}의 일은 소리도 없고 냄새도 없다"라고 한 데에 이르러야 지극한 것이다.

詩曰 "衣錦尙絅" 惡其文之著也 故 君子之道 闇然而日章 小人之道 的然而日亡 君子之道 淡而不厭 簡而文 溫而理 知遠之近 知風之自 知微之顯 可與入德矣 詩云 "潛雖伏矣 亦孔之昭" 故 君子 內省不疚 無惡於志 君子之所不可及者 其唯人之所不見乎 詩云 "相在爾室 尙不愧于屋漏" 故 君子 不動而敬 不言而信 詩曰 "奏假(格)無言 時靡有爭" 是故 君子 不賞而民勸 不怒而民威於鈇鉞 詩曰 "不顯惟德 百辟其刑之" 是故 君子 篤恭而天下平 詩云 "予懷明德 不大聲以色" 子曰 "聲色之於以化民 末也" 詩云 "德輶如毛 毛猶有倫" 〈詩云〉 "上天之載 無聲無臭" 至矣. 제33장

● 마지막 장인 제33장은 제1장과 서로 조응된다. 제1장은 천명^{天命}으로부터 성^性·도^道·교^敎를 말하여 위에서 아래로 논리를 전개하였다. 반면 제33장은 현실세계의 쉬운 일부터 차례대로 닦아 최고의 경지로

올라가는 하학상달下學上達의 구조로 논리를 전개하고 있다. 맨 앞에는 위기지학爲己之學의 필요성을 언급하며 격물치지를 통해 이치를 아는 점을 말하고, 그다음에는 마음이 발하였을 때 그 움직임을 성찰하는 점을 말하고, 그다음에는 마음이 발하기 전에 존심양성存心養性하는 점을 말하고, 그다음에는 심성을 수양하여 나타나는 효과가 남에게 미치는 점을 말하고, 그다음에는 그 영향이 온 나라 사람들에게 미치는 점을 말하고, 그다음에는 군주가 공경함을 돈독하게 하여 중용의 도를 가지고 온 세상 사람들을 헤아려 천하가 평치되는 점을 말하고, 마지막 절에는 그런 덕의 묘한 이치를 말하였다.

원문의 의금상경衣錦尙絅은 비단옷을 입었지만 드러내지 않고 삼베옷을 걸쳐 자신이 입은 비단옷을 가린다는 뜻으로, 옛날 학자들의 위기지학을 말한 것이다. 위기지학은 『논어』에 나오는 말로, 나 자신을 위한 실질적인 학문이다. 이와 반대가 되는 것이 위인지학爲人之學으로 남에게 보이기 위한 학문이다. 과거공부를 하거나 박학다식을 추구하여 자신을 드러내려 하는 것이 모두 위인지학이다. 군자의 도는 남에게 보이기 위한 것이 아니므로 드러나는 것을 꺼린다. 그래서 처음 만나면 마치 말소리가 담장 밖으로 넘어가지 않도록 소곤소곤 얘기하는 것과 같아 잘 드러나지 않는다. 그러나 만나면 만날수록 그 덕이 드러난다. 반면 소인의 도는 처음 만났을 때 과녁이 선명하게 보이는 것처럼 명확하게 드러난다. 그러나 만날수록 그 문채가 드러나지 않는다. 내면에 쌓인 덕이 없기 때문이다. 군자의 도는 물처럼 담박하여 평생 마셔도 싫증이 나지 않고, 간결하지만 문채가 나며, 온화하지만 조리가 있다. 이것은 모두 위기지학을 통해 나타나는 효과다.

위기지학을 하기 위해서는 사물과 세상의 이치를 온전히 알아야 한다. 그래서 지知를 세 번이나 말한 것이다. 그런데 앎을 온전히 하기 위해서는 눈에 보이는 것만 알아서는 안 되고, 그 이면의 이치를 꿰뚫어 보아야 하기 때문에 피차·내외 등을 언급하여 안팎을 모두 알게 한 것이다. 원문의 지풍지자知風之自는 바람이 어디에서 불어오는지 그 근원을 안다는 뜻으로, 공자가 흘러가는 시냇물을 보고서 그 근원을 생각한 것과 같은 의미라 할 수 있다. 피부로 느끼는 바람결을 통해 그것만 인식하지 않고 바람의 근본 내력까지 생각하는 것이다. 바람이라는 피상을 통해 그것의 본원까지 탐구하는 것이 앎을 극진히 하는 방법이다. 이것이 주희가 '사물에 나아가 그 이치를 궁구한다'고 한 즉물궁리卽物窮理다.

제2절은 마음이 발하고 난 뒤의 성찰하는 공부를 말한 것이다. 마음이 발하게 되면 그것이 아무리 은미하고 미세한 것일지라도 드러나게 된다. 그래서 이때에는 발한 마음을 주시하고 살펴 한 점의 흠도 없게 해야 한다. 그렇게 하는 공부가 바로 제1장에 나오는 신독愼獨이다. 이런 신독 공부는 남들이 보지 않는 데서 혼자 스스로 하는 것이다. 이 신독 공부가 쌓여야 일반인들이 미칠 수 없는 군자의 도를 얻게 된다.

제3절은 마음이 발하기 전의 존심양성하는 공부를 말한 것이다. 마음을 달아나지 않도록 붙잡고 보존하면서 마음속에 내재한 본성을 길러나가는 공부를 존심양성이라 한다. 집 안에서 가장 으슥하여 아무도 보지 않는 곳이 옥루屋漏(집 안의 구석진 곳)다. 이런 곳에 홀로 있을 때도 부끄러운 짓을 하지 않는다는 것은 어느 때 어느 곳에서든 경계하고 삼가며 두려워하고 두려워한다는 것을 말한다. 그래서 눈에 무엇이

보이지 않더라도 스스로 마음을 공경히 하고, 귀에 무슨 말이 들리지 않더라도 스스로 마음을 신실하게 한다. 이 경지가 되면 위기지학의 공부가 무르익은 것이다.

제4절은 위기지학을 한 사람의 덕화가 주위 사람들에게 미치는 점을 말한 것이다. 제5절은 그런 덕화가 주위 사람들뿐만 아니라 온 나라 사람들에게 미치는 점을 말한 것이다. 이 절의 독공이천하평篤恭而天下平은 제33장의 키워드에 해당한다. '공경함을 돈독히 한다'는 뜻의 독공은 심성을 수양하여 진실무망의 성誠의 경지에 이른 것을 말한다. 즉 성인의 경지에 오르고 천지의 도에 합한 것이다. 그런 경지에 오르면 공명정대한 마음으로 세상 사람들의 마음을 미루어 헤아리기 때문에 『대학』의 평천하平天下처럼 온 세상 사람들이 평안히 살게 된다. 제6절은 제5절의 불현不顯·독공篤恭의 묘한 이치를 말한 것으로, 소리도 없고 냄새도 없는 무성무취無聲無臭한 상천上天의 일은 천도를 가리킨다. 즉 인위적인 노력을 하지 않아도 저절로 중용의 도에 합치되는 것을 말한다.

358

정선 사서

초판 1쇄 발행/2016년 9월 20일

옮긴이/최석기
펴낸이/강일우
책임편집/윤동희·정편집실
조판/황숙화
펴낸곳/(주)창비
등록/1986년 8월 5일 제85호
주소/10881 경기도 파주시 회동길 184
전화/031-955-3333
팩시밀리/영업 031-955-3399 편집 031-955-3400
홈페이지/www.changbi.com
전자우편/nonfic@changbi.com